U0139825

〔英〕尼娜·爱德华兹（Nina Edwards） 著

李辛 译

黑 暗
DARKNESS

光之外的文化史
A Cultural History

北京联合出版公司
Beijing United Publishing Co.,Ltd.

图书在版编目（CIP）数据

黑暗：光之外的文化史 / （英）尼娜·爱德华兹著；
李辛译 . -- 北京：北京联合出版公司, 2023.6
ISBN 978-7-5596-3934-9

Ⅰ.①黑… Ⅱ.①尼… ②李… Ⅲ.①世界史—文化
史—研究 Ⅳ.①K103

中国版本图书馆CIP数据核字（2020）第012326号

黑暗：光之外的文化史

[英] 尼娜·爱德华兹（Nina Edwards） 著
李辛 译

出 品 人：赵红仕
出版监制：刘 凯 赵鑫玮
选题策划：联合低音
责任编辑：马晓茹
装帧设计：杨 慧

关注联合低音

北京联合出版公司出版
（北京市西城区德外大街83号楼9层 100088）
北京联合天畅文化传播公司发行
北京美图印务有限公司印刷 新华书店经销
字数200千字 787毫米×1092毫米 1/32 11.25印张
2023年6月第1版 2023年6月第1次印刷
ISBN 978-7-5596-3934-9
定价：78.00元

目录

引言

我们要不要把灯全关了，在黑暗中开个小派对？
无趣的人才喜欢明亮的房间。

——《夜与日》，弗吉尼亚·伍尔夫，1919

　　黑暗，人们对它的态度截然两极。很多人惧怕黑暗，避之若浼，连黑暗所象征的事物也一并厌恶。一些人却为之所深深吸引，在黑暗的怪异和无常中感到欢愉；与黑暗有关的民间故事和古老传说使他们着迷，黑暗的神秘和未知的可能性召唤着他们，让他们心动不已。¹千百年来，人们对于黑暗的态度因地域环境和文化背景的不同而有着巨大差异，不论是黑暗的各种存在形式本身，还是其不同的象征和隐喻，都未曾被完全认清。于是，"世界是可以被我们完全理解的"这一观念受到了质疑。

　　黑暗在人类出现之前就已经存在，且独立于人类意志之外，始终存在着，同时以各种各样的形式在我们的生活中施加影响，产生作用。然而，关于黑暗和光明的词汇在生活中实在司空见惯，以致我们很容易忽略其中的重要性。况且我们也总是习惯性地将光明同理解和愉悦联系在一起，因此也很容易忘记我们其实有多么依赖光明的对立面——那个平静的，有时令人安心的领域，偶尔会发生敏锐觉知，甚至产生庄严玄妙之美的状态。黑暗滋养了想象力。

　　通过对比就会发现，黑暗在不同文化中的联想可能丰富多样，但大多数语言中有关"黑暗"的语料存在极大的相似性。但是，生活中却充满与此相反的例子：出于情感，人们总是愿意相信不同的文化之间一定是迥然各异的，这样才能凸显各个文化的独特。其实对于黑暗的诸多方面，比如黑暗颜色之深、黑暗可为我们所见、黑暗与光明相交时那半光半影的缥缈、毫无光亮时黑暗的幽深虚空，以及介于黑暗和光明之间的那些千变万化的状态，人们的理解是有共通之处的，而且我们描述黑暗的方式几乎无所不包，甚至可以突破距离和感官上的限制。因此，对于一个只说阿拉伯语的人来说，北极冬季极夜的严寒不难想象；向一个因纽特人形容一片荒漠退去白天的酷热后，夜晚变得多么凉爽，对方也可以很容易"身临其境"。所以，阿拉伯文化和因纽特文化中"黑暗"的概念大相径庭这一论断很难成立。一个人不一定能完全明了自己正在经历什么，但是即便没有亲身经历一些事情，他也有能力理解个大概。不会某种语言、不熟悉某种文化的信仰和习俗，并不代表人们完全不可能理解一些事物。不管这些事物的差异有多大，只要通过系统的比较，我们就能相互交流、相互理解，类似于盲人搞懂我们所看到的世界和建立在视觉基础上的比喻的过程。

法蒂玛·梅尔尼西[①]曾说，samar 的含义用英语根本无法说清楚，所以伊斯兰世界所谓的黑暗和西方世界的黑暗是不一样的："阿拉伯语里的 samar 有一种魔力……它把'黑色'、与充满神秘

---

① 法蒂玛·梅尔尼西（Fatema Mernissi, 1940—2015），摩洛哥社会学家、女性主义作家。本书脚注除特别说明外，均为译者所加。

感的'别人'畅谈的快乐及沉浸在月光中这三种意象完美地融合在一起。"[2] 这里的"魔力"究竟是什么意思不得而知，维特根斯坦有句名言，"凡不能谈论的，就应该保持沉默"[3][①]，所以还是不对"魔力"这个词妄加论断的好。梅尔尼西把 samar 解释为"月光下沙漠的黑暗"，表明这个词的比喻义是可以为人所用的，也就是说，梅尔尼西的话自相矛盾了，因为你不能既说某事物有某意义、描述出其不同，又说该事物无法向别人解释清楚。不过，她的这种想法也是我们普遍会有的臆想观念，即不同文化之间差异巨大，一种文化背景下人们的经历和语言不可能被该文化以外的人所理解。通常来说，别人无法理解自己的情况只会在私人领域出现，比如恋爱这种本就主观的感受。不过，尽管我不能真切地感受你之所感，但是我依然可以明白你在说什么，也明白恋爱是什么意思。

　　人们对实际的黑暗都不陌生，由黑暗引申而来的抽象意义也有普遍的共同点，比如代表邪恶和罪恶，或某种绝对的否定，甚至是通过视觉体验的眼花缭乱给人带来的无限自由之感。黑暗也常用来形容一种与琐碎日常生活完全相反的精神知觉状态。当注意力高度集中，达到知觉的深层，我们会闭上双眼，犹如把自己从周遭世界抽离，然后就能在物质世界和精神世界之间建立起联系。而且如果一个人在交谈中突然闭上眼睛，另一个人却继续滔

---

① 出自《逻辑哲学论》(1921)。——编者注

滔不绝，那就是在打断对方的深思，是不尊重对方的行为。我们也不愿意毫无缘由地打断别人的睡眠，这不但是因为我们尊重别人对睡眠的需求，也是因为我们不确定自己的行为是否会打扰别人思绪的流淌（万一他并不是在睡觉呢）。此外，有些家长或老师也擅长使用在谈话中突然闭上眼睛的方法来控制自己的孩子或学生，让对方感到羞耻并闭上嘴巴，让自己"更智慧"的大脑继续进行更深刻的思考。还有很多人喜欢在激情时刻闭上眼睛，似乎这样能让他们与别人的体验分割开来，沉浸在热烈又黑暗的幻想中，忘掉自我，然后达到极致的愉悦和满足。

小孩子害羞或害怕时会捂住自己的脸，像把头埋在沙里的鸵鸟一样，以为这样别人就看不见自己了。作为成年人，当我们感到羞愧或尴尬，或是撒谎的时候，眼睛往往就会看向下方或别处，而当我们感到震惊，双手就会不由自主捂到脸上。这样看来，我们似乎觉得，让自己看到黑暗，就能保护自己免于别人批评的眼光。

黑暗在欧洲语言和其他语言中有太多不同的解释，本书不可能一一列举并加以对比，尽管如此，对于有些具有主观独特性的意义还是很有必要说一说的。古希腊语中跟黑暗有关的词有很多，兹举几例。ἔρεβος 指的是混沌之子、永久黑暗的化身——人格神厄瑞玻斯（Erebus）。ζόφος 现在的意思是教父，这个角色在现代希腊备受尊崇，可是在古希腊，这个词既表示阴影，也表示对祸事的预感。还有 ἔννυχος，是从铁匠的熔炉中想象出来的词，形容黑夜的化身像熔融的金属般善变又危险。μέλας 在现代希腊语中表示蜂蜜，阳光下金灿灿的产物，让人联想到自然的甜蜜和丰富 [很多女性名字，像梅莉萨（Melissa）、梅拉妮（Melanie）、梅拉尼娅（Melania），都借用了这个词的意思]；而在希腊古典时期，它代表的是黑色和黑色颜料，英文中的"黑色素"（melanin）一词便是由它衍生而来，与皮肤和头发的深色色素沉着有关。黑色素的用途和它的名字甚是矛盾，与黑暗有关的黑色素，却是保护我们的皮肤不被光明之源太阳灼伤的。所以，尽管不同文化中关于黑暗的词语具有一定相似性，我们在对比它们的时候也要多加注意才行。

英语中黑暗（dark 和 darkness）的词根来自古英语中的 deorc，表示像黑夜一样可以被感知到的实体黑暗。源自拉丁语的法语，把很多词语同黑暗关联起来的逻辑则有些让人不明所以。obscurité（法语中的黑暗）可能暗含着法国人对智力平庸之人的嘲弄。les ténèbres 古时有光明之神的对手的意思，后来又含有启蒙运动的信心之意，词中原本的阴影的不确定性被清澈、明朗消解，启蒙运动带来的新秩序也借此彻底否定了野蛮残暴的过去。sombre 这个词才是跟实体黑暗关联更紧密的，就像古英语中的 deorc 和现代英语中的 dark。

在我所知的德语中，Dunkelheit 可以指代缺席、黝黑和病态，它在不同的语境中可以表示八九种不同的意义。Das Dunkel der Nacht（夜晚的黑暗）和 das Dunkel der Seele（灵魂的阴暗）里用的都是 das Dunkel 的比喻义，很形象。此外，im Dunkel der Vergangenheit 指在遥远过去的黑暗中，in Dunkel gehült sein 的意思是被包裹在神秘的黑暗中。德语和英语一样，类似的表达还有很多，比如 Verkleidung，一般指某种覆盖物，像是面具、伪装、建筑用的镶板、高档裙子外面套的防尘罩等，人们也会借它来比喻被遮蔽后的黑暗。Finsternis 可以表示日食或月食下的黑暗，也可以用来描述更多跟黑暗有关的事物：Herr Finsternis 是魔鬼自身，也是黑暗之魂，还是恶魔栖身之处。这个例子也很好地说明，欧洲人的确是把黑暗和危险联系起来的。

我想继续试着提一下斯堪的纳维亚半岛上的语言，比如挪威语和丹麦语中的 mørke、瑞典语中的 mörker 和冰岛语中的 myrkur。除了会让人联想到北欧更加黑暗寒冷的冬天和当地人的黑色幽默，这些词也可以表示那里冬至时半黑半明的混沌状态，然而它们仿佛就处在漆黑的边缘，慢慢远离了那些引申义，退到了绝对的黑暗里。但是，这并不意味着北欧语言中再也没有可以描述灿烂阳光下的阴影的词语了。这样的词不但存在，而且能够使用其隐喻义的范围也很广。

黑暗有时令人激动，不过它的近亲是恐惧。黑暗中蕴藏着无限可能，只是一些奇奇怪怪、鬼鬼祟祟的事情也会在它的掩护下发生。从死亡，到墓地，再到核弹屠戮之后留下的残垣焦痕，能与黑暗关联起来的事物之多、范围之广，覆盖了黑暗意义的所有层面。黑暗能唤起可怕的鬼怪幽灵，黑暗也会让娼妓、小偷、强奸犯和杀人凶手隐匿其中，正如一句谚语所说："黑夜毫无羞耻之心。"（Night knows no shame）黑暗是传说、童话，以及令人难忘的恐怖故事、哥特式文学中的地牢和北欧犯罪小说里的地堡的灵感之源，就连诺迪（Noddy）系列睡前故事中也有黑暗作祟——"邪恶的黑人布偶"① 偷走了诺迪的衣服和小汽车，然后赤身裸体的诺迪在黑森林里迷了路。黑人布偶暗暗得意地笑着，而诺迪无奈地唱道：

> 我实在感觉糟糕
>
> 在黑黑森林里，
>
> 现在已是午夜
>
> 没有一丝光线；
>
> 我实在感觉糟糕
>
> 在黑黑森林里。[4]

我睡觉的时候喜欢房间漆黑一片，这样能让我觉得远离外界的喧闹，得到真正的休息。但是，小时候，当我一个人在黑漆漆的楼上无法入睡，听着楼下大人们在亮着灯的房间里高谈阔论

---

① 诺迪系列故事由儿童文学作家伊妮德·布莱顿（Enid Mary Blyton，1897—1968）创作。黑人布偶（golliwog）这一虚构形象最早是由弗洛伦丝·厄普顿（Florence Kate Upton，1873—1922）创造的，它黑皮肤、白眼睛，留着黑色爆炸头。黑人布偶形象后来被认为是对黑人的种族歧视，该布偶玩具的销量下滑，有关故事中也将其删除，或用其他形象取而代之。

时，我和很多人一样会有被隔离的孤独感。

　　光亮和明澈总能吸引我们几乎所有的注意力，因此生活中黑暗的部分总被轻易忽视。我们可能都有过这样的经历：炽热的夏天，在太阳下站成一排，准备进行体育训练。大家的影子投在泛着星点微光的柏油地上，渐渐拉长。很多人都非常希望变成另一个自己——腹黑、神秘，不为人所知。17 世纪诗人和神学家托马斯·特拉赫恩①看到自己在小水洼里的倒影，提出"倒影就是我们的第二个自己"，并在一首诗中提出我们尚未明确感知的事物的"创造性潜力"：

> 洞悉一切，知天通地，
> 我们不能。
> 所以我们发明、创造、虚构
> 各种概念，各种事物，
> 让我们的想象力
> 给未知补上内容。5

　　将黑未黑、完全黑暗、将亮未亮，这三者之间的关系很是微妙，而我们对它们的解读方式纷繁复杂，经常受到个人经验和文化背景潜移默化的影响。有人认为，日本人历来比其他地方的人

---

① 托马斯·特拉赫恩（Thomas Traherne，1637—1674），英国作家、玄学派诗人。

更欣赏夜晚和黑暗之美，也更喜欢物体表面的粗糙质感。⁶20 世纪日本小说家谷崎润一郎^①曾就"东方"和他眼中的"西方"对阴影的态度进行了鲜明对比，甚至比较了我们选择的家居用品，以及我们装饰房屋和设计花园的偏好：

我们喜欢暗如黑夜的深色，他们喜欢耀如阳光的亮色。银器、铜器上的亚光和锈迹我们觉得很美，在他们看来却是污渍，一定要擦干净，然后抛光，直到器具闪闪发亮才行。为了尽可能避免阴影的出现，他们把墙和天花板刷成浅色。然而，我们喜欢在花园里种满植物，欣赏它们铺展开来，影影绰绰。⁷

14

我对他描写的这些差异表示怀疑，因为从众多文学、音乐和视觉艺术作品来看，东方和西方看待黑暗的态度实际上是非常相似的，比如日语中的日本（Nippon 或 Nihon），意思就是太阳升起的地方。谷崎润一郎之所以会产生那样的印象，可能是因为他所生活的 20 世纪 30 年代，日本的装饰艺术风格变得色彩鲜亮、明快活泼，与传统陶器、漆器的粗糙表面和沉静之感截然不同。但是话说回来，"一战"前后，欧洲的勒·柯布西耶^②和现代主义艺术运动中的其他建筑师的确在设计中使用了反光的白墙，目的

---

① 谷崎润一郎（1886—1965），日本著名小说家，著有长篇小说《春琴抄》《细雪》等，被日本文学界推崇为唯美派大师。
② 勒·柯布西耶（Le Corbusier，1887—1965），法国建筑大师、城市规划师和作家。20 世纪重要的建筑师之一，著有《走向新建筑》等。

是让投在墙上的影子"既不浓重，亦不暗沉"，与作为底色的白墙一起创造出简约素雅的效果。[8]

另一个与谷崎润一郎的说法相悖的例子，是日本江户时代的漆器，其表面总是镶有华贵明丽的金色浮雕。日本早期的礼服也往往是鲜艳华美的，缝制时还加入闪亮的金线、银线。再想一想19世纪和20世纪初大量涌入欧洲市场的明治时期浮世绘，淡雅的和纸上用水彩精致地画着一张张苍白而醒目的脸。因此可以说，西方美学和日本美学对黑暗并非有着完全不同的偏好。

那么原始时期的人们又是如何看待光明的重要性的呢？黑暗从一开始就在不断颠覆肉眼见到的现实。当我们在黑暗中醒着又几乎什么都看不清，脑海中每个一闪而过的细微想法都变得无比清晰时，我们甚至能跟过去产生一种迷人的联结："我感觉自己坠入了熟悉又久远的黑暗之中。"[9]

15 就连我们的身体也受到了黑暗的挑战。我们对黑暗、深肤色、黑暗的性①、深色身体特征、负面的性格特点——以及与这一切正好相反的人或事物——看法上的分歧，暴露出我们对种族和性别所持有的极其不同的态度。比如说在印度，现在仍然有人认为肤色越深的人地位越低，这使得一些年轻女人更难找到丈夫。印度教中有两位与主神湿婆相关的女神，也是深色皮肤：时

———
①　指带有暴力血腥色彩的非正常性欲和性行为。

母，或称迦梨女神 ①，"全身黑色，戴着人头串成的项链"，手里提着一个砍下的人头；多罗 ② 则有深蓝色的皮肤，"一只脚踩在一具尸体上……（戴着）血腥的人头项链，笑起来恐怖非常……（而且）常常站在火葬柴堆上"。[10] 两位女神之所以都被赋予了深色皮肤，是因为她们与死亡有关，并具有潜在的破坏力。

黑人也经常在文艺复兴时期的戏剧里出现。伊阿古形容奥赛罗是"未开化的野蛮人""巴巴里的野马" ③，说他利用自己深色野兽般的吸引力把纯洁无瑕的苔丝狄蒙娜诱骗到了自己"黑黢黢的怀中"，就像"黑公羊"引诱了"白母羊"（第一场第一幕）。1693 年，一位文学批评家曾表示，奥赛罗所属的种族（黑人）是不可能有如此强大的说服别人的能力的，这有悖自然规律，而奥赛罗的"言辞魅力"则"足以让他从黑皮肤变成白皮肤"。[11] 他还引用了古希腊俗语"把阿比西尼亚人洗白" ④（很可能出自伊索寓言），来暗示赋予奥赛罗这样的才能无异于改变自然规律，徒劳且毫无意义。[12] 人们认为"洁净"也意味着道德上的纯洁，所以"真诚"的伊阿古把黑皮肤的奥赛罗与不洁画上了等号。在古巴比伦和古希伯来的文献资料中，洁净普遍代表着善良

---

① Kali，字面意思是"黑色的"，系印度教重要女神。传统上被认为是湿婆之妻帕尔瓦蒂的化身之一，为威力强大的降魔相。
② 梵文音为 tārā，是印度教中十位智慧女神中的第二位。藏传佛教中的度母起源与 tārā 有密切关系。
③ 伊阿古和奥赛罗是莎士比亚悲剧《奥赛罗》中的人物。巴巴里，莎士比亚时代存在于北非的海盗"王国"。
④ 阿比西尼亚是埃塞俄比亚的旧称。

和美德——今天依然如此。尽管直到 1778 年，基督教循道宗的共同创立者约翰·卫斯理才正式使用"洁净仅次于神圣"这样的说法 [13]，但是我们有理由相信，文艺复兴时期的观众绝对明白伊阿古的意思：奥赛罗的肤色可以反映出他阴暗的内心。奥赛罗先因肤色受到谴责，后又因口才和勤奋受到双重谴责。其中的潜台词是，这些都和他的种族不沾边儿。

莎士比亚剧作《暴风雨》中的角色卡利班（Caliban）的名字可能源自罗姆语中的 cauliban，意思是黑色和黑暗，也可能表示他来自食人部落，因此与深色皮肤的人相联系。像奥赛罗一样，卡利班也是"阴暗、肮脏"的，不断被叫作怪物、"半人半兽"，角色表中将他描述为"野蛮且畸形的奴隶"。[14] 卡利班企图强奸普洛斯彼罗的女儿米兰达，普洛斯彼罗将其制服，收为奴隶，还提及卡利班是"泥巴"，"肮脏下流"，说他出自"邪恶的种族"（第一场第二幕）。莎士比亚的这部剧充分反映了当时人们对异族通婚的普遍恐惧；黑皮肤，就像在《奥赛罗》中一样，是跟无法控制的欲望联系在一起的。

在我们这个时代，2014 年 8 月 9 日，迈克尔·布朗（Michael Brown）在美国密苏里州圣路易斯被警察开枪射杀，而警察之所以做出拔枪的决定，似乎跟布朗的肤色有很大的关系。在大陪审团面前，那位警官描述说，布朗生气时的脸看起来"像一个恶魔"。这使人联想起苔丝狄蒙娜被杀后，爱米莉亚指控奥赛罗是"黑色的恶魔"（第五场第二幕），虽然伊阿古才是背信弃义之徒。

"你如此肮脏下流……"《暴风雨》中，普洛斯彼罗对卡利班说道。"魔法岛上，普洛斯彼罗的洞室之前"（画上从左至右依次为米兰达、普洛斯彼罗、爱丽儿和卡利班），保罗·西蒙根据亨利·菲斯利原画所作的版画，18 世纪 90 年代

在当今社会，类似布朗被警察枪杀这样的惨剧之所以仍然时有发生，与黑人或"有色人种"长期被征服、被奴役的历史不无关系，[15] 然而，事实上我们每个人都有自己的皮肤色调，或者叫肤色，而且即便是来自同一个家庭的人，也会有不同的肤色。我们口中的用词并不一定与世界上真实存在的事物相符，正如维特根斯坦所指出的，太阳不一定每天早上都会升起。重要的一点是，种族主义的阴影似乎将那些拥有所谓白皮肤的人或肤色较浅的人置于一个隐喻性的无光亦无色的领域，实际上，这些皮肤可以反射光，因此也可以反射颜色，而黑暗的表面则不能。

在维多利亚时代的文学中，高大帅气的黑人男性形象，和肤色黝黑、热情奔放的女性形象总是被描写为纵欲过度，而且性情阴郁、任性不羁。小说和其他想象世界的尝试一样，都从现实世界寻找灵感，而正是这些虚构的描写，反过来却能轻易地颠覆我们认知真实世界的方式。在艾米莉·勃朗特笔下，《呼啸山庄》（1847）里年轻的希斯克利夫有黑色的头发和黑色的皮肤，双眼像"黑色魔鬼，埋得那么深，从不曾大胆地把窗户敞开，只是躲在后面发出幽深的微光，就像魔王的奸细"。[16] 他皮肤深黑，不值得信任。另外，在夏洛蒂·勃朗特的《简·爱》里（也出版于1847年），第一任罗切斯特夫人是克里奥尔人①，她年轻时"身形高大，皮肤黝黑，充满威严"，后来又疯又坏。她被比作以无信

———
① 克里奥尔人（Creole），一般指欧洲白种人在殖民地移民的后裔。

和懦弱著称的凶残野兽，如同一只"穿了衣服的鬣狗"，"直起身来，只有后脚着地，高高地人立着"，就像令人毛骨悚然的中世纪的魔鬼。[17] 在《大卫·科波菲尔》中，除了主角以外，我们很容易就记住了另一个人——摩德斯通先生，他"漂亮的黑头发和黑色的络腮胡"就是在暗示读者应该对他保持戒心和畏惧。[18] 他有"不祥的黑色眼睛"，身边常带着一只凶猛的大狗，"吠声低沉，毛发乌黑"，就像地狱冥府的守卫犬刻耳柏洛斯一样，而他无情的姐姐"像她的弟弟一样黑"。仿佛仅仅是这些人物的肤色，就足以缔造他们的未来，而读者一见到黑色就必须警惕起来。

甚至晒黑潮流的兴衰起落也是由我们与黑暗的关系影响的。被晒黑的皮肤过去曾经是一个人常在太阳下辛苦劳作的标志，所以"只属于"劳动阶级。因此，有足够防晒工具的人，尤其是女人，更喜欢白皙无瑕的皮肤，这样才能显示出他们的生活有多么优渥闲适。19 世纪，一个正经、积极进取且有前途的商人，绝不能看上去饱经风霜，他们生活中的脏活累活都得由别人去干。但是，第一次世界大战期间，尽管当时物资极度匮乏，女人的衣服也开始了翻天覆地的变化。1916 年，香奈儿的第一个高级定制系列使实用的运动服和休闲装成为高端时尚，相对于过去为富人和贵族设计的毫不实用的服饰，这是一个巨大的改变。于是，时髦的年轻人换上了极简的弹性针织泳衣，开始享受日光浴。[19] 美国黑人的爵士乐、健美的身材和晒黑的皮肤当时都代表着富有和时尚——日本是个特例，女人从古至今都以皮肤白皙为美。到

18

20 世纪 60 年代末，更廉价的航空旅游助长了这样的审美，对一些人来说，晒黑的小麦色皮肤依然是生活奢华安逸的象征。但对另外一些人来说，晒黑不再是地位的标志，至少在西方人眼中，反而逐渐与包价旅游和沙龙里的日光浴床联系在一起。

人们佩戴墨镜各有理由。不管晒黑是否流行，更时尚的形象都是高社会地位的象征。太阳镜能给佩戴者带来更强的权力感，所以甚至在光线比较暗、不能假装需要它保护眼睛的地方，也有人经常戴着。戴上了墨镜，人就能藏起自己的情感，觉得更加自信。这也很容易让人产生一种不为人知的匿名感，做事时少了很多道德束缚，仿佛即使做错什么也更容易开脱。曾有一项心理研究实验，要求被试者参与网上赌博游戏并汇报自己的分数。游戏参与者不会"跟自己的对手有面对面的直接接触"，房间里也没有人观察他们，结果发现，那些戴了墨镜的人更有可能在游戏中作弊。实验最终得出结论，黑暗，"不管是实际的，还是主观感受上的，都能使人产生隐蔽的错觉，误以为自己的身份被隐藏起来，从而提高了做出不轨行为的可能性"。[20] 虽然在这个例子中，黑暗和错误行为之间存在关联，但是它也能减少尴尬，更有可能让人诚实勇敢，做出令人赞赏的举动。[21]

时尚领域的黑暗如同一种游戏，黑色表现出各种各样的可能性，既可以高贵典雅，又可以是低调的哀悼。尽管有色人种经受了性别和种族刻板印象的长久压迫，但是也有人故意把这些刻板印象作为自己的风格，通过讽刺来彰显自己的权利意识。约瑟芬·贝克[1]20 世纪 20 年代至 30 年代的照片中，身边总会出现她的宠物猎豹，她以《野性之舞》闻名，跳舞时只穿一条用香蕉做成的裙子——把过去和现在人们对黑人的种族偏见都结合到自己身上，然后重新做出诠释。约瑟芬完全没有成为种族刻板印象的受害者，相反，她激进的政治活动和积极将异域风情为自己所用的欢快态度使她脱颖而出，成为黑人民权运动历史上的一位重要人物。在 007 系列电影《007 之雷霆杀机》（1985）中，令人望而生畏的葛蕾丝·琼斯饰演近乎超人的保镖，这一角色冲击了白人男性种族主义者眼中理想美女的形象。而 20 世纪 80 年代和 90 年代的超模，比如娜奥米·坎贝尔，则将黑美人带入了主流审美之中。2018 年的电影《黑豹》，以及电视剧《黑闪电》《卢克·凯奇》中的黑人超级英雄不但英勇无畏，而且淡泊功名，这扭转了千百年来人们把邪恶和黑皮肤联系在一起的偏见。

对穷人来说，穿黑色等深色衣服更多时候是无奈之举，而非一种选择，因为深色衣服耐脏。发展到今天，黑色服装成为出席正式场合、表示哀悼时的标配，老人穿深色衣服也会显得更体面。现在，我们甚至幻想自己只要穿上一身黑，从身体到灵魂就会发生某种神奇的改变——变成低调的专业人员、时尚达人，或

---

[1] 约瑟芬·贝克（Josephine Baker，1906—1975），生于美国圣路易斯，后移民法国，非洲裔舞蹈家、歌唱家。她曾以性感大胆的舞蹈和柔美的歌声红遍法国，是世界上第一个黑人超级女明星。作家海明威也被她的惊人美貌倾倒，称赞她是"全世界最漂亮的女人"。

者只是希望穿得看起来谦虚而又讨人喜欢的某某。

可是，这些不同对失明的人来说又有什么区别呢？我们可以认为，盲人生活在无法穿透的浓雾中，除了黑暗什么都"看"不到，找不到方向，仿佛摸瞎子游戏里被蒙上双眼的人。认为视障人士生活在昏暗的世界里，没有办法欣赏有视力的人眼中的世界，这似乎是合理的。不过对于后天失明的人来说，他们至少还有曾经看到过的记忆，而且很多人还保有一部分视力。神学家约翰·赫尔（John Hull, 1935—2015）写了一本日记，其中详细记述了自己多年保有部分视力，最终却完全失明之后的绝望。尽管他设法按时完成了自己的学术工作，甚至承认自己在智力和专注力上反而有所提高，但是与世界，尤其是家人失去联系的感觉还是对他造成了毁灭性的打击。[22]最终，他意识到失明于他也是恩赐，只是他宁可不要。

先天失明的人则没有机会得到任何可以回忆视觉世界的机会，于是他们必须找到一个办法去理解我们语言中大量基于光和视觉的比喻。他们只能依靠对比联想，就像我们试图理解自己从未经历过的事物时的做法。盲人感知颜色，得通过与某种具有相似特点的感官感受进行比较，比如触觉、味觉、嗅觉或听觉。那么先天失明的人是如何感知黑暗的呢？鉴于以光为中心的语言的本质，他们会不会被鼓动想象黑暗是光明的反面，是无光的状态？他们的观点肯定会提供对黑暗的抽象特性和价值的洞察。我们对黑暗的态度自然会影响他们，连先天失明的小孩也会惧怕黑暗。

视力健全的人相信"看见"是理解世界的关键，而且有光我们才能"看见"，才不会像在黑暗里那样困惑慌乱。视觉感官在我们心目中排在最重要的位置，没有谁愿意以失去视觉的代价换取别的感官能力。然而，事实上所有感官都很重要，而且我们相信它们是我们理解世界，进而生活得充实且有意义的唯一途径。

由此，问题就变成了经验主义（我们对世界的了解都必须来自我们的经验）是否足以描述我们是如何思考的。我们很难想象没有任何感官体验的状态，就像年轻的海伦·凯勒一样，甚至同时还失去了触觉、味觉和嗅觉。拥有视力的人很容易认为这是一种可怕的状态——黑暗，因为无光，仿佛困在了永远无法逃离的深渊——但是，以黑暗自身的千变万化，也许有其他选项呢？

我们好像只有通过想象自己失去部分感官体验来思考这种精神状态。如果连有限的感官体验也失去了，假如世界上除却自己，我们再无任何熟知的人或事物，我们还活着吗？这样的人当然还有思考的能力，可是他们会思考些什么？他们会有自我意识吗？他们是否会活在某种内在化的思维空间里，那里只有大脑的神经突触还在传递着电信号？这是出离身外——或者说是比内在更深远的内在——没有"正常"生活的忙碌喧嚣，没有俗世的眼花缭乱，只有思维和精神的世界。自然，这种完全黑暗、完全私

22

密、完全无法与外界交流的内在世界，怎么可能会有人活在里面呢？那里"空气都是黑暗的"。[23] 或许只有那些在数学和音乐方面有特殊天分的人才能理解这种纯粹精神的存在，对他们来说，这种绝对黑暗的状态不会让他们患上幽闭恐惧症，而是充满了智力的潜能。

亚里士多德认为，上述状态可以让思想在抽象概念的宇宙中自由驰骋。中亚哲学家阿维森纳① 做过一个"飘浮的人"思想实验，想象一个人从空中下落，他能感知到自己，但并不是通过任何感官知觉，而是通过沉浸在完全自我的思想中实现的。[24] 因为他可以思考——这比勒内·笛卡儿的"我思故我在"（Cogito ergo sum）早了好几个世纪——所以阿维森纳认为这个人一定能意识到自我的存在，他觉得这就是灵魂存在的证据。

德尼·狄德罗在《供明眼人参考的论盲人书简》（1749）里提到过一个"黑镜"的概念，"一面黑镜……就能照出我们在物理、审美和形而上学领域的信仰有多么混乱不定"，似乎限制了感官知觉之后，我们反而能发现并理解平时注意不到的事物。[25]18 世纪末到 19 世纪的画家也经常使用一种黑镜，叫作克劳德镜② ，作为绘画时的辅助工具。这种镜子背面涂有一层黑色颜料，正面凸出，镜中影像十分昏暗，用于揭示明暗的区别。它

————

① 阿维森纳（Avicenna）是伊本·西那（ibn-Sīna，980—1037）的拉丁语名。他是 11 世纪中亚细亚地区的大医学家、诗人、哲学家和自然科学家。
② Claude glass，构图和取景工具。

与狄德罗概念中的"黑镜"十分相似，都只能反射极其少量的光线，也都只在光源极其微弱的时候才起作用。《哥林多前书》13:12 写道："我们现在是对着镜子观看，模糊不清……"[①] 这句话的含义模棱两可，但结合上下文，与其说是指我们必须努力克服的不尽如人意的条件，不如说是指在黑暗媒介的帮助下，我们的感知得到增强，能够做出更微妙的区分。在狄德罗的文章中，谁是"失明"的人并不明显——不管是真的失明，还是被比作失明（缺少洞察力）的人——视觉受限之后，感官才能超越明显的事物，"看"得更远更多。我们应该更多关注视觉以外的感官，或者应该直接用非感官的方式去领会复杂的真理（比如，关于上帝），思考精妙的数学思想和音乐理念。

人类在绝对黑暗中是无法存活的，因为如果没有光，作为有机生命的我们就无法获取能量。我们的粮食作物也得靠阳光才能生长。天体物理学家马丁·比罗（Martin Bureau）说："有些还算发达的生命形式（如蠕虫和细菌）存活在海洋深处，在没有阳光的情况下生存……它们通过地热能和硫化物（海底热泉）获得能量。"[26] 然而我们不行，这种环境条件下我们是活不成的。物理学也采用了与黑暗有关的词语，比如暗物质和黑洞。它们的范围大小是可测的，但其中的构成物质是什么则一直无法确定，所以物理学家便借用黑暗来比喻人们对其所知甚少。

23

24

---

① 本书《圣经》译文均采用新译本译文。——编者注

黑色可能是世上存在的最深的颜色，或者由于完全不反射光线，黑色可能根本没有颜色（或者不是颜色）。现在我想讨论一下画家在描绘黑暗时的态度，也想聊一聊那些认为黑色颜料太死板沉闷，于是把各种颜色混在一起制造"黑暗"视觉效果的艺术家，尤其是 19 世纪的画家。有的印象派画家提出，最深的颜色是棕色和蓝色混合后的颜色，因为他们认为自然界中不存在真正的黑色。而强烈且明显的明暗对比则是长久以来用作表现纵深和三维立体感的方式，也能给绘画带来更强的戏剧张力。这种明暗法（chiaroscuro，源自意大利语，chiaro 意为明亮、透明，oscuro 意为黑暗、晦暗不清的）的概念用在文学和音乐领域，就出现了从一种感觉到另一种感觉的比较方式，就像先天失明的人从出生起就开始了对视觉的理解一般。

　　真正的视觉体验，和通过形容、比喻所理解的"视觉体验"之间的差异，比其他任何感官体验都大得多。不过，这种观点可能只存在于想象不出先天失明是什么感觉的明眼人当中。漆黑是会被比作手摸不光滑的橡胶的感觉，还是像沙子一样干燥下陷，还是像又长又软的动物皮毛一样厚，但一时又难以确知到底多厚——或者像吸入乙醚的体验？音乐又是怎样让人体会明暗对比的？通过慢节奏、小调、停顿，还是戏剧性冲突，低沉但大声，恣意爆发？

　　黑暗和光明在日常对话中几乎已变成死亡隐喻。例如，在一篇讨论某政客演讲的文章的标题中，"黑暗"这个词重复出现，

25

飘浮的人对这个世界，乃至于自己的身体，都毫无经验。安东尼·戈姆利
（Antony Gormley），《飘浮 II》，1992，炭笔和酪蛋白画

意在暗示文中提到的演讲闪烁其词，遮遮掩掩，或许就连这位政客本身也有所保留，不够坦荡，二者都与"黑夜"有相似的特质——当然不是说他肤色黑或头发黑。[27] 这样的隐喻由于一次又一次使用，就被当成了字面意思，因为黑暗本体和喻体之间的关系早就被忘记了。我们诸多审美体验的基础，都是试图再现黑暗和光明、可见和不可见，而这能让我们重新审视自己的生活，让我们的心头不禁一阵震颤。

黑暗像是一个平静的领域，一种从白日喧嚣的逃离，一段休息和自省的时间，一处悄声低语、亲亲密密的私人世界。过去的几个世纪里，大多数人用不起人造光源，日落而息，常常会在夜半时分醒来一会儿。[28] 解决问题、集中注意力的最佳时间通常是午夜，在这魔幻的时辰，别人正在酣睡，黑暗给醒着的人制造出一种被纵容的孤独感，让人更容易定神凝思。流连不去的光线让我们得以一瞥这没有灯光的世界：月亮和遥远的星辰襄助我们；海洋可能会形成深不可测的玻璃般的反射；一支孤单的、火光摇曳的蜡烛，火的余烬，甚至是一只老化的 40 瓦灯泡的冷眼，都能吸引我们关注无法触及的黑暗。

和源自光（light）的词语一样，有关黑暗的词语也渗透在我们语言的方方面面，只不过它们大多用来表示信息的缺失和我们不明白的事物。光代表心智开启、洞察力、明朗、清晰和希望，而黑暗很适合表达愚昧无知、虚伪不忠、欺骗性的魅力、情绪化和盲目的绝望。当我们试图认知世界时，我们十分依赖和光有关的词汇——这是通过对比总结多种语言的词汇后得出的结论。

　　我写这本书，是想通过讨论实体黑暗和黑暗的隐喻义，来解释这个概念是如何强大到支配了我们的想象力的。很多事物显而易见的时候，黑暗中的某些信息和观点会不会就此丢失或者被忽略？我想为黑暗在概念上的丰富性做一些辩护。我们最好不要轻易说某个论证或观点清晰明了、正确无误，明智的做法是退一步想想，保持怀疑的态度。毕竟光亮是舞台中央的魔术师最好的朋友，帮助魔术师成功误导容易轻信的观众。那些不容易看到的和被我们忽略了的——聚光灯以外的、藏在翅膀下面的、在我们余光中一闪而过的——很可能才是真相。我希望借此机会能让大家意识到，"当可怕的黑暗和寂静主宰了一切"[29]，其中会有真相，也会有美。

　　审视黑暗的时候，有一个问题冒了出来：为什么在没有黑暗和人们察觉不到黑暗的情况下，黑暗依然留存了下来？人类文明利用火和蜡烛、油和煤气灯，以及现代的电力，成功照亮并制服了黑暗。不过，"制服"这个词并不准确，因为不管我们的世界充满多少光亮和光源，黑暗永远潜伏在那里，藏在被照亮的楼梯下方，躲在家中小物件背后的影子里；它一直在我们世界的下方逍遥法外，深入地核深处；它也一直笼罩在我们世界的上方，遍布广袤的宇宙之中。黑暗无处不在，宏伟壮观：

　　眼看不见，手触不到

耳不能闻，鼻不能嗅

它躲在星辰之后

躺在山峦之下

蜷在空洞之中

它先于一切而来

晚于一切而去

它终结生命

杀死欢笑。[30]

一些宗教把黑暗作为光明的对立面，利用它来引出撒旦和魔鬼、上帝或众神的概念。心理学理论总是试图照亮、阐明或帮助我们看清楚黑暗，黑暗确实消除了判断力，也限制了我们设想黑暗以外的世界的能力。

如今，地球的卫星照片让我们能够通过俯瞰所在星球的夜间景象来估计某地的经济发展状况，比如，韩国灯光璀璨，朝鲜则难以辨识。但是，电力照明也意味着我们越来越难看到夜晚的星空了。当代艺术家蒂埃里·科恩（Thierry Cohen）把拍下的晴朗夜空移植到处在相似纬度的人口稠密的城市的图像上，比如把蒙大拿的星空给巴黎，把西撒哈拉地区的星空给上海，让我们瞥见我们已经失去的美。

黑暗是一个难以捉摸的概念。要想一观黑暗各种各样的面貌，有时需要我们从一种比较陌生的视角来看待世界，有如回到一切的原点。这就像检查一张底片，其中的事物挺熟悉，又不是那么熟悉；又像突如其来的似曾相识的经历，让你一下子不知所措，也让你清醒过来，迫使你重新审视周围的世界。

《拯救月亮于月食的舞蹈》，爱德华·S. 柯蒂斯（Edward Sheriff Curtis），1914。夸扣特尔人围着冒烟的火堆跳舞，好让天上的怪物打喷嚏，吐出他们认为被怪物吞下的月亮

01

地与火：
黑暗起源

常识告诉我们，

我们的存在，只不过是两个永恒的黑暗之间

迸裂出的一道转瞬即逝的光明。

——《说吧，记忆》，弗拉基米尔·纳博科夫，1951

对于早期人类来说，火不但能带来安全保护和温暖，还带来了巫师、说故事的人，以及所有诞生自火坑的狂野想象的形象。火，一面是美，添一把干草，起一丝微风，火焰便踟蹰着蹦跳两下，摇曳舞动。而火的另一面，是余烬将灭的凄然，就像生命临终时脉搏最后一次跳动，微弱，伤感。这样的画面，甚至比熊熊大火剧烈燃烧时变幻莫测的壮美更能触动我们的心。你只需要看一个小孩玩一盒火柴，猜测对方能忍受火焰烧到离他的手指有多近，当燃烧的火柴棒扭曲起来，一阵宜人焦香弥散开去，空气一下子就活了。

一小撮点燃的灯芯草，或者一支散发恶臭、令人窒息的宝贵的动物脂蜡烛，给我们的祖先带去了光明。不过，要保证火焰不灭且足够明亮，就得不厌其烦地修剪灯芯。就像抽烟斗，得把烟丝紧紧地装进斗里，点燃，抽完之后再把黏糊糊的烟灰清掉。我们对这种日常习惯的细节心怀敬意。

我们非常容易在黑暗中迷失方向。想象一下，在多云的夜晚，几乎什么也看不见，你走在海滩上，原本熟悉的四周变得陌生又奇怪，任何细微的异样你似乎都能注意到。当代历史学家A. 罗杰·埃克奇（A. Roger Ekirch）说，住在乡下的人对每一条路都烂熟于心，即便在伸手不见五指的黑夜也知道怎么走。[1]黑夜的静谧会让人害怕，当你不慎跌倒在茅草上，那感觉就像是倒在了"大地的骨架"[2]上。假如这是你非常熟悉的小路，但已经走了很久，在黑暗里你也会怀疑自己是不是走错了。你能听到海浪的声音，尝到咸咸的空气中有股硫黄的味道；沙子钻进了你的鞋子里，沿着海岸线生长的海石竹闻起来像蜂蜜一样甜，一丛一丛，又干又硬，很容易让你一脚踩空——可是你就是看不到自己要去的地方，恐慌袭遍全身。对我们大多数人而言，视觉是我们用来辨别方向的最重要的感官，被忽略的是，其他感官的重要性也亟待承认。

被黑暗吸引似乎是件挺奇怪的事，这感觉像是非常个人化的小挑战·"带着光亮走进黑暗，了解的是光亮。想认识黑暗，那就只身走进黑暗吧。"[3]如果你在没有月亮的夜晚去海里游泳，你会感觉到而不是看见水。在周遭的黑暗里，海面反而会呈现出更幽深的光泽。身体周围的水会漾起一圈圈涟漪，映照出微弱的星辰的光芒，倏忽即逝。夜晚的水是"一池沉睡的黑暗"。[4]黑夜冰冷的空气使你皮肤紧绷，你既激动又害怕，是觉得黑暗中好像有什么在盯着你吗？于是，你壮起胆子，虚张声势地游了几下——那是水草，还是触碰着脚踝，引诱人向海水更深处去的某种未知生物？

黑暗不但是周遭世界的一部分，有时会对我们产生威胁；它也存在于我们神秘的身体内部和所有人的个人知觉里。然而，只有感到疼痛的时候，我们才会意识到内脏器官的存在。食物由口而入，在我们身体里走上一遭。肠道的蜷曲盘绕，我们的血管和心脏、肝脏和肾脏、肺部和膀胱之间的相互作用，都是黑暗中发生的事，我们大多数人并不想知道得那么详细。那些在接受麻醉后仍有意识的情况下受益于脑部手术的病人 [这种麻醉方式叫作术中标测（inter-operative mapping）]，能够对外科医生的问题或图像做出反应，但受术者必须经过严格筛选，以确认他们能够保持足够的冷静。由此看来，我们的身体性自我（bodily self）是黑暗的一部分，我们选择忽视它，但同时我们也很容易认识到黑暗与我们亲密无间。

如果我们认为内在的和隐藏的东西暴露了，可能会引起自我厌恶感。我们可能会发现自己不愿触碰一般认为是内在且脆弱的部分，因此有些人甚至连画个眼妆也会引起不适。有些人连想到目睹自己的血，或注射器扎进皮肤，进入并搅扰理应是内在和神圣不可侵犯之所在都受不了，因为应该在内部的东西暴露在外了。

日本文化中，切腹发展成了一种光荣体面的自杀方式。在古埃及，防腐之神和来世之神阿努比斯（Anubis）的形象是一只黑狗。死后被制成木乃伊是贵族才有的特权，而且这个过程对个人也有很重要的意义：内脏器官移除之后，躯干就能保存下来，好让灵魂回归，得到永生。

　　然而，在西方文化中，开膛破肚是一种酷刑①。比如，直到19世纪，英格兰的法典中还保留着剜刑，用以惩治犯叛国罪的人。这项酷刑残忍至极，犯人不但要经受生不如死的折磨，还要被迫目睹自己的内脏被扔进火堆里烧成焦炭。值得一提的是，地位更高的人似乎可以免受这种非人的痛苦，得一个痛快的死法。1541年，牵涉凯瑟琳·霍华德（Catherine Howard）通奸案的三个犯人获得差别判罚即是一证："卡尔佩珀（Culpeper）是位绅士，所以被处以斩首。但是，曼诺克斯（Mannox）和德勒姆（Dereham）将像犯叛国罪的人一样被吊剖分尸。"5

　　外界的黑暗和身体内部的黑暗对个人来说都是未知且潜藏着危险的。而每当你闭上眼睛，黑暗就来了。你渴望在黑甜乡里沉睡，把梦——如果你能记住的话——当作沉睡中的插曲。塞缪尔·约翰逊②很疑惑，我们为什么那么不关注睡眠，而睡眠"公正无私，对每个人都一样有益"。6胎儿大约十六周大时，就能在子宫里辨别出亮光，到第二十八周会睁开眼睛。初生之时，我们无法立即看清细节。随着慢慢长大，我们才能逐渐摆脱昏昏沉沉的无意识状态。

　　绝对黑暗是光明和视觉的对立面，可是没有了黑暗，光明也

---

① 即剜刑（disembowelment），活摘受刑人的内脏器官，并当着受刑人的面将摘除的器官烧掉。
② 塞缪尔·约翰逊（Samuel Johnson，1709—1784），人称"约翰逊博士"（Dr. Johnson），英国历史上有名的文人之一，集文学评家、诗人、散文家、传记作家于一身。前半生名声不显；花费九年时间独力编出的《约翰逊词典》（*A Dictionary of the English Language*），为他赢得了声誉及"博士"头衔。

将不复存在。晚上走在海边几乎没有光照的小路上，我们好像什么都看不到，但其实在这样的极端黑暗里，我们别的感官，甚至也包括视觉，都是增强了的。这是一个难解的问题。

宇宙存在之前，那里有什么？是没有轮廓、形状和质量，也没有声音或意义的黑暗汪洋吗？黑暗似乎是由所有的未知组成的，黑暗即虚无。可也正是从这虚无之中，诞生了神话的世界、故事和魔法的世界、迷信和民间传说的世界，凡此种种，都以神秘、阴暗的领域为吸引力。

那么问题可能出在语言上。在不同的语言中，光明经常用来表示理解、揭示、清澈、清楚等意义，还常常代表希望。黑暗则完全相反，总是代表令人困惑的、不可知的末路绝境，那里可能会有什么神秘力量，但也与绝望相联系，最终归于死亡。然而，我们又需要黑暗，甚至渴求黑暗。视力健全的人以为"看不见"的世界就是永无止境的黑暗，有的盲人却说，自己眼前会出现有颜色的抽象形状，就像不和谐的"视觉耳鸣"，他们渴望体验只有视力正常的人才能享受的黑暗。在某种意义上，黑暗既意味着一种平静的状态，也意味着更少受到束缚、更少被打断思考的时机。

对早期人类来说，如果光明不能保证安全，如果黑暗不成为一种选择，那黑暗又意味着什么呢？他们是否不得不像电影《疯狂原始人》（2013）[7] 里的史前父亲一样，蜷缩在黑暗的洞穴里，给家人唯一的忠告就是"永远不要离开洞穴"？他希望家人不要碰到想象中外面的各种危险。他让家人远离不可控的黑暗，同时也让家人失去了阳光下的自由。在黑暗的环境中遇到危险是不可避免的，所以人们一定会看管好身边能提供温暖和保护的火源。火的确能让人安全一点，但是火也能使黑暗显得更加不可穿透，让人更难判断距离。潜伏在黑暗中的动物，眼睛会发出不同的亮光，在没有火光干扰的情况下，人类可以由此判断是捕食者正盯着自己，还是只是没有威胁的生物，正露出恐惧的表情。

我们得花点时间才能适应黑暗环境，那一点点在黑暗中看清东西的能力已被现代照明所侵蚀，而我们乐得于此。其实，光少一点，我们能看到的或许会更多。在黑暗中拿着手电筒走一条熟悉的路太容易了，可是只有电池耗尽，你不得不凭借别的感官摸索前行时，你才算是真正知道回家的路。在冬季的太阳无法升上地平线的地区生活的早期人类，不得不学会在半黑暗的环境中工作，他们的视力也适应较弱的光。

34 　地球是绕着地轴向太阳倾斜和远离太阳的，我们对四季的划分，可被视为试图更好地把握一天当中接收到的光明和黑暗的长短。但是，地球两极地区可能让我们困惑，它们在整个夏季会出现持续的白天，冬季则是日复一日的黑暗。例如，阿拉斯加州的巴罗（Barrow）是美国最北的小镇，那里从 11 月中旬到次年 1 月都是黑漆漆的。而赤道附近地区每天都有几乎相等的昼夜时长。有人好奇，这样均衡的光明和黑暗是否意味着生活在那里的人内心更加平静呢？

现在有研究称，悲伤（季节性情绪失调），或所谓"冬季抑郁症"，是由于阳光接触不足引发的，人们会因此变得烦躁易怒、充满负罪感、暴饮暴食、嗜睡、失去性欲。这些听上去真让人伤感。然而，有些生活在北欧地区的人却很享受日照减少的季节，他们觉得黑暗的日子拥有一种和平与美丽的特质，他们将其与一个更古老、不那么聒噪的世界相联系。小说家阿澜·卢（Erlend Loe）在挪威北部城市特隆赫姆（Trondheim）长大，他说自己"几乎是在冬天几个月的黑暗里长大的。我喜欢这样的冬天，在奥斯陆还会时常想念"。[8] 他认为大约一半现代挪威人都很喜欢冬天。那些喜欢夏天的人总是抱怨冬天持续单调的半明半暗状态让他们睡不好觉，这多讽刺啊，即使对讨厌没有阳光的冬天的人来说，黑暗也和光明一样重要。对于光照对睡眠的影响，科学家已经做了大量相关研究，却一直无法得到一个确定的结果，因为人们在实验中的反馈千差万别。所以，早期人类看待黑暗的态度也没有理由一成不变，而且如果人们在对黑夜危险的恐惧中体验到了不确定性带来的快乐，那么他们对黑暗的审美能力肯定会有所提升，而非愈发抗拒黑暗。

在冬季漫长又黑暗的地方，夏至比在其他任何地方都重要得多。在爱沙尼亚，圣约翰日，亦即仲夏节（Jaanipäev），是一个收获季节的古老节日，其间有一个午夜仪式，人们跃过篝火，仿佛是在同时对抗火和黑夜本身的危险。"古火之夜"（Muinastulede öö）是一个后起的节日（始于 1992 年），让人想起维京时代，人们会在海边点燃一连串火堆，向海上和陆地上的人传递消息，也为海员标记出安全通道。现在，节日当天的日落时分，一连串篝火被点燃，沿着波罗的海国家爱沙尼亚、拉脱维亚、芬兰和瑞典的海岸线分布，从上空看，就像是在黑暗中画出了一道火线。

如今，对于所有生活在发达国家的人来说，没有必要经历极度黑暗，也确实几乎没有经历过。环保人士和那些享受现代生活便利的人都认为这是个损失，不禁哀叹再难见到满天星辰，以及一隅黑暗——它原本该在没有被"黄昏到黎明"户外灯或运动感应灯（你打开后门它便会亮，有如监狱院子里的安保措施）所污染的郊区小花园里。在英国，如果你晚上走在联栋房屋之间的狭长小巷上，可能会听到窸窸窣窣的声音，那是城市狐狸的响动。不过，你很难看清楚它们的身影，因为在被城市灯光染成灰黄色的天空下，巷子显得更加昏暗，狐狸黄色的眼睛只闪一下就消失了，然后你又什么都看不到了。阿布拉卡达布拉[①]。

大多数动物在黑暗中的视力都比人类好得多。它们的视网膜中含有可以检测到弱光且比人眼视网膜反应速度快 5 倍的视杆细胞。而且动物的视网膜后还有一层反光膜，能把光线再反射回去。现在的我们猛一看到狐狸眼睛反射出来的光会吓得一激灵，一万两千多年前，我们的史前祖先突然发现潜伏着的剑

36

① 原文为 Abracadabra，通常用在西方咒语的最后，相当于中国的"急急如律令"。这个词一说出来，就表示咒语的命令下完了，咒语将要发生功效。

齿虎时反应肯定也差不多。

　　昼视觉和弱光下的视觉画面有很大的不同。在只有月光一半亮度的光线条件下，蜜蜂、蝴蝶、猴子和人类看到的世界是黑白的。但是，最近有研究表明，很多生物，比如红天蛾、果蝠和马达加斯加狐猴，在近乎完全黑暗的环境中也能辨认出颜色的细微差别。[9] 很多夜行动物依靠对颜色的感知来寻找食物、藏身之处和配偶，与昼行动物并无二致。

　　天黑以后，光子——"构成一束光的微小粒子"[10]——就少了。2002 年，生物学家阿尔穆特·克尔贝尔（Almut Kelber）提供了证据，证明天蛾在黑暗中"可以通过辨别颜色找到花朵，跟它们的表亲蝴蝶在白天找到花朵一样容易"。[11] 当我们凝视着漆黑的夜晚时，我们眼中所见是无色的，而这无色正被日益将白天与黑夜分开，或将仅存的无光世界推向相对原始的虚空的技术所中和。

　　夜晚意味着更不安全，那么预示着夜晚到来的日落——"天空不舍着，留恋着，终于还是暗下去了"[12]——对早期人类又有什么意义呢？日出带来太阳的温暖和光明。日暮黄昏则意味着要为夜晚生火，同时观看地平线上黑暗和光明的戏剧性表演。从颜色形状、光影层次的变化中解读出不同含义，预言未来，比如狩猎能否成功、是否会有人失去生命、敌人能否被征服、能否找到配偶等，甚至从中发现来自对所有人都有影响的超自然生命的信息，这些都容易且自然而然。

　　白天最后的痕迹融化在一片寂静之中，夜晚的生命还没有喧哗骚动。黑暗越拢越紧，你或许会和你的部落成员聚齐，一起拥入洞穴后部，警戒着夜晚可能带来的看不见的危险。鸣禽渐渐不再吟唱。就像法语中的"蓝色时光"①，这段时间那么不同，越发神秘，甚至那么危险。这是吃当天最后一顿饭的时间，聊一会儿天就该睡觉了。法语中 crépuscule 的意思是黄昏（也指暮色更深之时），这个词听起来就像是脚步踩在落叶上的沙沙声，逐渐深重的暗色像当中无意义的元音；这个词在动物学中表示黄昏时出现并活跃起来的动物，它们在黑暗中生活，眼之所见都是我们目不能及的。而早期人类口口相传的故事都诞生在这昏暗的时段，他们能从这时的光影明暗中预判周围环境安全还是危险，也可以算是个小奇迹了。

然后，在太阳升起之前的清晨，在一天开始之前，在鸟儿开始唱歌之前，也有一段时间的寂静：

外面是黎明前的一片清明。生命的热闹尚未开始掌控这新的一天。空气中还没有充斥着高谈阔论、思想的碰撞、开怀的笑声和飞舞的眼神。每个人都还沉睡着，所有的想法、希望、不可告人的秘密都还交织在梦境里。这世界透彻、清爽、冰冰凉，像一瓶放在冰箱里的新鲜牛奶。[13]

---

① 蓝色时光（the blue hour），法语中作 l'heure bleu，指日出前或日落后天空呈现均匀蓝色的时段，因为太阳在地平线以下时，大气层只会接收并散射太阳光中光波较短的蓝色光。

我们乐于谈论日出，却不愿意提及夜幕降临；黎明时分，第一缕阳光被称为朝阳。光被赋予了极其重要的意义，黑暗则成为无法避免的具有破坏性的意外。可是黄昏的暮光就鬼祟多了，它不是突然袭击，而是偷偷摸摸地一点一点爬到我们身上。太阳西沉，最终隐没，代表一天的结束，或者说这一天的"死去"。不论是对早期人类，还是对我们现代人来说，黄昏和黎明都是习以为常且可以预见的，除了两极地区。因此，我们对这两个介于白天和黑夜之间、黑夜与白天之间的过渡时段再熟悉不过。但是，想象一下雷暴或闪电击中一棵看似不朽的大树，以及随后出现的更不寻常的情形，如火山爆发、海啸、极光、流星陨落或日食。每一个这样的事件都没有转了几手的解释来打消疑虑，或者至少相信某个地方的某位科学家明白发生了什么，并且存在自然而非超自然的解释。

古希腊天文学家注意到，黄昏时总能看到一颗特别耀眼的恒星，清晨也能看到一颗特别亮的恒星，于是就将它们分别命名为赫斯珀洛斯（Hesperus，晚星）和福斯福洛斯（Phosphorus，晨星）。后来，他们意识到所谓的"两颗"星星其实是同一颗，就把两位神祇结合在一起了。这个误会后来被 19 世纪的德国哲学家和数学家戈特洛布·弗雷格 [1] 用来阐释意义和所指的区别：两个不同的名字（意义），但只有一颗星（所指）。黄昏和黎明

————

[1] 戈特洛布·弗雷格（Gottlob Frege，1848—1925），著名德国数学家、逻辑学家和哲学家，数理逻辑和分析哲学的奠基人。

都是光明与黑暗之间的过渡状态，而我们按照自己有限的理解对它们加以区分。

福斯福洛斯字面上的意思是"发光者"，也表示"早晨"。他还有另一个名字——路西法（Lucifer），也就是《旧约》里那位背叛的天使，堕落之后成为撒旦。由此，黑暗开始对抗光明："明亮之星、清晨之子啊！你怎么从天上坠落？你这颠覆列国的，怎么被砍倒在地上？"（《以赛亚书》14:12—15）莎士比亚把撒旦叫作"黑暗王子"，又把他描写成长着巨大下颚、吞噬爱情的怪物（《李尔王》，第三场第四幕；《仲夏夜之梦》，第一场第一幕）。很久以前，人们就开始观察星空，观察太阳和月亮的位置，但是古希腊人的英雄似乎更脚踏实地，因为他们的超自然力量是受限的。所以，古希腊传说中的英雄不但给人间带来光明，也带来了黑暗。

自然现象人格化的观念影响着我们对世界的看法，从未间断。要是我们喜欢晴天超过阴天，可能并不单单是喜欢温暖，也是喜欢将温暖、光亮和清晰的视觉相联系的证据。但是，这些关联的内容因人而异，也会随时间改变。例如，我们已经知道，对生活在极北地区的人来说，黑暗也可以是熟悉且有家的感觉的。浪漫主义者和浪漫的人在忧郁的阴天或者漆黑的夜晚可能会感到满足。一些北欧人觉得，在漫长阴暗的冬天，如果暖和的家里点上一些蜡烛，就再温馨舒适不过了。更多人意识到气候变暖和太阳光对皮肤的伤害之后，日光浴的吸引力便降低了。追寻黑夜的不光是天文学家和女巫；现在，有人发起了减少街道照明的运动，并建议最好使用设计成具有蜡烛般柔和的琥珀色光线的现代照明来阅读，这种光线不像我们的电脑屏幕发出的蓝光那样过于明亮且会抑制褪黑素分泌，而是可以让我们避免眼睛疲劳，为睡眠做好准备。城市夜游、观赏夜蛾和蝙蝠的徒步游、业余观星度假成了越来越热的潮流，似乎能证明我们很多人的内心的确是渴望黑暗的；在黑暗状态下，我们的感官体验将在某种程度上增强。不但酒吧和夜店喜欢把灯光调暗来营造合适的气氛，20 世纪末以来，还出现了很多提供在完全黑暗中就餐体验的餐馆，声称这样能让食客避免视觉的"干扰"，从而更好地欣赏食物的香气、味道和质地。[14]

有人说，黑暗餐厅迫使我们直面"盲"的本质。对视力健全的人来说，在黑暗里共同进餐是十分新鲜的体验，据说还会对他们的社会关系产生奇特的影响。心理学家阿克塞尔·鲁道夫（Axel Rudolph）在德国科隆拥有一家这样的黑暗餐厅，叫作"隐形酒吧"（Unsicht-Bar）。他声称能让顾客深切体验"盲"的感觉。[15]抛开盲人比有视力的人品味更精致这一存疑的概念不谈，这类餐厅的烹饪雄心必须面对实际问题的限制。例如，对一个突然"失明"的人来说，吃豆子会变成一项异常困难的工程；各种汤汁酱料极易洒得到处都是。肉必须提前切好或索性从菜单上拿掉。泥糊状和小块的食物是当晚的主角，看上去跟婴儿辅食没什么区别。种种限制实际上会让人难以辨别吃进嘴里的到底是什么，更别提享受食材丰富多样的滋味了。原因正如查尔斯·斯彭斯（Charles Spence）和贝蒂娜·皮克拉斯－菲什曼（Betina Piqueras-Fiszman）评价的那样，"在失去视觉线索的情况下"，这些菜单上也没有了复杂的味道。[16] 此外，这些餐厅声称，在完全黑暗中就餐，能为顾客提供特别亲密，甚至更加浪漫的用餐氛围，然而人们必须全神贯注才能把食物送到口中，很难顾及其他。在这种情况下，用餐体验受到黑暗的限制，但我们可以凭直觉认为，至少对味道的体验会被强化。

然而，视觉线索一旦不复存在，我们的胆量也会随之大打折扣。聚会上有个常玩的游戏，一个人被蒙住眼睛，面对各种感官挑战。比如，摸到的是一袋煮熟的意大利面——还是生的肠子？与提升对味道的感知相比，我们更可能恐慌，想象我们该怎么办。鱼可以被当成肉；蔬菜也变成肉；就算是葡萄酒专家，也可能在盲测中完全失手，将白酒品成红酒，以为起泡苹果酒是香槟。在完全没有灯光的咖啡馆里，人们可能不愿意接受"模棱两可"的食物，因此可供的食物在范围和形式上可能会受到限制，必须易于辨别才行。许多食客发现他们的"盲"餐实在令人困惑，并因此失了胃口，这倒也解释了为什么刚刚后天失明的人总是抱怨没有食欲。在黑暗中进餐的概念似乎比现实更有吸引力。

相比增强的那点少得可怜的知觉，黑暗会更多地破坏我们对食物的熟悉感。但是有人说食客还是可以在黑暗中获得一种更深层的"内在知觉状态"：只要他们一直闭着眼睛，对味道的感受就会变强，就像平常我们会闭上眼睛集中注意力一样。正因如此，午夜大餐对孩子们总是有巨大的吸引力，尽管吃的可能只是薯片和巧克力，但是也不会有在"摸黑咖啡馆"吃饭的焦虑。

火，在大约 40 万年前的石器时代开始为人所用，人类由此吃上了熟食，很难生吃的谷类和植物根茎做熟之后也更易吞咽和吸收。除此之外，火也给人提供了保护，还让人们在结束为生存奔波挣扎的一天之后，可以围坐在火边欣赏它的美丽。火支撑了光明与黑暗的有力象征、看见与看不见的反差，以及普遍使用视力作为理解的隐喻。火改变了人们的生活；同时，黑暗似乎施加了限制，但也是一种衬托，没有黑暗的衬托，我们就无法将光看作光。光明与黑暗的这层关系也成了各种神话和宗教教义的核心隐喻：《圣经》里常出现"黑暗中的光"，或耶稣是"世界的真光"；照明学派①认为光代表灵魂，黑暗则植根于我们的身体和现世而存在。

很久以前，我们的祖先奇迹般地在世界各地建起巨石圈或巨石阵，可能是为了追踪天体运行规律。我们现在很难知道古人建造这些巨石阵的目的究竟是什么——因为宗教热情，还是出于对地球和地球以外世界的好奇心？但是，将古代遗址中用火的证据理解为光拥有支配地位，可能就搞错重点了。打个比方，连衣裙的一个成功之处在于为穿裙子的人吸引注意力，而不是让人注意

42

---

① 照明学派（Ishraqi，或 Illuminationist），亦称光照学派，伊斯兰教苏菲神秘主义哲学学派。12 世纪波斯苏菲学者苏哈拉瓦迪 (1153—1191) 创建。

它自身——人先于裙子存在，就像先有黑暗，后有光明。

如果亲自到这些古代遗址去看看，你会叹服于古人的巧夺天工。爱尔兰米斯郡有一座新石器时代的通道式坟墓——纽格兰奇墓（Newgrange），是一个高 13.5 米的椭圆形土墩。每年，人们都要通过抽签来争夺稀少的名额，只为见证阳光经由石头通道照进墓室中央大厅；在冬至前后的短短几天里，通道会与太阳对齐。通道入口有些像某种灯箱，12 月 19 日至 23 日期间，地板每天被照亮 17 分钟。如果没有阴郁冬季的衬托，这种效果也就毫无意义，正是这种灿烂的阳光和深沉的黑暗之间的摩擦，不仅校准了季节与太阳的关系，而且满足了我们内心的愿望，即看到这些对立面的所有戏剧性对比，比如长长的石头通道中的黑暗突然被光刺穿。

早期的暗箱（camera）在古代中国、古希腊和古埃及都存在。但是，直到 17 世纪，这个词才首次被用来描述在一面壁上有针孔的暗房间或盒子，通过针孔进入的光线会增强。它可以作为艺术家的工具，提供一个倒立并反转的精确的像，或带来宏大且奇妙的实时视觉体验，就像 1835 年在爱丁堡建造的"暗箱"，至今仍保持着奇特的吸引力。过往的城市生活存在于连续的投影中，既真实，又无从捕捉，我们看着人们走过，"对方"完全没有意识到我们的审视。这种举动可能会让人感到冒犯；要是在晚上，窥视路人算得上下流，对方还以为黑暗把自己藏起来了。

那么，我们究竟为什么会对黑暗有长久不灭的恐惧呢？从古老的故事中或许可以找到一些解惑的线索。在中世纪故事《贝奥武甫》里，伟大的勇士贝奥武甫杀死了"躲在黑暗中"伺机偷袭的邪恶怪兽格伦德尔（Grendel）[17]。格伦德尔死去的时候，人们欢呼雀跃，象征胜利的曙光也正好照亮了地平线。而在约翰·加德纳① 重新演绎的贝奥武甫故事② 中，格伦德尔成了主角，深受世界和自我憎恨的痛苦折磨，人类反而是丑恶的敌人："这些渺小的人类啊，双眼死气沉沉，苍白的脸上毫无生气，某些地方与我们确实有几分相似。不同的是，他们荒唐可笑，而且莫名其妙地惹人恼火，像老鼠一样。"[18]太阳"在头顶乱晃"，格伦德尔在阳光下觉得灼痛，世界对他来说仿佛一具正在腐烂的巨型尸体，他只盼着赶快躲进黑暗的荫蔽里去："太阳像一只螃蟹一样钻进了地下，白天越来越短，黑夜越来越长，危险越来越近。渐浓的黄昏里，我愤怒地笑了……"[19]

格伦德尔的孤独很容易让人心生怜悯，然后站在他的视角，从暗处旁观人类社会的暴力无情和腐败堕落。他观察到一位游吟诗人——塑造者③，并为其诗歌着迷，自然而然地相信了诗歌中的爱情、信仰和美丽——尽管作为一个怪兽，他永远不可能被人

---

① 约翰·加德纳（John Gardner，1933—1982），美国现代派作家，是著名作家卡佛的老师。
② 指《格伦德尔》。
③ 在《格伦德尔》中，塑造者（the Shaper）是一位手拿竖琴、双目失明的老人。他为丹麦国王赫洛斯伽（Hrothgar）唱诗来换一些钱，并且启发赫洛斯伽建成了雄伟华丽的会议厅——鹿厅。塑造者也有非常独特的能力，可以塑造和改变世界，他能让混乱的宇宙变得美丽，拥有秩序和意义。

用诗歌吟唱。在加德纳讲述的故事里，格伦德尔始终待在黑暗中，他非常想相信塑造者对世界的那些瑰丽想象都是真的，但是面对眼前残忍混乱的真实世界，他最终还是没能说服自己："我向下望着，往下望着，望向无底的黑暗，感觉黑暗的力量在我身体里翻涌，像一股洋流，像藏在我身体里的怪兽，像深海奇观，像暗夜的恐怖君王在它的洞穴里兴风作浪，让我不由自主地慢慢倒下，直到死去。"[20]

44 敢于反抗自以为道德高尚的人类，格伦德尔因此受到了人们的钦佩。与他相似的，是弥尔顿所作《失乐园》中的叛逆之神撒旦，他本应是邪恶的化身，但他激烈的反抗精神和毫不屈服的斗志，反而让善且美的上帝之子耶稣相形见绌。在这样"反常规"的怪兽和恶魔身上，黑暗和光明的传统隐喻义模糊了边界，它们任何行为的根源成因我们瞬间就能理解，使我们不得不对光明即善、黑暗即恶的简单二分法产生怀疑。

在后面几章，我们会从不同角度讨论这种二分法，例如文艺复兴时期和浪漫主义时期的诗人如何从二元对比中获得灵感进行创作，凡尔赛宫和沃克斯豪尔的焰火表演如何直观展现二者的差异，以及如何掌控夜晚、对睡眠的研究、人们对黑暗的态度的心理学研究，等等。这一切都影响并塑造了我们对于黑暗的想象与理解。甚至我们的穿着打扮也是这复杂网络的一部分，比如一天当中什么时候适合穿深色或浅色的衣服，不同场合穿什么色调的衣服合适，这些想法全都源自我们对黑暗和光明的固有理解。

当今社会，不论是在私人范围还是在公共领域，都更推崇坦诚公开，或是所谓的"全面披露"。2016 年唐纳德·特朗普（Donald Trump）竞选美国总统时，他的竞选顾问史蒂夫·班农（Steve Bannon）公然表示"黑暗是美好的"，也就是说，班农认为暗箱操作和私下的秘密交易仍然是现实政治[①]的必要组成部分。[21] 公众则认为，信息透明是公司和其他组织应该遵守的规则，并且现代科技有助于大众行使知情权。于是，在一些媒体口中，那些行事谨慎低调、不愿透露过多信息的人或机构，就会被污蔑为撒谎。然而，并非所有秘密都代表腐败，信息完全公开透明有时也会带来危险，意味着有些重要信息会被别的信息淹没——比如说，在工作推荐信里。此外，有些秘密一旦公开，就会造成毫无意义的伤害。从个人角度来讲，不能保守秘密的朋友也根本算不上朋友。信任是有限度的，有些事情必须不能让不值得信任的人知道。因此，谁都不愿意自己的私事被朋友毫无保留地公之于众——即便他性格开朗乐观，即便他并无恶意，即便私事无足轻重，一个真正的朋友也绝不应该这样做。

45

我们需要重新审视自己看待黑暗的态度，进而才能重新思考黑暗和光明二元两极之间那些微妙而无常的情况和状态。

---

① 现实政治的德语为 Realpolitik，由 19 世纪普鲁士王国宰相奥托·冯·俾斯麦提出，并为后世所沿用。现实政治主张，当政者应以国家利益为从事内政外交的最高考量，而不应为当政者的感情、道德伦理观、理想，甚至是意识形态所左右；一切都应为国家利益服务。

"第一天"，出自系列版画《创世记》，扬·穆勒（Jan Muller），根据荷兰版

画家亨德里克·霍尔奇厄斯（Hendrik Goltzius）原作所作，1589

02

远古神民，
光生万物

最黯淡的莫过于我们手中的火把，
它让黑暗变得难以觉察，只能偶得一瞥。

——吕齐乌斯·安涅·塞涅卡

民间故事，神话传说，以及宗教信仰，都在寻求世界和人类的起源，试图解答生和死的终极意义。似乎宇宙的存在一定要通过某种方式解释清楚，最初的混沌一定要归于秩序，完美的人类才会被上帝创造出来，然后偷食禁果，堕落凡间，最终失去上帝的恩惠。

创世神话赋予黑暗的概念多半是隐喻，但这并不削弱其效力。例如在巴塔哥尼亚地区特维尔切人的文化信仰中，暮光在创世之前就已经存在，所以宇宙之初"并非完全的黑暗"。[1]古埃及神话则说"无中生有"（ex nihilo），即世界源自虚无。在今天的物理学家看来，所谓虚无，就是没有粒子物质的真空状态。而古希腊人口中的虚无是模糊的，可以有多种理解。

古希腊神话与《梨俱吠陀》中的世界，都诞生于"无形的混沌"。巴门尼德①却认为，从绝对的虚无中不可能产生有形的世界，无中生有在逻辑上根本说不通。有形实体才能创造出更多有形实体，所谓混沌也是某种物质实体原始无序的形态。因此，虚

——

① 巴门尼德（Parmenides，约公元前 515—前 5 世纪中叶），古希腊哲学家，重要的前苏格拉底时代哲学家之一，爱利亚学派的一员。主要著作是用韵文写成的《论自然》，他认为真实变动不居，世间的一切变化都是幻象，因此人不可凭感官来认识真实。

无必然是某物，我认为，这代表虚无的某物，这种基本材料，不妨就叫它"黑暗"。

厄瑞玻斯是黑暗和夜晚的化身，主宰着广灵的归宿——冥界地府。那里暗无天日，活人无法到达。而太阳神阿波罗之子俄耳甫斯毅然前往，渡过环绕地狱的黑水冥河[①]，乞求厄瑞玻斯让他的亡妻欧律狄刻（Eurydice）重返人间。厄瑞玻斯最终被他说服，但是有一个条件：到达地面见到光明之前，俄耳甫斯绝不可以回头看欧律狄刻。可惜的是，这类故事都有"不听话"定律，俄耳甫斯忍不住回了头，于是他又一次失去了欧律狄刻。不过，故事并未就此结束。俄耳甫斯悲伤而深情地唱起了悼念亡妻的诗歌，狂热的色雷斯女人听到后妒火中烧，将他撕成了碎片。如此，俄耳甫斯和欧律狄刻终于团聚，在黑暗的冥界。

诗人卡罗尔·安·达菲[②]以一种全新的角度讲述了这个故事，她笔下的欧律狄刻逃离了与自恋话痨相伴的婚姻生活，渴望被忘却在冥界，渴望"一个黑色的句号，一个黑洞"所代表的祥和平静[2]，对这位全新的欧律狄刻来说，冥界的黑暗是她逃离鄙夷的生活之后的避难所。

古希腊神话中，俄耳甫斯忍不住回头看了欧律狄刻，还是最终与亡妻再次相见，因为"看见"和"活着"是同义词。希腊

---

① Styx，希腊语意为"仇恨的"。
② 卡罗尔·安·达菲（Carol Ann Duffy, 1955— ），英国诗人。她于 1995 年获得官佐勋章，于 2002 年获得司令勋章。

语中的 phos，意思是光，也指生命："活着方能看见，死去即被黑暗吞没"[3]。由此可见，既然厄瑞玻斯和冥王哈迪斯（Hades）身处黑暗之地，那么他们就看不见；他们镇守着失明者的世界。那么人间的盲人算什么呢？难道看不见就意味着他们是"活死人"？当今社会对失明的看法大多比较负面，古希腊人反而非常敬重失明者，因为他们相信，当眼睛看不到外在世界时，人内在的洞察力一定会增强。据说伟大的诗人荷马就是一位盲人。

死亡被认为是一种形式的失明。在荷马的想象中，"战死沙场的不幸的灵魂，黑夜裹紧了他们的双眸"。苏珊娜·特纳（Suzanne Turner）把荷马这句诗总结为灵魂出窍。[4] 所以死亡就是视觉和光明的离去，最后只剩下黑暗。可死亡就一定等同于黑暗吗？难道生前的完全或部分失明，是为死后不可幸免地堕入幽暗恐怖的黑暗世界所做的准备？在古典世界，人们以光明为指引，同时黑暗也是被认可并欣赏的，它能让人进入更深刻的内观境界。

索福克勒斯笔下的俄狄浦斯在不知不觉中犯下了乱伦和弑父的罪孽，受俄狄浦斯统治的国家因此不断有灾祸与瘟疫肆虐。在《俄狄浦斯王》中，俄狄浦斯嘲笑先知忒瑞西阿斯的眼盲："算命的……只认钱——能耐上却是个瞎子。"当然，俄狄浦斯最终还是知道了真相。人类确实不能太过信赖自己的知觉，因为与神祇的全知全能相比，人类肉体的感官知觉何尝不是一种"无知"。迈内劳斯·赫里斯托普洛斯（Menelaos Christopoulos）说："盲人

《圣经·约伯记》中光驱散黑暗的场景。版画《创世》，威廉·布莱克（William Blake），1825

《俄耳甫斯与欧律狄刻》，小彼得·菲舍尔（Peter Vischer the Younger），约 1515，黑漆青铜

可能占据了神界和凡人世界的中间位置。"[5] 如此看来，失明或可看作神性启蒙过程中的一个阶段。

我们人类必须清醒地认识到自己的局限性和无知，别总幻想自己比众神更有智慧。俄狄浦斯阻止神谕成真的一切努力反而让神谕一步步应验，他根本逃脱不了命中注定的悲剧。伊俄卡斯忒[①] 也认为天命不可违，但她仍然相信俄狄浦斯能够逃离预言中的未来。在她看来，凡人总要经历黑暗："没人能看清明天的模样，没人不需要在黑暗中摸索前行。"戏剧尾声，俄狄浦斯刺瞎双眼，失去一切光明，他才明白自己的一生："我的命运，我黑暗的力量，你跳去哪里了？"迈克尔·斯夸尔（Michael Squire）认为，古希腊文学从最早期的作品开始，视觉就"被用来定义有感知能力的、主观的存在"，只不过失去了它，我们才能更好地"看见"——在理解的意义上。[6]

古希腊哲学家恩培多克勒（Empedocles）说黑暗和光明发源于基本元素火和水。[7] 黑暗是最先到的，厄瑞玻斯的婚礼之夜则生出了白天。黑暗作为强大的创世之源的背景奠定了众多创世神话的根基。另外，内心光明与黑暗的角力也是一个人具有深刻见地的关键。俄狄浦斯的形象不是高高在上、神圣庄严的，他的遭遇使他成为一个有血有肉的真正的人。按照亚里士多德对悲剧英雄的定义，他不是绝对的好人或坏人，而是光明和黑暗激烈冲突

----

① 伊俄卡斯忒（Jocasta），古希腊神话中的人物，系墨诺扣斯的女儿、克瑞翁的姊妹、忒拜国王拉伊俄斯的妻子，以及俄狄浦斯的母亲及妻子。

对《圣经》中上帝创造地上活物场景的描绘。《上帝创世第六天》，古斯塔夫·布里翁（Gustave Brion），19 世纪 60 年代，蛋白银盐印相工艺

碰撞的矛盾体。其实关于俄狄浦斯这个人物，重要的并不是他刺瞎自己，这既不必要，也不必然——因为这与主旨无关："奇怪的是，俄狄浦斯现在就属于光明与黑暗的混合体，这使得他很容易以光明代替黑暗，反过来也一样。"[1]

《圣经·创世记》（1:1—5）记载，创世的第一天，主宰一切的是黑暗，然后世界从黑暗中诞生，这里的黑暗通常被解读为强大的初始力量：

起初，神创造天地。

地是虚空混沌；深渊上一片黑暗；神的灵运行在水面上。

神说："要有光！"就有了光。

神看光是好的，他就把光暗分开了。

神称光为昼，称暗为夜。有晚上，有早晨；这是第一日。

创世起始于原始混沌，黑暗中蕴藏着万物的能量，而生命生发于水，可以看作和人类个体生育过程的类比——就像羊水破裂，新生命离开母体的黑暗内部，来到光明的外部世界。戴维·利明（David Leeming）让人们注意到不同文化在表现创世时的相似之处，即不约而同地将黑暗混沌拟人化为孕育的女性："即便是神（God），决定下凡来到人间时，也必须诞生于名为摩耶、马利亚或伊西斯①的母亲。"⁹神存在于黑暗中并掌管着黑暗，就像他在光明中那样。那么主宰万物的究竟是光明，还是宇宙中弥漫无际的更古老、更普遍的黑暗物质呢？这是很难说清楚的问题。上帝拥有所谓"全知之眼"，不论在光明还是黑暗中都能看清世间一切，毫无差别。因此，黑暗是绝佳的隐匿之所的想法实际上是自欺欺人：

如果我说："愿黑暗遮盖我，愿我周围的亮光变成黑夜。"

但对你来说，黑暗也不算是黑暗，黑夜必如同白昼一样发亮，黑暗和光明，在你看来都是一样的。

(《诗篇》139:11-12)

据《圣经》所言，黑暗尽管是创世之源，但也是《出埃及记》中倒数第二次灾难（10:21），以及《马太福音》（8:12）中"哀哭切齿"的地方和流放之地。《新约》也不断褒扬光明、贬抑黑暗："我是世界的光，跟从我的，必定不在黑暗里走，却要得着生命的光。"（《约翰福音》8:12）耶稣还说："我在世上的时候，是世界的光。"（《约翰福音》9:5）

在基督教中，基督之子与人类大众有着紧密的联系，他出生在马厩里，躺在马的食槽里睡觉，但在最早的描绘中，他头顶的

---

① 摩耶（Maya），佛教创始人释迦牟尼生母；马利亚（Maria），即圣母马利亚、基督教人物、耶稣生母；伊西斯（Isis），古埃及信仰中的生命、魔法、婚姻及生育女神。

光环凸显了他的重要性；成年耶稣会高举真理之灯（the lamp of truth）；受难时，他的身体则被表现为在骷髅地的黑暗中发出光芒。犹太教严禁刻画神的形象，特别是三维的，但是也有倾向于展现神的光明的艺术再现的例子。宗教画里各种形式的光尽管只是对神性的象征，并不是在描绘黑暗中的光明，却也在继续加深人们对黑暗的偏见。我们被鼓励远离没有属灵意义的光。

多数宗教认为黑暗环境有利于祷告。这可能是因为夜幕下的沙漠沉静广袤，坚定孤绝地延伸向无边无际，直到与天相接；再抬头，星空璀璨，引我们进入宇宙的深远，一时便将俗世忧烦统统抛之脑后了。安托万·德·圣埃克苏佩里（Antoine de Saint-Exupéry）驾驶的飞机紧急迫降在撒哈拉沙漠时，他说眼前的沙漠就像一座"废弃的生产黑暗和月光的工厂"。"工厂"一词绝佳地暗示了撒哈拉沙漠潜藏的巨大生命力。当他仰望星空时，浩瀚宇宙里缥缈无际的黑暗令他不禁感到一丝眩晕："我发现自己是附着在地球上的，仿佛被某种力量紧紧钉在了一辆行驶在曲面的马车上。这种牢固的附着感让我觉得安心而愉快。"[10]

回到加德纳的《格伦德尔》，怪兽格伦德尔可以看作另一种初始意识的觉醒。在加德纳笔下，格伦德尔的母亲丑陋且无名无姓，是一个"臃肿、凶残、长久痛苦的女妖"。她没有继续学习人类语言，反而选择回到原始的动物状态。而且她似乎并不想把格伦德尔生出来，她使劲把羊水吸回肚子里，捉着格伦德尔想把他塞回自己体内。格伦德尔说她"想让我永远困在她身体里……

我被她重重压住，大半个身子都被埋在她硬如荆棘的皮毛和肥厚的脂肪底下"。[11] 格伦德尔的母亲看起来成了黑暗的化身，象征着创世的对立面、世界的毁灭，像人类个体的死亡一样是必然会发生的。正如格伦德尔最后对我们温柔地提醒："可怜的格伦德尔遇到了意外……你们所有人也都会遇到的。"[12]

黑暗赋予了传说和民间故事一种严肃性，使其碰触到某种强大的自然力量，从这方面来看，黑暗的确能够代表一部分人所谓的"真正本源"。不管这种看法是我们与生俱来的，还是发源于那些为解释世界而杜撰的神话故事，黑暗始终保有一种原始的庄严特性，因此常被用作促进宗教修行及其他超自然体验的手段。

这种形而上的想象的暗流形成了各种神秘主义信仰的根基，例如卡巴拉①、塔罗牌占卜和各种魔法构成的方式，炼金术，预言，巫术、治疗术、符咒和法术。它包括所有鬼魂和"另一个世界"的生灵，比如巫师、善良的仙女和恶魔——各种善与恶的化身——他们存在于黑夜传说中，或来自人们在黑暗中经历的未解之谜。这一切早在人类历史初期就已存在，而不是后生的几大宗教的产物。

中国的《易经》成书比耶稣诞生早了几个世纪，它不是什么黑魔法，某种程度上是一种占卜体系。美国诗人及翻译家戴

———

① 卡巴拉（Kabbalah）是犹太教内部发展而来的神秘主义学说。其起源可以上溯到 12 世纪至 13 世纪，要求信徒坚持艰苦的冥想过程和严格的苦行生活方式。

维·欣顿^①说它本质上是一部"智慧之书"。《易经》强调阴阳的平衡和相互依赖，也就是说黑暗与光明同等重要。众所周知的太极图把看似对立的阴阳统一起来，阴阳调和使宇宙和地球之间不断地相互影响。欣顿认为，这二者也必然会把我们带回到"天与地从宇宙虚无中诞生的最初时刻"。¹³

在 16、17 世纪的欧洲，基督教试图将教义和实践中混杂的有关旧学说、旧传说的内容——包括引用和所做出的妥协——彻底清除出去，于是提出为了灵魂永恒，我们必须摒弃过去黑暗压抑的时代，走向光明。"黑暗时代"这一术语最早是由彼特拉克于 14 世纪 30 年代提出的，用来形容欧洲古代典籍遭到大清洗、全社会充斥着愚昧和迷信的中世纪。尽管后世学者对这一概念义做修改，但是"中世纪等于黑暗"这一看法在人们心中已是根深蒂固。彼特拉克非常盼望思想启蒙的来临："这种蒙昧不会持续下去的。黑暗一旦被驱散，我们的后代就又可以沐浴在祖先纯粹而伟大的光辉里。"¹⁴

分离宗教与魔法信仰的过程复杂且不可避免地缓慢。世界变幻莫测，人们寄希望于利用预测——通过观察自然现象、自然"征兆"，以及我们身体的反应来预言未来——找到世界运行的规律。科学不够发达的时代，人们无法解释为什么会发生毁灭性的大瘟疫；在其他重大疾病和灾难面前，人们也毫无抵御能力，既

———

① 戴维·欣顿（David Hinton），20 世纪第一位独力将中国古代哲学典籍《论语》《孟子》《道德经》和《庄子》全部译成英语的美国诗人、汉学家和翻译家。

有的医术与巫术之间几乎没有区别，更不用说巫术与宗教了。有些今天已证实有科学效用的草药，当时也被怀疑是因为神或魔鬼施法的作用。比如传统的类形同效论[①]，认为自然和人类疾病之间存在简单直接的联系，大自然早就用颜色或其他方式指示出草药的功效："任何草药或多或少都有清晰的用途标记，比如某种黄色的花有可能治愈黄疸，某种形似人足的根可以治疗痛风。"[15]

当宗教改革者开始清理所谓的巫术，"净化"神圣的教义时，那些长久以来被认可的医者遭到了巨大的质疑。系统了解草药功效的人，或者知道哪些外科手术有用且懂得如何操作的人——他们可能是住在你隔壁的老人，擅长帮助难产产妇顺利分娩，或者知道去哪儿找什么草药能治好母牛的乳腺炎，或者能不让你受太多罪就拔掉一颗烂牙——都遭到诽谤，或被赶尽杀绝。这些传统的医疗从业者——当中很多是未婚女性——大多时候的确相信自己拥有某种神通，而他们的治疗手段只是传递"神力"的媒介，毕竟当时很难证明疾病的痊愈究竟是草药里的成分在起作用，还是全靠他们的碰触、祈祷和念咒。

撒克逊时期[②]，尽管"邪恶巫术、有益巫术、黑夜和白天之

58

----

① 类形同效论（doctrine of signatures），或称"形象学说"，是非常古老的草药学概念。其基本信念是世界上一切事物都有其独特的形象特征，具有与其形象类似的功能。比如，在此概念下，因为核桃形似人脑，所以吃核桃可以补脑。
② 盎格鲁－撒克逊英格兰（Anglo-Saxon England）时期，是指从 5 世纪不列颠罗马统治结束和盎格鲁－撒克逊诸王国建立，到 1066 年诺曼征服这段英格兰历史时期。

间，并无特别的关联"[16]，但反巫术之风确实存在。欧洲历史上所谓的黑暗时代结束了，人们越发将黑暗、夜晚与邪恶行径相联系。暗地里和半夜的女巫聚会被看作黑暗时代仍在继续的证据，16 世纪的德国主教、猎巫者彼得·宾斯费尔德（Peter Binsfeld）这样为自己严酷的行为辩护：

恶魔被从天堂驱逐出来之后，变得阴暗、邪恶、见不得光，所以只在隐蔽的地方和黑暗的时候作恶。况且巫师如果白天行动，很容易被人发现，他们的邪恶计划就泡汤了。[17]

讽刺的是，将宗教与魔法分开的尝试，反而让魔法显得更隐秘、邪恶且强大。一些原本作为对苦难生活的慰藉的神秘活动，从最初为人所接受，逐渐被想象成魔鬼的邪恶力量在作祟。"古代村落社会建立伦理规范所必需的"古老传统不得不转为秘密活动，并最终消灭殆尽，被全新的基督教理想所取代。[18] 然而，世间还是有人拒绝随波逐流地追随基督教上帝，冒着巨大的风险，继续坚持他们更古老的信仰和习俗。

经过了宗教裁判和宗教改革的重重围堵，挺过了现代科学知识日益丰富并赢得尊重，经过了世俗主义①的兴起，神秘主义幸存至今。至少在西方，它已经成为一个相对可接受的信仰领域，

———
① 世俗主义（Secularism），即政教分离，主张在社会生活和政治活动中摆脱宗教控制。

水晶球占卜，甚至撒旦弥撒，都有其受众。19世纪末，社会学家索尔斯坦·凡勃伦（Thorstein Veblen）就把神秘主义看作一种时髦的休闲娱乐活动："各种神秘学的信众绝不局限于有闲阶层，但是有闲阶层的信众比例异乎寻常地高。"[19]

19世纪的哥特复兴（Gothic Revival）引发了一场狂热的暗黑风潮。人们激动地想象着中世纪传说中令人毛骨悚然的不死亡灵、被困在生死之间的怪物等。它们源自挪威神话，是思想启蒙者试图摒弃的众多超自然信仰的一部分。当哥特风格进入文学创作，便出现了一批场景设定在坟场或地牢、以恐怖幽灵或野蛮鬼怪为主角的作品。挪威人的尸鬼躲在坟地里，他们惧怕阳光，直到夜幕降临才出来兴风作浪。与鬼魂不同，尸鬼是有躯体的，所以他们还会受伤，也能被杀死。只是他们力气巨大又十分狡猾，消灭他们着实不易。冰岛英雄传说中的尸鬼更厉害，他们能将白天变成黑夜。

玛丽·雪莱（Mary Shelley）的哥特式小说《弗兰肯斯坦，或现代的普罗米修斯》（1818）[①]是在哥特复兴风潮正盛时创作完成的。书中任何类似中世纪监狱和酷刑的描写都能填饱猎奇的胃口，每一处恐怖细节都强化了读者的乐趣。土耳其托卡特城堡下的地牢，是苏丹穆拉德二世关押穿刺王弗拉德[②]的地方，那里与

60

---

① 也译作《科学怪人》。玛丽·雪莱即玛丽·戈德温。
② 指弗拉德·德古拉三世（Vlad III Dracula，1431—1476），罗马尼亚语为 Vlad al III-lea Țepeș。Țepeș 在罗马尼亚语中的意思是"穿刺"，因此他被人称作穿刺王。他也是著名的吸血鬼传说"德古拉伯爵"的原型。

玛丽·雪莱的生活似乎毫无关联，但其实即使到了思想启蒙后的近代，类似中世纪的阴暗监狱的数量也并未减少。比如说，整个19世纪，哈布斯堡王朝的政治犯都被关在位于布尔诺的斯皮尔博城堡（Špilberk Castle，在今捷克共和国境内），他们被铁链拴在地牢的墙上，受尽折磨。古罗马图利亚努姆（Tullianum）监狱的最底层建在污水处理系统里，死去的犯人在那里腐烂后可以直接被冲走，非常方便。奥斯维辛集中营的地牢特意设计得极其逼仄且密不透风，犯人在里面只能勉强站着，完全见不到光亮。这些监狱修建得毫无人性可言，现实生活中的人也异常惧怕自己真的被遗弃在幽暗狭小的地方，求救无门，直到饿死。然而有趣的是，我们却对书中这样的恐怖情节十分着迷。

纳粹政权中有不少人痴迷于基督教诞生之前的黑魔法和黑暗信仰。在德国和奥地利，一些人甚至利用远古神秘信仰的思想来支持纳粹的政治观点：

希特勒、希姆莱等纳粹头目坚信，日耳曼人是神创造的雅利安人种中最为纯正神圣的优等人种，其他劣等人种必须全部被消灭。他们醉心于建立一个统治世界的千年帝国。在20世纪30年代的大规模军事行动中，一列列头戴钢盔的军团士兵在纳粹党徽下攻伐，仿佛在以此向新的"千年帝国"的首位皇帝致敬。[20]

尼古拉斯·古德里克－克拉克[①]谈到纳粹异想天开的信念时，暗示宗教和神秘学之间的界限正在被打破，他引用了诺斯替主义[②]二元论的观点："（诺斯替派认为）善与恶、光与暗、秩序与混乱等两个领域之间都是彼此独立、斗争不息的。"[21]这似乎为纳粹政权提供了精神上的合法性。纳粹的大屠杀也源源不断地激发着各种虚构文学和冒险电影的创作，比如斯蒂芬·斯皮尔伯格在 1981 年拍摄的《夺宝奇兵》，其中就有纳粹分子寻找藏有犹太人约柜[③]的密室的情节。

虚构作品中这类残酷情节数不胜数。然而，虽然黑暗中的许多恐怖案例的确满足了我们的猎奇心理，但与此同时，黑暗中我们目所不能及的部分，也在不断散发独特的魅力。尼普尔[④]有一座美索不达米亚时期的神庙，里面有一间"密室"，是神本身最神圣、最隐秘的居所："被黑暗所包裹的，是'暗室'（dark room）……它'不知白昼为何物'……其礼器'无眼可观'。"[22]

---

① 尼古拉斯·古德里克－克拉克（Nicholas Goodrick-Clarke，1953—2012），英国埃克塞特大学历史学教授、德意志第三帝国史权威，著有《纳粹主义的神秘学根源》等。
② 诺斯替主义（Gnosticism），指公元 2—3 世纪盛行于古罗马的宗教与哲学运动。欧洲诺斯替主义受到光与暗相斗争的神话观念的深刻影响。
③ 约柜（the Ark of the Covenant）是古代以色列民族的圣物，传说其中收藏着上帝与以色列人订立的契约，即先知摩西在西奈山上从上帝那里得来的两块刻有十诫的石板。
④ 尼普尔（Nippur）是苏美尔人的圣城，位于今伊拉克南部。一些历史学家相信这座城市的历史可追溯至公元前 5262 年。尼普尔人特别崇拜苏美尔的神祇恩利尔，传说中他是掌管大地和空气的神。

我们贪婪地听着黑暗牢狱里的恐怖故事，但是从另一方面来说，幽闭空间有时会让我们获得其他情况下难以得到的特别体验，不管是藏在被窝里、坐在秘密的冥想暗室里，还是走在修道院深处幽静的长廊里。而光天化日下，外面的世界有太多事物分散注意力，让人思绪混乱，无法平静。

玛丽·雪莱笔下的维克多·弗兰肯斯坦疯狂自傲，他把不同尸体上的部位拼凑成一个怪物，在黑暗中用电击给予其生命。这个过程暗喻了非基督神秘信仰中对上帝的亵渎，以及因此必将遭受的苦难和惩罚。这个怪物夹在神秘身世和现代科学之间。他发现了火，然而火的温度只会灼伤他，对应了普罗米修斯为人类偷取火种，却因此被宙斯惩罚，永世受苦。他渴望找到有人来爱他，然后就逃到了北极的严寒冰雾里。弗兰肯斯坦本想成为科学上帝，怪物就代表了他的雄心："我要冲破生死的界限，征服死亡，为这个黑暗的世界注入一束光亮。我要创造出一种全新的生命！"[23] 显而易见，他失败了。

冰岛的古代英雄传说里，攻城略地的战士们经常在夜幕的掩护下进行偷袭："他们抛下锚，等待夜幕降临。天黑时，他们的长船沿河而上，袭击了哈尔瓦德（Hallvard）和西格特吕格（Sigtrygg）所拥有的农场。他们天不亮就到了，包围了农舍高唱战歌。"[24] 电视剧《孤国春秋》[25] 就是对伯纳德·康威尔 ① 的《撒

---

① 伯纳德·康威尔（Bernard Cornwell，1944—），英国历史小说家，代表作包括《理查德·夏普的冒险》《撒克逊传说》。

克逊传说》的演绎，每一集都以出现在黑暗中的不列颠群岛上的剧名开场。古国的边界依稀有光，仿佛来自闪烁的炬火，随着音乐愈发激昂，一条火线从北方开始蔓延，然后是从威尔士，从这片土地上更荒凉、更黑暗的地区。片头动画中，黑色象征着英国的黑暗时代，入侵的维京人威胁着亚瑟王的政权，其发起的挑战被表现为火舌吞噬了黑暗的、一度安全的、已建成的定居点。不得不说，这段光明侵袭黑暗的视觉效果引人入胜，暗中有光、光中有暗的矛盾手法充分预示了其后的紧张剧情，吊足了观众的胃口。

这段历史与黑暗的关联持续影响着我们对它的态度。不过，安格斯·威尔逊[1]的小说《盎格鲁－撒克逊态度》（1956）里有一个人物与众不同，那就是热情四射的小说家克拉丽莎（Clarissa）。在她眼中，黑暗的不是中世纪英国，而是大肆劫掠的维京海盗——他们是入侵的黑暗，威胁着光明伟大的不列颠：

然后，在那些非凡的黑暗世纪，晦暗的暮光在出征的罗马大军和亚瑟王身上斑驳闪动，我们通过记忆才能辨认出他们的身形。恍然之间，我们强烈地感受到和他们的联系，仿佛时空被击穿，彼时就是当下，我们正身处伟大辉煌的罗马－不列颠时代。

---

[1]　安格斯·威尔逊（Angus Wilson，1913—1991），英国小说家、文学评论家，帝国勋章获得者。其小说《艾略特夫人的中年》获 1958 年度詹姆斯·泰特·布莱克纪念奖。

63

然而紧接着，可怕的黑暗倾泻了进来。[26]

　　许多在晚上进行的宗教仪式会用到光明的象征。星期五晚上，犹太教徒点亮两支蜡烛来迎接第二天的安息日；天主教圣餐礼上，教徒做祷告时也要点蜡烛；印度教排灯节时，信徒会点亮一盏盏陶制油灯，欢迎并引领吉祥天女①来到自己家中。基督徒在《圣经》中寻求启示，只为从光明中得到重生："你们从前是黑暗的，现今在主里却是光明的，行事为人就应当像光明的儿女……光明所结的果子，就是一切良善、公义、诚实。"（《以弗所书》5:8—9）黑暗中摇曳跳动的烛火总是美丽而惹人心动，就像生命本身那样缥缈虚幻。光明依赖黑暗来映衬，反之亦然。

　　罗马天主教会举行的熄灯礼拜（Tenebrae）就是对上述理论的实践。熄灯礼拜是为了纪念耶稣受难，于"圣周"的最后三天举行。9世纪时，熄灯礼拜会在这三天的每天午夜进行。仪式上，教堂内会点起十五支蜡烛，排成三角烛架，蜡烛一支接一支熄灭，每支蜡烛就像人的生命一样脆弱而短暂。最后一支蜡烛被隐藏起来，在熄灭之前，会展示给所有人看。在随后的寂静和黑暗中，以一声巨响为信号，信众各自散去；有人说这声巨响象征着耶稣死后突然降临的黑暗和地震。

　　各种宗教的象征中随处可见光明和黑暗的区分，伊朗的照明

————
① Lakshmi，是婆罗门教和印度教中的幸福与财富女神，传统上认为是毗湿奴的妻子，又称大功德天、大吉祥天。

学派尤其如此。他们认为光生万物，光是一切的本源。该学派的创始人苏哈拉瓦迪受到古希腊哲学和琐罗亚斯德教的影响，将光明与黑暗的关系视为神圣的智识与物质世界的基本物质的斗争。通过十五个步骤，正直的人就能脱离黑暗，"首先，感受到'愉悦的光闪烁起来'……最后，感受到强烈无比的光芒充满身体，仿佛要从各个关节迸发出来，将肢体撕裂解散"。[27]

基督教与伊斯兰教和犹太教的另一个不同点，在于所使用的历法，前者的历法是根据太阳运行规律制定的，后二者的制定依据则是月亮的运行规律。正因如此，所有穆斯林和犹太节日都是从日落时分开始的，夜晚也成为灵魂准备接受启示的时段。尽管守夜礼意义重大，但光才是基督教中描述与上帝交流的最通用的隐喻。再以犹太教神秘主义支派卡巴拉为例，其中有一个概念是 Nitzotzot，即"神圣火花"，代表神圣的光和我们个人的灵魂；它们与尘世的黑暗相对立。

犹太教的光明节和基督教的圣诞节时间大致相同，都接近冬至，即西半球一年当中黑夜最长的时候。圣诞节是公历 12 月 25 日，光明节始于基斯流月①的第二十五天。在作家和犹太教拉比阿瑟·瓦斯科（Arthur Waskow）描述的"'米德拉什'②历史的飞跃"中，将这两个节日的源头都追溯到古代希腊化时期庆祝密特

---

① 基斯流月（kislev）为犹太教历的九月、犹太国历的三月，在常规年（kesidran）为三十天，亏缺年（chaser）则减至二十九天。相当于公历 11 月、12 月间。
② 米德拉什（Midrash）是犹太教对《圣经·旧约》进行通俗阐述的布道书卷。

拉诞生的光明节，"（人们）直面月亮的黑暗和太阳，并超越它们"。[28] 光明节是为了纪念犹太人胜利收复耶路撒冷，以及净化圣殿。耶稣诞生四个世纪后，一个日期被定为圣诞节，故事发生在黑暗中，一颗星星预示着弥赛亚的降临。[29]

　　宗教用黑暗来隐喻生命无常，隐喻那些没有令人满意的解释、一直困扰着我们的事物。你也可以说，黑暗的概念是对信仰飞跃成为可能的背景的隐喻。译多关于创世和人在宇宙中所处地位的壮丽图景，以及我们关于精神和超自然的各种概念，都是宗教想象和诗歌灵感的源泉。接下来我们会看到，作家、音乐家和视觉艺术家往往是本能地融入了一张错综复杂且内部紧密关联的创作地图，可以说这张地图上的所有创作，都仰赖于黑暗的不确定性。

月食时的满月。罗伯特·施雷尔（Robert Shlaer）摄，美国新墨西哥州圣菲，2002，现代银版照片

03

黑暗艺术

在人类的记忆中，泰晤士河上的雾从未

如此浓厚，如此黑暗。

——约翰·伊夫林，1670

黑暗，通过图像这一重要艺术形式生动地展现在我们眼前。
我们能认清楚或认不清楚的事物，以及那些由黑暗生发而来的想象和概念，激起了人们多种不同的反应，从愉悦到恐惧，不一而足。那么，坠入爱河是什么感觉？其中有很大一部分是不理智的成分，是对一个人产生剧烈而单纯的渴望，尽管我们可能并没有那么了解我们所渴望的对象。这个过程可能是一见钟情，就像一道闪电划过夜空，突然就与那个人有了奇异莫名的联结，无缘无故地，眼前只剩下他或她，而世间的其他一切都变得无足重轻，与己无关："世界渐渐暗淡，万物退到一旁；仿佛变成了阴影背景，倏忽即逝。"[1] 我们是被对比和改变深深影响并驱动的生物，也因为黑暗和黑暗这一概念的长期存在，我们才能做出鲜明的对比，分清楚自己到底在意谁、不在意谁。而当失去爱情，我们眼中原本清晰的世界突然就失焦了，就像黑白分明的木版画瞬间变成褪色的深褐色照片，模糊不堪，恍如隔世。曾被深爱的，可以被鄙视、被同情，在对方眼中变得与他人无异，甚至漠不关心，曾经施在自己身上的童话里的魔法，一下子失效了。

黑暗也是块很好的遮羞布，既能保护丑事不被人察觉，也能
像麦克白夫人希望的那样，完全消除负罪感：

……来，阴沉的黑夜，

用最昏暗的地狱中的浓烟罩住你自己，

让我的锐利的刀瞧不见它自己切开的伤口，

让青天不能从黑暗的重衾里探出头来，

高喊"住手，住手！"

（《麦克白》第一幕第三场，53-57）[1]

　　人类语言中有许多源自黑暗的隐喻，当我们说出或写下这些隐喻时，它们反过来也影响着我们在光亮环境、昏暗环境和漆黑环境中的体验，并且渗透进我们看待世界和看待自己的方式中。在英语语境下，如果我们说一个人 blind[2]，这个人不一定就是盲人，也可能是看不到在别人看来显而易见的事物。如果一个人患有记忆障碍，"看"事情时而清晰，时而混乱，那么可以说他有眼无珠（purblind）。被称为 blind 的人，可能是天生愚蠢迟钝的；可能是因爱情而盲目，疯狂爱慕一个人，忽略了对方的所有缺点和"他或她其实并不那么爱你"的迹象；可能是疯狂至极，不可理喻；可能像月盈月亏一样善变；可能像黑夜一样高冷迷人；可能阴暗诡异，神出鬼没；也可能有一些见不得光的"黑暗行为"或嗜好，比如狂热迷恋非正常性爱或者极端暴力。

　　语言中与光有关的文字游戏常常代表能量、美丽和激情，它

----

① 此处引用朱生豪译文。
② blind 作为形容词，可译为失明的、盲目的、视而不见的、没有理性的、未察觉的等。

们争相吸引着我们的注意力，使人眼花缭乱，让其对手黑暗相形见绌。在艺术领域，特别是绘画中，既需要聚光灯吸引我们的注意力，同时也需要更细微隐晦的表现手法来让我们领会艺术家的真正意图。《圣经》不断用黑暗与罪恶相联系，尤其是淫乱，即不以繁衍后代为目的、只为满足感官享乐的性爱。黑暗总是背上"恶"的罪名，只因为隐秘的事总是在黑暗中发生，而隐秘、隐私似乎就等同于危险，不能被接受："不要参与暗昧无益的事，倒要把它揭露出来。因为他们暗中所作的事，连提起来也是羞耻的。"（《以弗所书》5:11—12）

黑暗把眼睛所见的和嘴巴所说的交织成一片复杂纠缠的网络。那里必然是懵懂朦胧的，因为每当黑暗被提及，就会隐隐地促使我们思考它，思考我们对它多么不坦率、多么暧昧，几乎从没完全理解过它，时而能意识到、时而意识不到它的存在，因此它多么需要我们正视并克服对它的纠结态度。

在但丁看来，地狱本质上是"被玷污的完全的黑暗"，浓密幽闭令人透不过气，像被丢弃的旧衣服一样肮脏不堪。《神曲》开篇，诗人就偏离了直接通往救赎的方向，带我们走上了一条黑暗无比的道路：

当人生走完一半

我发现自己来到了黑暗的森林之中，

迷失了前行的路。[2]

69

幽深的黑森林混乱无序，维吉尔说它就长在地狱的入口 [3]。在中世纪传奇中，这片森林里潜伏着无数危险，骑士们会被派到此地去证明他们有多么英勇无畏。童话《睡美人》里的王子必须披荆斩棘地穿过稠密的灌木林才能解救公主。D. H. 劳伦斯在诗作《巴伐利亚龙胆花》中，想象了一个向下的"越来越黑暗的楼梯"，冥王普鲁托 [①] 把珀耳塞福涅 [②] 劫持到了楼梯的底部，"黑暗在黑暗中苏醒" [4]。珀耳塞福涅嫁给了普鲁托，也暗示冥界代表了深重无比的黑暗 [③]。

在约瑟夫·康拉德 [④]《黑暗之心》（1899）的描写中，即使身在伦敦和布鲁塞尔，迷失在黑暗丛林中的危险也不比在刚果少多少。丛林中的原住民像毫无人性的机器 [⑤]，同时库尔兹也挣扎在生死之间，处于一种担心自己从高处急速俯冲下去的恐慌中："他内心的黑暗让人无法看透。当我望着他，就像低头凝望阳光永远无法触及的悬崖底部，而他正躺在那里。" [5] 回到"文明世界"之后，马洛没有勇气把库尔兹的情况告诉库尔兹的未婚妻，因为"太黑暗了，一切都太黑暗了"。两个世界由此连在了一起。小说大部分内容描写马洛前往刚果、深入野蛮丛林的旅途故事，不过故事的开头和结尾都描述了相似的不祥场景："远处的海面

① 普鲁托（Pluto），罗马神话中的冥王，对应希腊神话中的冥王哈迪斯。
② 珀耳塞福涅（Persephone），希腊神话中宙斯和农业之神得墨忒耳的女儿。
③ 即罪恶。
④ 约瑟夫·康拉德（Joseph Conrad, 1857—1924），波兰裔英国小说家，被认为是用英语写作的最伟大的小说家之一。
⑤ 康拉德作品中流露出的种族主义倾向，在后世引发了诸多讨论。——编者注

被一团乌云拦住，沉静的水流在阴沉沉的天空下，黯然流向大地的尽头，仿佛要引我们到无边无际的黑暗的深处去。"[6]孩子们假日去森林远足，成人参加野外生存课，某个名人独自进行荒野跳伞表演——当然还有摄制组和公司团队跟着——都表明我们试图隔离日常世界、回应"野性的呼唤"，进而碰触我们内心深处黑暗的原始本能，然后某种神秘的自然真相可能就会让我们成为更好、更有智慧、更有理性的人。

莎士比亚在《仲夏夜之梦》中把黑暗和光明的意象层层叠叠地交织在一起。这部剧作的故事发生在神奇的魔法森林里，那里怪事连连，仙后提泰妮娅爱上了一头驴，两个凡人所追求的对象也换来换去。本杰明·布里滕根据《仲夏夜之梦》改编的一个新版本歌剧，于2016年在格林德布恩上演。当时，观众直接坐在夜晚光影交错的树林里，舞台布景只有黑色和银色。[7]能目睹完整演出的只有月亮，观众并不总能看清舞台上发生了什么，只能瞥见一些没有根的树在四处移动——都是演员扮演的——因此，魔法异域的奇诡之感陡然而增。和《暴风雨》中的暗夜精灵爱丽儿一样，《仲夏夜之梦》里的精灵也只在夜晚活动："他们会在月光中跳舞，那时凡人沉睡，没人能看到他们。"[8]

被变成驴头人身的低等织工波顿目睹提泰妮娅违背了这条定律。晚上，小精灵蒲克趁几个年轻人睡着了，把爱情药水滴入了他们的眼睛——他们的视觉器官。他是精灵王滥用权力的恶作剧工具，故意误导"迷失夜路的人"，"嘲笑他们的痛苦"，而且他对这几个年轻闯入者的所作所为非常不齿："陛下，这些凡人多么愚蠢啊！"（第三幕第二场，115）然而，也多亏了蒲克的帮助，提泰妮娅和仙王奥布朗才终于重归于好，来自雅典的四个年轻人才能有情人终成眷属，这一切都是在夜幕下的森林里完成的。但是在雅典，这座以古代文明享誉世界的城市，这个光明文化的中心，仍然有人和错的人步入了婚姻殿堂；这些不合适的婚姻，只能依靠黑森林里的自然、恶作剧和魔法来解决。

黑暗这个词可以代表邪恶，也可以仅仅表示沮丧或难过，有时也无法完全解释清楚其含义，比如"黑暗的想法"或"阴暗的心情"。我们也提到黑色喜剧，让人回想起小时候与黑暗的联系，黑暗是一种兴奋状态，那时我们本该在床上睡觉，忽略其他一切。有人把《仲夏夜之梦》单纯解读为讲述年轻人恋爱和精灵恶作剧的荒诞喜剧。但其实剧中还有描写权威之残酷的暗线，比如忒修斯强迫赫米娅嫁给她不爱的人，否则她就会失去自由；又如狄米特律斯威胁海丽娜，再非要跟着自己就强奸她，而那时已是晚上，海丽娜孤身一人。仙王奥布朗十分善妒，为了得到垂涎已久的换生灵，并重新控制仙后提泰妮娅，他就要公开羞辱她。这一系列因妒而生的强权行为削弱了故事的虚幻感。我们是自然世界的一部分，不论是对"黑暗"这个词本身，还是对它的象征意义，我们都应该心存敬畏。

黑暗的图像总是围绕着我们，拒绝退散，而它们可以作为我们发现其他感官的潜力的途径。在《仲夏夜之梦》里，当赫米娅因为天黑而在森林里找不到拉山德时，她就只能依靠听觉：

> 黑色使眼睛失去它的作用，
>
> 但却使耳朵的听觉更为灵敏。
>
> 我的眼睛不能寻找到你，拉山德；
>
> 但多谢我的耳朵，
>
> 使我能听见你的声音。

（第三幕第二场，177—182）①

莎士比亚的《暴风雨》受到了《埃涅阿斯纪》的影响，卡利班对米兰达的爱慕，类似于北非女王狄多对埃涅阿斯的爱恋。两部作品都把深色皮肤和阴暗的道德价值描写成次等人才有的、危险的、需要控制的东西。在他的《安东尼与克莉奥佩特拉》中，克莉奥佩特拉有"吉卜赛女人的欲火"，和狄多一样是深肤色的北非女王，而且她也敢于反叛罗马文明（第一幕第一场，10）。有人可能会说，安东尼受到了克莉奥佩特拉黑暗权力的迷惑，导致他最终自杀，就好像提泰妮娅拒绝服从奥布朗，奥布朗感到自己作为仙王和男人的权威被废掉了。对于这种传统性别角色的转换，金·霍尔（Kim Hall）这样描述道："安东尼变成了一个警告，用来警示与一贯纵欲的黑人女性交往过密的危险。憧憬未

73

---

① 此处引用朱生豪译文。

来殖民地的《暴风雨》，把黑人男性描绘成强奸犯，是巨大的威胁。"⁹在这些剧目中，肤色深黑、性格有黑暗面的男人和女人都是无制失控的，因此都对有秩序的社会构成威胁。

在文艺复兴时期的十四行诗中，肤色、眼睛或头发的"黑色"所表达的含义常常是复杂的，可能指代黑人角色或内心阴暗的角色，也可能不是。在菲利普·锡德尼①的十四行诗集《爱星者与星》里，斯黛拉美丽的黑眼睛掩藏了她的本性，"即使一身皂色也让她所有的美流光溢彩"，这意味着她美在面容，而非品格。¹⁰莎士比亚十四行诗第一百三十首中的"黑女士"也是一个不甚明朗的形象，一反传统的比喻对照：

> 我的情人，眼眸绝非明亮如太阳；
>
> 双唇并非红艳如珊瑚；
>
> 若雪为白，那她胸脯毫不似雪；
>
> 若发为金丝，她头上则乌丝婆娑。

黑女士不能用当时的世俗审美来定义，她独特的美被用突降法表现出来，看似贬抑，实为褒赞。尽管如此，这依然印证了黑

---

① 菲利普·锡德尼（Philip Sidney, 1554—1586），英国诗人、宫廷官员、政治家、学者、军人，伊丽莎白时代最重要的人物之一。《爱星者与星》（Astrophel and Stella, 1591）是英国的第一本十四行诗集，是锡德尼写给第一代埃塞克斯伯爵的女儿佩内洛普的情诗。佩内洛普在诗中被称为"斯黛拉"（Stella，意为"星"），诗人则自称为"阿斯托菲"（Astrophel，意为"爱星者"）。

头发和深肤色不被认可为美的普遍标准。在他的第一百二十七首十四行诗中，fairness 既表示人的肤色白皙，也表示人的品质美好①；同理，该诗中的"黑"和"暗"也代表两种含义：

> 古时候，黑并不被视为好，
>
> 即便算是，也不会与美丽相提并论；
>
> 而如今，黑色之美有了继承。

在绝望的第一百四十七首诗里，美丽情人的黑暗性情取得了胜利，戴维·韦斯特总结道："'白皙……明亮……黑色……黝黯'这些词都包含了道德意义……黑暗不再只是光明的缺失，而是邪恶的显现。"[11] 可能的确如他所说吧，但是黑女士的"黑暗特质"是她的美丽不可或缺的一部分，也是她赢得诗人倾心的力量。

《麦克白》中有谋杀背叛的情节，《李尔王》里有蓄意而凶残的伤害。比如《李尔王》中葛罗斯特被挖双眼这一段，先是高纳里尔下令挖去葛罗斯特的一只眼睛，然后诡诈善变的里根也下令把另一只眼睛挖了出来，而这段残忍的情节就那么在舞台上不加掩饰地演给观众看了。

约翰·韦伯斯特的戏剧《马尔菲公爵夫人》（1613）中，一

---

① 作为形容词，fair 有公平公正的、美好的、清晰的、颜色浅的等含义。

触即发的虐待、血腥暴力贯穿始终。费尔迪南德是公爵夫人的哥哥，他囚禁了自己的妹妹，并计划将她的精神彻底摧毁。韦伯斯特设计了一幕视觉体验来达到戏剧效果：灯光骤然熄灭。就像突然的强光会让我们目眩，突然陷入黑暗的我们也会瞬间"失明"，直到双眼慢慢适应、黑暗也显得不那么浓重的时候，我们才能再次看见。这是非常普遍且普通的现象，但出其不意发生时，也会让人害怕。韦伯斯特笔下的费尔迪南德也谋划了类似的把戏，他让仆人告诉自己的妹妹在黑暗中等他：

……他晚上来；
他希望你那时熄灭房间里的火把，蜡烛也不要点。
他要亲吻你的手。[12]

所有光突然都灭掉，意味着公爵夫人一时意识不到她握住的期待中哥哥示好的手，其实是一个断肢，是哥哥专门用来吓她的。也许是因为断手常用于巫术，也是惩治罪犯的常用刑罚，因此惊悚效果倍增。[13] 等公爵夫人的眼睛适应了黑暗，她才看清楚自己的丈夫安东尼奥和孩子们挺尸面前。费尔迪南德用心险恶，是恶毒的黑暗的盟友，他抱怨公爵夫人"明亮过头——但以后不会了"。他的诡计是混淆妹妹对清晰现实的把握，然后毁掉她，黑暗的房间帮他达到了目的。

法拉赫·卡里姆－库珀[①]认为，演出《马尔菲公爵夫人》的是莎士比亚工作过的国王剧团（King's Men），他们喜欢在室内表演，因为这样"就可以控制打光：演员可以退到阴影里去"。[14]由于莎士比亚时期舞台照明不是件容易的事，所以当时伦敦环球剧场（Globe Theatre）的表演都在白天进行，舞台和观众席上方也没有房顶。如果剧情中需要"黑暗"，那就全靠想象，观众也习惯了这样的安排，而现在我们只需拨动一下灯光开关。伦敦环球剧场的艺术总监艾玛·莱斯最近被解雇了，原因是董事会认为她对灯光的使用破坏了表演的复原性。但是假如莎士比亚和他同时期的剧作家亲眼看到现代灯光呈现出的戏剧效果，他们极可能会非常欢迎舞台照明的各种尝试和创新。小说家玛格丽特·阿特伍德[②]也说："如果莎士比亚活到今天，他一定会把现在的所有特效技术都用上。"[15]

　　现在的我们已经习惯坐在黑暗的剧院里欣赏戏剧表演，但在古代，观众席往往和舞台一样亮。坐在其中的君王权贵也希望别人能注意到自己："在巴洛克风格的宫廷剧院里，人们的注意力一般聚集在两处，一是台上的盛大演出，一是台下尊贵的国王或

---

① 法拉赫·卡里姆－库珀（Farah Karim-Cooper），伦敦国王学院学者，主要从事莎士比亚研究。
② 玛格丽特·阿特伍德（Margaret Atwood），1939 年 11 月 18 日出生于加拿大渥太华，小说家、诗人、文学评论家。毕业于多伦多大学，国际女权运动在文学领域的重要代表人物。诗歌作品有《圆圈游戏》（1966）、《那个国度里的动物》（1968）、《诗选》（1976）等。1985 年，玛格丽特·阿特伍德发表幻想小说《使女的故事》，令她一举成名，获普罗米修斯奖、星云奖，以及英国文坛最高荣誉布克奖提名；这部作品是 20 世纪经典幻想小说之一。

公爵……剧院的光均匀地照亮舞台和观众席，这在今天看来实在怪异。"[16] 即便在不那么宏伟华丽的戏剧演出地，观众席也是人们社交互动的地方，光线也同样明亮。今天，人们仍然喜欢在剧院里聊天、吃东西、接打电话，全然不觉自己会造成多大的干扰。现代研究通常将其归因于电视机对我们产生的影响，但实际上他们的行为与文艺复兴时期的观众别无二致。当代日本上演长长的能剧、歌舞伎和净琉璃文乐木偶戏时，台下的观众也可以来去自如，随便聊天吃喝，无意冒犯，演员也不觉得被冒犯。

约翰·马伦（John Mullan）讨论过，在《麦克白》表演过程中，莎士比亚是如何利用演员台词和动作来表现夜幕逐渐降临、黑暗越来越浓的。[17] "降临"这个词不够准确，因为黑夜其实是逐渐"升起"的；太阳看上去的确是逐渐下落，但余下的自然光是在天上逐渐消失的。麦克白请求黑暗帮他做好准备以杀死国王邓肯时说："群星啊，请藏起你们的火焰；不要让光明看到我阴暗的欲念。"他需要足够深沉的黑暗来隐藏自己，伸手不见五指那种，这样他才能完成令人"双手遮眼，目不忍视"（第一幕第四场，50—52）的恐怖行动。到第三幕，麦克白为了让曾经的朋友班柯"安全"，再次请求黑夜的保护，想象着自己孤身一人，唯有黑暗是他的同谋。他等待着夜晚的来临，此时黑夜仿佛不再只是一种保护，而是成了他天然的领地，非常适合谋杀：

……天色在朦胧起来，

乌鸦都飞回到昏暗的林中；

一天的好事开始沉沉睡去，

黑夜的罪恶的使者却在准备攫捕他们的猎物。

（第三幕第二场，50—53）[①]

　　他就是黑夜的使者，可是尽管黑夜为他的谋杀计划提供了绝佳的助力，但也反过来背叛了他：弗里恩斯，也就是班柯的儿子，在夜晚的掩护下逃走了。马伦在其他场合表达过一种希望，即这部戏剧的图像小说能够"吸引更多年轻读者沉浸在这绝妙无比的黑暗之中"。他这句话里的"黑暗"指的是使不合情理的事情变得顺理成章的情境，也指黑暗对我们所有人的掌控，亦即令人生疑的、穷凶极恶的，有时是罪恶帮凶的黑暗，对我们产生的那种奇异诡谲的吸引力。[18]

　　《霍林斯赫德编年史》（莎士比亚剧本的参考来源）[②]中描述了国王达夫被谋杀后发生的诸多怪事，说明那里的自然秩序被其他世界扰乱了："整整六个月……这个王国的任何地方白天都见不到太阳，夜晚也没有月亮出现。"[19]莎士比亚在《麦克白》中借用了这个主题，麦克白杀死邓肯后也出现了漫长的黑暗，

---

① 此处引用朱生豪译文。
② 拉斐尔·霍林斯赫德（Raphael Holinshed，? —约 1580），英格兰编年史家。他的作品《英格兰、苏格兰和爱尔兰编年史》（*Chronicles of England, Scotland and Ireland*），通常称为《霍林斯赫德编年史》（*Holinshed's Chronicles*），是威廉·莎士比亚许多剧本的主要参考来源。

随后也怪事连连，比如一只猎鹰被一只"抓老鼠的猫头鹰"杀掉，邓肯的马发了疯，相互吞吃。而日光仿佛耻于目睹这一切：

……照钟点现在应该是白天了，

可是黑夜的魔手却把那盏在天空中运行的明灯遮蔽得不露一丝光亮。

难道黑夜已经统治一切，还是因为白昼不屑露面，

所以在这应该有阳光遍吻大地的时候，地面上却被无边的黑暗所笼罩？

（第二幕第四场，6—10）[①]

月亮——各种各样的，不论朔望、上弦下弦，或是为浓云所蔽——在黑夜里是不可靠的朦胧光源，默默观察着大地。过去人们认为月亮上有一种病毒，能感染整个地球，于是《麦克白》中愤怒的赫卡忒——有时被称为黑暗女王——就召唤月亮的威力来对付狂妄傲慢的麦克白："月亮的角上，挂着一颗巨大的露珠。"（第三幕第五场，23—24）这颗露珠落在哪里，就会把灾祸带到哪里。不过话说回来，月亮对我们来说是那么熟悉，始终如一，连接着人类与黑暗的混沌。而我们有时也会向月亮倾吐心事，抒发胸臆，就像狗对月长嚎一样。法国谚语"齿间衔着月

---

① 此处引用朱生豪译文。

亮"（prendre la lune avec les dents）暗示了一种类似的野性的呼唤，与缥缈、遥远的存在像牙齿和肉一样相连。

有人说人们对月沉思就像是在审视一个纯洁无瑕的少女。但我们会不会才是被审视的对象，而那位恶作剧大师正在天上嘲笑我们的蠢态？在中世纪的一个基督教故事里，月亮是该隐的化身，他因杀害自己的兄弟亚伯而被上帝流放，并被惩罚永远围绕地球旋转。[20]《仲夏夜之梦》中手艺人演出的戏中戏里，月光就是一个演员举着的灯，昏暗的灯光（月光）下，皮剌摩斯看到血迹斑斑的斗篷碎片，误以为他的恋人提斯柏已经死了。

月相在艺术作品中也有不同的呈现。塞缪尔·帕尔默①画中的月亮，有的镶着一圈银边，"像是某种神秘的智慧"，有的像熔蜡一样暗淡、渺小、残缺、摇摇欲坠。[21]而我们也给变化的月相赋予了不同的解读："月相有二十八种，月满、月晦和所有月牙……月满和月晦时生命停滞，生活终止。"[22]夹在地球和太阳之间的月亮，仿佛斡旋于黑暗和光明之间。《仲夏夜之梦》一开始便宣告忒修斯和希波吕忒的婚期临近；和丘比特的箭一样不容怀疑，"月亮，仿佛新弯的银弓，将在天上见证我们的庄严良宵"（第一幕第一场，10—12）。格林德布恩歌剧院将该剧目中的月亮设置在舞台中央的正上方，既照亮"昏暗的夜晚"，也给舞台蒙上阴影，演员就像真的在黑夜中表演。提泰妮娅身穿华服熠熠生

79

————

① 塞缪尔·帕尔默（Samuel Palmer，1805—1881），英国风景画家、蚀刻师和版画家。

辉，而愤怒的奥布朗决定羞辱她，"真不巧又在月光下碰见你"，傍晚他俩相遇时奥布朗喊道。奥布朗希望提泰妮娅就待在黑暗里别露面，除非她决定服从奥布朗。

月亮是象征变化的工具，也代表女性无子守贞。比如，忒修斯想安排赫米娅嫁给狄米特律斯，却遭到拒绝，他威胁赫米娅说："（你会）像修女那样终了一生，向凄凉孤苦的月亮唱着暗淡的圣歌。"（第一幕第一场，67—68）其他时候，月亮也会蒙蔽人的心智，例如在《奥赛罗》里，男主杀了苔丝狄蒙娜，从爱米利娅口中听闻洛特利哥的死讯，他似乎意识到了自己因为妒忌而犯下的错误，但在回应爱米利娅时好像又想为自己辩护，觉得自己行凶并不是出于本性邪恶："都是月亮的错，她比住常离大地更近了，让人们发了疯。"（第五幕第二场，122—124）

新月和弦月时常用来暗指被戴了绿帽的男人，但也总能表达浪漫意象。譬如爱德华·李尔①诗作《猫头鹰和猫咪》结尾处的重复，这一对反传统的恋人"在月亮光芒下跳舞，月亮光芒，月亮光芒"。[23]这首诗的韵脚与叮砰巷②音乐中著名的《在银色的月光下》一样，押韵的都是 spoon（勺子）、croon（低吟）、swoon（着迷）这类词，当然在月光下我们"很快就拥抱在一起"

———

① 爱德华·李尔（Edward Lear, 1812—1888），英国著名打油诗人、漫画家、风景画家，以其作品《荒诞书》（*A Book of Nonsense*）而闻名。
② 叮砰巷（Tin Pan Alley），也称锡盘街，指以美国纽约市第 28 街为中心的音乐出版商和作曲家聚集地。叮砰巷因歌曲伴奏主要为钢琴，巷子里交织着的琴声宛如敲击锡盘而得名。19 世纪末、20 世纪初，叮砰巷的作品几乎主宰了美国流行音乐，对百老汇音乐剧、好莱坞电影音乐，甚至摇滚乐都产生过重要影响。

（cuddling soon）。[24] 戏剧家克里斯托弗·弗里 [①] 把月亮带有的浪漫或感伤情绪转而用在喜剧里，讽刺"二战"后的婴儿潮：

月亮不过是

一剂环绕不息的春药

用皎洁神圣的光芒

催发全世界高涨的生育率。[25]

尽管月亮有其迂腐的一面，但也能为浪漫的冒险提供便利，这当然也离不开它周围的黑夜。黑夜里常有私下的，有时是绝密的会面，月亮则为约会的顺利进行提供了恰到好处的能见度。比如说，一条意志不坚定、涉世未深的鱼，为狡诈的鲨鱼的言词所蛊惑，最终死去："哦，小东西，你那么轻松愉快，无忧无虑，不过月亮再也不会照映到你的美丽了！"[26] 月亮似乎的确会对人们的行为产生影响，但作为人类各种蠢事的见证者，它仿佛也随我们的经历被影响着，呈现出不同的样子："残破的弯月，粗糙晦暗，仿佛经历了千万场战斗，沉默地挂在天堂里，那紫色的墙上。"[27]

月亮让黑夜更好地给光天化日之下不那么美好的事物穿上一

---

① 克里斯托弗·弗里（Christopher Fry，1907—2005），英国诗人和剧作家，以诗体戏剧闻名，《不可烧死这位女士》(The Lady's Not for Burning，1949 年) 使他成为20 世纪 40、50 年代戏剧界的中流砥柱。

层伪装，让它们能"以假乱真"，就好像在微弱的烛光下，深邃的皱纹会消失，衰老的牙齿又重新焕发光泽，但我们都知道这些不过是迷惑人的假象罢了。因此有人认为，真实的素颜应该是不加任何修饰的，没有特别保湿滋润，甚至不能刮胡子，晚上必须且只能使用最强的光，毫无保留地凸显面部的一切优缺点。这种意见会导致什么结果呢？照这个标准，既然月光能让印象更加柔和，能模糊并掩盖不足之处，那么月光下的赞美都是假的，都应该绝对摒弃。

埃德蒙·斯宾塞 ① 的《仙后》中，"可怕的冥王普鲁托······和伤心的冥后普洛塞庇娜 ②"的女儿名叫路西法，这个名字意为光明的使者，把她与月亮关联起来，但同时路西法也是黑暗的反叛天使，因此她既魅力四射，又罪恶堕落。她住在光芒闪耀的骄傲之殿里，不停地从"虚荣之镜"中欣赏自己的美貌，她的镜中倒影对应着天上荒淫的月亮："······她拿着明亮的镜子自恋地欣赏自己的面容，她的美貌让她开心不已。"28

路西法的地牢深藏于地下，那里空气稀薄，暗无天日，恐怖阴森，囚犯"就像屠夫肉铺里的野兽尸体······痛苦苟活，直到惨死"。29 在一部戏说荣光女王伊丽莎白一世的作品中，这位童贞

---

① 埃德蒙·斯宾塞（Edmund Spenser，1552—1599），英国著名诗人、桂冠诗人。在英国文学史上，以向英女王伊丽莎白一世致敬的《仙后》（The Faerie Queene）占一席，但在政治上倾向对爱尔兰殖民并摧毁其文化，为人所诟病。
② 普洛塞庇娜是罗马神话中冥王普鲁托的妻子，对应希腊神话中的珀耳塞福涅。——编者注

女王也身着专门设计的华服，让人心生敬畏，但不同的是，路西法的耀眼夺目和保持贞洁是她极度自恋的结果。月亮是一个复杂的隐喻，其形象可以做出许多不同的解读，只因与黑暗纠缠相伴，它便同时将自己交付给了善恶两极。

公元 2 世纪讽刺作家琉善的《信史》中，有一段晨星维纳斯与月亮的对话，约翰·利利①在喜剧《恩底弥翁：月亮上的男人》（1588）中借用了这段对话。辛西娅——月亮女神阿尔忒弥斯的别名——与恩底弥翁相爱，但是恩底弥翁明白自己身份卑微，远远配不上高洁神圣的月亮女神。剧中的辛西娅代表的正是当时万众敬仰的伊丽莎白女王，据说她们的美丽都永不消逝，岁月不会在她们身上留下任何衰老的痕迹："是什么，让我的爱人成为被偏袒的宠儿？让她有傲人的美丽，又让她返老还童？"[30] 伊丽莎白一世被比作月亮，她的美像月亮一样内敛而威严。沃尔特·雷利的赞美诗《牧羊人对神圣狄安娜的赞美》（1593 年之前所作）中，也把女王比作罗马神话中的月亮女神：

我赞美狄安娜的洁白、善良，

我赞美露水，因她用露水滋润大地；

我赞美她的光芒给夜晚带来辉煌；

我赞美她的神力无处不在，永不消亡！[31]

———

① 约翰·利利（John Lyly，1554—1606），文艺复兴时期英国作家、剧作家。

月亮给黑夜带来光明，就像伊丽莎白一世给她的臣民带来荣耀和辉煌。此处是将她的仁慈博爱与黑暗做了对比，二者——月亮和黑夜——是相辅相成的，缺一不可。

夜空中的月亮是地球与太阳之间不确定的、微弱的连接。月光可以代表半盲，也能比喻人类容易犯错的弱点。全盲就像彻底的黑暗，是完全的残疾。而当我们只能看清一部分东西的时候，其实有更多的东西我们是看不到的。尽管月光不够明亮，带来诸多不便，但还是有一些好处的。你可以把失明想象成一种经验的退行，把它想象成一面镜子，从中我们可以体会到从未有过的经验。没有了视觉经验，就像是回到了我们的视觉发育之前的状态，就像在子宫里，甚至像回到了光被创造出来之前的世界。在这些情境下，有或没有依赖光而存在的视力已经不那么重要了，因为在我们真正体会到光是什么之前，黑暗和光明都只存在于概念之中。

83　　失明是另一个在文艺复兴文学中不断出现的意象，其重要性使人们对两个观念产生了质疑：一是失明的经验毫无价值，二是有视力就有洞察力。在希腊神话中，盲人先知忒瑞西阿斯的失明是对他的惩罚，因为他看到了雅典娜女神沐浴中的裸体。雅典娜向忒瑞西阿斯的母亲坚称，弄瞎忒瑞西阿斯不是她的决定，因此她也没办法让他双眼复明：

又不是我让你的孩子变瞎的。雅典娜从不觉得伺机挖掉孩子的眼睛是件乐事。但是克洛诺斯[和宙斯]的天条是这样规定的：任何看见神的凡人，都必须付出惨重的代价，除非神自己作罢。[32]

雅典娜无法赦免忒瑞西阿斯，但是作为补偿，她送给忒瑞西阿斯听懂鸟语的能力。在另一个版本的神话故事中，忒瑞西阿斯卷入了天后赫拉和宙斯的争吵中，他们在争论性爱中到底是女人还是男人能获得更多快乐。忒瑞西阿斯变成过女人七年，而且生了孩子，于是既当过男人也做过女人的忒瑞西阿斯就冒着大不韪说："如果性爱之乐有十分，那么男人只能享受其中的一分。"赫拉被激怒，毫不犹豫地把忒瑞西阿斯变成盲人，惩罚他对神不敬。宙斯可怜他，就补偿给他预知未来的本领，和七倍于常人的寿命。

失明或许的确能得到一些补偿吧，但也是伤痛至深的事情，有时还是蓄意的、残忍的、令人羞愤的复仇手段。当麦克白请求夜晚助他达成目的时，他使用了训练猎鹰的语言："来吧，缝住了双眼的黑夜，快蒙住这可怜的白昼的温柔的眼睛。"（第三幕第二场，50）其中，"缝住"（seeling）指的是驯服猎鹰时缝合鹰的眼睑的做法，为的是让鹰完全依赖训练者，而"蒙住"（scarf up）不仅指驯鹰者戴的皮头罩，也可以指死刑犯上绞刑架时被戴上的蒙眼布。这句话描写的强制性的黑暗非常有冲击力。

致盲的过程是非常血腥的。比如，阿里阿德尼·加尔邹－塔

84

蒂（Ariadni Gartziou-Tatti）曾引用过《奥德赛》中波吕斐摩斯 ①
被刺瞎的情景："描写刺瞎独眼的有十六句诗，接下来的十句都
是巨人的哭号、疼痛和如注的血流。"³³ 古希腊历史学家希罗多
德也讲过埃维尼欧斯（Euenius）的故事，这位负责晚上放羊的
牧羊人当班时睡着了，导致六十只圣羊落入了狼群口中。³⁴ 他被
太阳神惩罚变瞎之后，大自然就对这不公裁决进行报复：圣羊不
再能孕育幼崽，庄稼开始歉收。埃维尼欧斯因为无心之过受到重
罚，此时神也心生怜悯，补偿了他，给了他预言未来的能力。可
见在古代神话中，失明与洞察力、跟动物交流的能力、预知未
来的能力，以及同死者交流的能力有关。艾伦·格里菲思（Alan
Griffiths）表示，埃维尼欧斯——这个昼寝夜出的人——是：

> 一个典型的"反着来"的人，就像电影《小人物》② 里那个倒
> 骑马的印第安人，跟人见面说"再见"，不说"你好"。埃维尼欧
> 斯每天看到的是月亮，而不是太阳——从某种意义上说，他已经
> "瞎"了……他是晚上出生的。光明和黑暗，白天和黑夜，清醒
> 和昏睡，有视觉和失明，这些相反的概念贯穿着整个故事。³⁵

　　失明创造出内在的洞察力，这个概念在文艺复兴文学作品中

---

① 波吕斐摩斯（Polyphemus），希腊神话中吃人的独眼巨人，海神波塞冬和海仙女
托俄萨之子。
② 《小人物》（*Little Big Man*）是阿瑟·佩恩执导的反传统西部片，拍摄于 1970 年。
2014 年 12 月入选美国国宝影片。

多次出现。在《李尔王》中，葛罗斯特伯爵的失明迫使他开始怀疑自己之前对两个儿子人性的判断：

葛罗斯特：一切都是黑暗和痛苦。我的儿子爱德蒙呢？

爱德蒙，燃起你天性中的怒火，

替我报复这一场暗无天日的暴行吧！

里根：……你在呼唤一个憎恨你的人……

葛罗斯特：啊，我是个蠢材！那么爱德伽是冤枉的了。

（第三幕第七场，83-85，87-90）①

盲目地流浪在荒野中，葛罗斯特明白过来，是他最爱的儿子爱德蒙背叛了他。失明的状态让他终于醒悟，自己先前受到了多大的蒙蔽：

老人：您眼睛看不见，怎么走路呢？

葛罗斯特：我没有路，所以不需要眼睛；

当我能够看见的时候，我也会失足颠仆。

……要是我能在未死以前，摸到你的身体［爱德伽］，我就要说，我又有了眼睛啦。

（第四幕第一场，17-19，23-24）②

———

① 此处引用朱生豪译文。
② 此处引用朱生豪译文。

莎士比亚剧作中穿插转换的"看见"和"看不见"，动摇了传统的"没有视力就没有理解力"的假设。

据说弥尔顿跟荷马一样是盲人。他在一首十四行诗中反思道："想到未及半生，两眼都已失明，在这茫茫黑暗的世界中。"[36] 失明滋养了他对地狱的想象。我们猜测，因为弥尔顿无法为自己阅读，所以可能也无法辨认自己写下的字句。[①] 在《失乐园》中，弥尔顿对黑暗用了矛盾修辞法，光是不可见的。这种矛盾修辞法是弥尔顿在描绘塔耳塔洛斯[②] 最底层时使用的，在那里遭受酷刑惩罚的是生前罪孽最深重的人，而且那一层地狱离冥王哈迪斯极远，超过从大地到达天堂的距离：

86

> 一座阴森恐怖的地牢，
>
> 被熔炉的熊熊烈火包围环绕，
>
> 可是那火焰没有光芒，
>
> 只能看见漆漆黑暗
>
> 和黑暗里的哀伤，
>
> 悲痛和懊悔在地牢里斑驳摇曳，
>
> 平和与安谧永不能在此停留……[37]

———

① 使弥尔顿名扬后世的三部伟大长诗——《失乐园》《复乐园》和《力士参孙》，都是他在双目失明的情况下口述完成的。

② 塔耳塔洛斯（Tartarus），希腊神话中"地狱"的代名词。塔耳塔洛斯是关押、惩罚恶人的监狱，用冥河与人间世界连通，同时也被认为是一种原始的力量或神。

我们对黑暗的看法始终非常矛盾，一方面认为失明会让人有更强的洞察力，另一方面又用"暗无天日"去描绘地狱和永堕地狱后的万劫不复。许多艺术家都试图用矛盾修辞法来表现"看得见的黑暗"和"被不存在的光强烈照耀的地方"。[38] 在弥尔顿看来，黑暗是对罪恶的隐喻，尽管在实际生活中，他学会了感激失明后的黑暗带给他的平静状态，从而能够专注于对他来说最重要的事物："失明之后，我极大地沉浸于神的恩典，当我只能看到他时，他待我以更多的关爱和怜悯。"[39] 由此看来，失明能让诱惑消失。不过很多人都注意到，弥尔顿笔下的黑暗之灵撒旦身上蕴含着巨大的魅力。威廉·布莱克对此做了一番心理分析，算是戳破了弥尔顿隐藏的真性情："弥尔顿之所以描写天使和上帝时束手束脚，描写魔鬼和地狱时挥洒自如，是因为他天生就会被群魔乱舞点燃诗情，只是他自己没意识到罢了。"[40]

当然，要想理解人性，就得考虑到人类复杂的欲望和逾矩行为，因为撒旦背叛上帝之后，"地狱之门大开"，各种罪恶随之来到人间。[41] 或许失明这件事在弥尔顿的脑海中始终挥之不去，所以他会说夜晚是静静深思的时段："午夜带来昏暗时辰，最适合沉睡和静思。"[42]

有趣的是，最能体现"视觉减弱能增强意义"的是视觉艺术。文艺复兴时期的艺术家发展出一种叫作明暗法的技巧，通过黑暗中的光明与光明中的黑暗的反差来呈现透视效果。由此，三维世界神奇地呈现在了二维媒介上，平面的画布有了活力，呈现出震撼的现实主义绘画艺术。百科全书中对明暗法的解释很透彻，但是不那么好懂："在阴影中的部分要跟明亮部分有一样的清晰度和色温；而明亮部分的纵深和柔和底要跟阴影部分相同。"[43]

89

有一位画家非常擅长创造一系列复杂的阴影和过渡——阴影是一定要用的，最常用的是柔和的阴影——那就是列奥纳多·达·芬奇。他痴迷于微妙的色彩渐变，说这是"没有线条或边界的晕涂法"。[44]晕涂法在意大利语中是 sfumato（本义为雾状），派生自 fumo（烟雾）一词，包含了黑暗和光明之间所有微妙的色调和色彩渐层。达·芬奇运用这种技法创造出了形态、空间各异，充满人性光辉的大千世界。

我们来看达·芬奇的一幅人像画。《有浓密头发的男人》这幅作品用棕色墨水完成，只有几厘米宽，一看仿佛是没有预想、一气呵成的速写，然而我们都被骗了。16 世纪的传记作家乔尔乔·瓦萨里说，达·芬奇"一看见有趣的相貌就兴奋，不管是留着大胡子的人，还是头发浓密的人，一旦成功引起达·芬奇的注意，他就会跟着人家一整天，将其所有相貌特征铭记在心。回家之后，达·芬奇就能分毫不差地把这个人的头像画出来，仿佛这人就在他面前似的。"[45]更加现实主义的画家卡拉瓦乔、委拉斯开兹、伦勃朗和后来的戈雅使用的明暗法更加写实，但达·芬奇的技法与他们都不同，而且更能呈现光影的效果。《有浓密头发的男人》中的男人相貌绝不完美，他突然开怀到面部扭曲的

撒旦形象。奥迪隆·雷东（Odilon Redon），1890，平版印刷

《有浓密头发的男人》，运用了晕涂法。列奥纳多·达·芬奇，钢笔和棕色墨水，1495

大笑，让人不禁猜测他恐怕是听到了个好笑话。画上不过寥寥数笔，就让我们清楚地看出他的头发多么蓬松卷曲又毛糙，看到他身上的气质多么独特，看到他的下巴和鼻子像漫画一样夸张、暴露的牙齿残缺不齐，甚至连看到他大衣上的搭扣都是开的。若说有什么现实主义绘画能让我们牢牢记住这位独特的男人，那一定非达·芬奇的这幅小画莫属。他脖子上的阴影完美地呈现出皮肤的松弛褶皱，因大笑眯起来的眼睛迸发出强烈的快乐，还有那别致的小耳朵。怎样才能画得惟妙惟肖，达·芬奇在他的笔记本里给出了详细的建议，这依赖于光线和氛围："你要是想画人像，最好是阴天或傍晚画……太阳落山时到街上去，用心留意男人和女人的脸，尤其是阴天的时候，你会在他们的脸上找到柔和与细腻。"[46]

达·芬奇非常喜欢夜幕慢慢降临的时段。那时不断变化的曚昽光线很能凸显细节，让我们注意到其他时候微不足道的特征。比如在宗教主题的绘画中，如果一个人物有缺陷——脸上有斑或皱纹，或者相貌有些许不对称——那么这个人物就是现实的，而非现实的人物只会被赋予具有极大象征意义的特征。但不论画家使用的是微妙的渐变式的明暗法，还是明暗对比更强烈的技巧，都能以自己的方式高度完成对自然细节的摹画。

不过，强烈的明暗对比的确有十分醒目震撼的力量，这要拜深邃的阴影所赐。后世摄影和电影中营造气氛的关键技法也始于此，完全仰赖绘画中明暗法技巧的不断发展。卡拉瓦乔为了营造戏剧化的强对比氛围，他把整个画室涂成黑色，只留下一处有限的光源。由此来看，一个高度人为创造的环境才能凸显他想要强化的细节。那么问题来了：如何区分"自然"和"人造"？卡拉瓦乔画中人物的态度是现实主义的，这与古典主义绘画的主要表现形式有所不同。例如他的《耶稣被捕》（1602），精心安排的场景中的光线设计得非常聪明，我们只能看到画家想让我们看到的部分。画中，犹大看着被出卖的耶稣。我们能看出犹大面露痛苦，他盯着耶稣沮丧低垂的脸，抓着对方的胳膊，仿佛在恳求什么。二人的脸都只有上四分之三在光里，他们的眼睛都在很深的阴影里，这种夸张的对比手法使画面充满张力。画中的每个人（除了正要逃跑的约翰），从士兵到举着灯笼的人（据说这是卡拉瓦乔的自画像），都焦急地望着耶稣，望着这位唯一平静的见证人。画面中积极情绪和消极情绪的激烈对撞，通过夸张的光线得到强化。

艺术史家保罗·巴罗尔斯基（Paul Barolsky）讨论米开朗基罗的西斯廷教堂（位于梵蒂冈）天顶画时指出，明暗法的由来可能与上帝圣光照亮黑暗世界（tenebre）有关。他提到传记作家瓦萨里的话："他（瓦萨里）补充说，米开朗基罗揭开了蒙在'智识之眼'上的面纱，让他们看到基督降临之前的世界是完全黑暗的。"[47] 明暗法使现实有了更生动的呈现，它产生的影响就好比近视的人摘掉眼镜，凑近看，视力突然增强，眼前是高对比度的清晰世界。吉勒斯·兰伯特[1]对卡拉瓦乔绘画技巧的描述广为人知，他说卡拉瓦乔是把深色放进了明暗法里，把黑暗加进了光亮和阴影中。[48]黑暗一直都在那里，只不过卡拉瓦乔用人为手段限制光量，让黑暗变得更黑更暗，由此放大并突出对比度，然后将强化了的戏剧化画面在画布上演绎出来。一位枢机主教的秘书在评价《圣母与毒蛇》（1605—1606）时表示，这幅画让他觉得自己与尊敬的圣母之间的距离消失了，他为此感到无比震惊："这幅画俗鄙不堪，是亵渎神圣，是大不敬，令人厌恶……有人可能会说画这幅画的人技术高超，的确如此，但他的灵魂一定是邪恶的。"[49]

达·芬奇在卡拉瓦乔之前就已经使用明暗法了。在《岩间圣母》（约 1491 和 1506—1508）里，圣母马利亚低头看着婴儿耶稣和施法约翰。画中人物坐在岩石间的阴影中，被柔和的金色芒照亮。达·芬奇说他的灵感来自对夜幕降临过程的观察。他在笔记中描写了观察到的情景：

那些坐在漆黑的房子门口的人，你能从他们脸上发现特别有魅力的光影。他们在阴影中的那一半脸与屋里的黑暗混为一体，另一半脸被天上美丽的晚霞照亮。在这种强烈的明暗中，他们的脸变得异常鲜明……和美丽。[50]

———

[1] 吉勒斯·兰伯特（Gilles Lambert，1750—1835），比利时雕塑家。

那么，卡拉瓦乔对阴影的运用是不是太过大胆，或者他画中的光线太强，缺少细微的层次？达·芬奇的晕涂法和卡拉瓦乔的强明暗法的成功，都得益于他们对亮色和暗色的精妙运用．

在达·芬奇的绘画和理论著作中……从未把色彩和光影对立起来；不论是把色彩从明暗法中抽离出来，还是说达·芬奇认为色彩不如光影重要，都是不正确的。[51]

达·芬奇在制造光影渐变效果时运用了大量具有相似饱和度的中间色调、大地色系、蓝色和绿色。卡拉瓦乔将这些平衡的中间色替换成了耀眼的高光色调，白色、金色和银色直接镶在突兀的深暗背景里。

西班牙的迭戈·委拉斯开兹继承了卡拉瓦乔的现实主义衣钵。在他于 1650 年为他的奴隶胡安·帕雷哈创作的肖像中，光线分散晕开，色调昏暗。不过，这幅画与前面达·芬奇的人像素描有一个共同点——在当时看来一定是非凡的特点——那就是我们看到这幅画，就看到了一个独特真实的人，仿佛他就站在我们面前一样。[52]这两幅作品都是人物肖像的佳作，画家的高超技巧让我们在看到画的一瞬间就对画中人产生了好奇。然而，委拉斯开兹的《女裁缝》（1640）减少了强烈的明暗对比。昏暗的背景和女裁缝深色的头发、长裙，以及她手中正在缝制的衣服色调相似，与她头巾上的光线形成鲜明对比，而头巾上的光又突出了她的脸庞和有光泽的胸部，整个画面没有任何过于激烈的明暗对比。尽管女裁缝周围都是阴影，她低头专注缝衣的表情有一半也比较隐蔽，但我们似乎就是能从中看到缝衣针轻柔地一进一出，看到她的胸部随着呼吸一起一伏，感觉到房间的静谧。

伦勃朗也常用昏暗的光影营造人物的沉静感。他的方法是把大地色系——赭黄色、土红色、焦棕色等——混进黑色，然后叠涂一层又一层的透明棕色。这样完成的效果，就像是在 17 世纪荷兰漫漫寒冬的夜晚，用昏暗的烟焦油和沥青灯给街道和运河照明。伦勃朗的肖像画大都比较沉郁，但是他早期作品的光影非常迷人，用光很有活力。在《拿扫帚的女孩》(约 1646—1651) 中，小女仆从阴影中探出身来，旁边有一个翻倒的桶和一个槽子，画的前景是一口井，井和女孩之间有一道木栅栏，女孩倚在栅栏上，我们一下子就被带入了家务情境中。光正好打在女孩的额头上，让人看到她头上的束发带，她穿着浅色衬衣的双臂在胸前交叠起来，这是宗教中象征纯洁的动作。她脸上的表情是做活时被画家捕捉到的一瞬，让人捉摸不透。帕斯卡尔·博纳富（Pascal Bonafoux）说，伦勃朗并不"按照常理把阴影画在光照不到的地方"，而且伦勃朗逐渐不再整体使用明暗法，从而避免这种技法带来的极端对比效果。相反，他开始逐渐减少光的使用，因此他后期的肖像和自画像在人物情绪和氛围上都变得愈发晦暗深沉。[53] 高光的确能让画面显得更有活力，但是黑暗和深色颜料才能表达伦勃朗对人性的看法。

94

色调的变化鼓励观看者观察绘画的各个部分，而不是只关注某个焦点。比如汉斯·霍夫曼[1]受到丢勒的水彩画启发而创作的油画《森林中的野兔》（约1585），画中细节密布的树木、草类——比如酸模和蓟——与栩栩如生的蜗牛、蝴蝶、蛾子、知更鸟、蜥蜴、甲虫争夺着观看者的注意力。中间的野兔嘴里嚼着一片斗篷草，盯着我们。我们可能会注意到它皮毛的质感——耳朵里面的绒毛如丝般柔软，腰臀部的毛发粗糙且有斑纹——和它纤细的胡须，等等。此外，画中光线的分布还会把我们的注意力引到别处去，比如位于前景的蝶蛹或蟋蟀，甚至是背景中林间的幽深阴影。有一个事实已经被指出过很多次了，就是这幅画里的植物在自然界中不可能生长在同一个地方，或者起码不可能同时出现在同一个季节里，但那又如何，这幅作品不过是画家描摹动植物的练笔罢了。而且它是那么丰富，每当你观察一处细节，你的余光就会注意到别处有趣的东西。丢勒的水彩画里只有一只野兔，霍夫曼的野兔则身处茂密多样又幽深的植物之间，唯有一束温暖的阳光照亮了眼前的一小块地面，而画面远处潜伏着的幽谧的森林，似乎正等待我们起身前去。

19世纪上半叶，年过七旬的弗朗西斯科·戈雅在自家乡村住宅的内墙上创作一系列壁画，即共计十四幅的"黑色绘画"（Pinturas Negras）。这些壁画冷酷阴森，有的非常压抑。最近有人

---

[1]　汉斯·霍夫曼（Hans Hoffmann，约1530—1591或1592），德国画家。

汉斯·霍夫曼受丢勒作品启发而创作的《森林中的野兔》，约 1585，油画。
黑暗的背景衬托出野兔和植物每一个栩栩如生的细节

质疑这些壁画究竟是否出自戈雅之手，但它们带给人们的震惊是毋庸置疑的。[54] 这些画出现在被称作"世俗的西斯廷教堂"的地方，其色调和情绪都是黑暗的，荒诞幽默的风格如暴风雨般压抑、惊悚。[55] 艺术史家奈杰尔·格伦迪宁（Nigel Glendinning）讲述过，传统的上流阶层会如何让画家根据每个房间的不同用途，在墙上画上适宜的壁画。[56] 但戈雅的家没有田园牧歌或家庭场景这类温和的壁画，他似乎是在故意讽刺这样的习惯，在朴素的家里画上了一系列噩梦场景：女巫集会、丑陋的老妇、长相诡异的修士正对一个老男人低声耳语。

　　黑色绘画的其中一幅，描绘了头发蓬乱的农神萨图努斯从黑暗中冒出来，正在啃食自己新生的儿子。① 这幅画的典故来自罗马神话，预言说泰坦神王克洛诺斯将会被自己的孩子推翻，于是他吃掉了自己的孩子以防止预言成真。但是，神话中的预言是绝对不可避免的，所以克洛诺斯疯狂的努力注定是失败的。在这幅画中，不多的鲜艳颜色是儿子无头尸体上和他父亲手上的鲜血；其他地方的白色，只分布在萨图努斯发了疯的眼睛里——因为眼睛反光，以及他的手指关节上——关节因为抓着儿子柔软苍白的尸体而突起。鉴于当时的西班牙正处于战争迭起的历史旋涡中，这幅画可以说是对那些宫廷餐厅里的"文明"壁画的讽刺。位高权重的贵族阶级吃饭时可不愿想起人民遭受的苦难和流淌的鲜

―――

① 见本书插图 5。

血，戈雅家餐厅里的《吞食其子的萨图努斯》，却撕下了拒绝直面残酷战争的伪善。

黑色绘画系列中叙事性最强的可能要数《溺水的狗》。这幅画的画面很空，透着诡异。狗只能看到头，它的身体淹没在黑色的绝壁里，或者是淹没在黑影里，它绝望地望向画的上三分之二处，那里是晦暗阴霾的"天空"。画中少量的象征性已经具备了现代主义的雏形。艺术评论家罗伯特·休斯[①]曾评论道："我们不知道这幅画究竟想表达什么，但是它强大的痛苦感染力，不需要语言叙述就能使我们心悸。"[57]这是一个无法解释的符号，象征着一个无法分析的隐喻，它消解了作为一切事物的地基的"意义"，让我们迷失在黑暗中，把我们丢进不确定性的汪洋中，漂泊沉浮。

伊斯兰绘画保持了这种象征性，而且至少从理论上来说，是拒绝明暗法的。虔诚的信徒不可以向真主隐瞒任何事情，不管在艺术中还是在生活中。因此，绘画时使用明暗法被认为是亵渎，因为画家竟然胆敢替神决定什么可以看、什么不能看。

在奥尔罕·帕慕克的小说《我的名字叫红》（1998）中，苏丹委托他人创作一本书来颂扬他自己和奥斯曼帝国，他非常希望采用欧洲绘画风格绘制书中的插画。这让他聘请的画家们忧心忡忡，他们不敢亵渎全知全能、无处不见的真主："从主麻日聚

97

————
① 罗伯特·休斯（Robert Hughes，1938—2012），澳大利亚艺术评论家。

礼回来的路上，我们讨论了威尼斯大师作品中最伟大的创新——'阴影'。"[58] 他们十分矛盾，如果遵从苏丹的命令，使用明暗法，就意味着明目张胆地对真主大不敬："透视艺术抹去了绘画的真主视角，并将其降低到流浪狗的水平。"[59] 是用有渐进变化的明暗对照，还是用"诚实"呈现的没有阴影的二维画面，这些画家必须做出选择。

我们暂且把明暗对照的哲学意义放在一边，来看看黑暗占主导的绘画有多么纯粹饱满。扬·凡·艾克的《阿尔诺芬尼夫妇像》（1434）里，商人长袍上的黑色毛边显得奢华柔软，部分是因为大衣外层光滑丝绒质地的布料的衬托。有对比才会出效果。与之类似，在托马斯·庚斯博罗的《萨拉·西登斯夫人像》（1785）中，华丽的皮草手筒和黑帽子很好地衬托出夫人身上浅色条纹薄纱长裙的优雅精美。特意对比衬托是绘画艺术中普遍使用的手法。

我们说回明暗法。想想阿尔泰米西娅·真蒂莱斯基的《犹滴杀死荷罗孚尼》（1620—1621）中犹滴的表情，她的仆人艰难地摁住荷罗孚尼，而她在果决地砍下敌人的头颅。她们的脸像是被火把照亮，周身被昏暗难辨的背景包围，整个画面充满血腥的明暗对比。我们所有的注意力都被锁在三个人物身上，两个女人同心协力，被摁倒的男人试图反抗。醉酒的荷罗孚尼突然意识到这两个女人的意图，猛然惊醒，想挣扎着逃跑，但是已经太晚了。看到这一幕，我们恐怕也会感到一阵惊骇，但是犹滴的镇定暗示着我们可能反应过度了。荷罗孚尼脸上的惊恐表情也被犹滴的平静坚定平衡了。他们二人拉扯着我们的反应，而这其实也是画中极端强烈的光影对比产生的效果。若没有这种明暗对比营造出的紧张的现实主义氛围，我们也不会有那么强烈的感受。

人类对呈现自然界里的黑暗有种超乎寻常的执着，远远超过对人身体和心理的兴趣。有人尝试展现宇宙的宽广，将个人的生命显得渺小如粟。也有人偏爱描摹遥远北方的冬季天空，其中一定会用到深蓝、深绿和灰色，但是想让天空能被看见，浅色也必不可少，比如北极光神奇的荧光色，或者河岸上反光的雪。

雪能让单调的世界焕然一新。白天只要有阴影打在雪地上，哪怕只是一小点，也会变得夸张显眼。到了晚上，雪地洒满月光，莹莹闪闪，周围一切则显得黑暗虚空。对于不常见到雪的人来说，这可能是雪给他们留下的普遍印象，就像一个短暂的自然奇景。但是因纽特人——他们形容雪的不同特点的词语多不胜数——一定注意到了更多光和影的不同效果，尽管他们生活的地方看上去并没有那么生机盎然。这样黑白分明的环境孕育出许多故事。巴罗角的因纽特人去哪儿都会随身带刀，因为他们相信刀可以保护自己免受传说中的邪恶北极光的伤害。

19世纪80年代的挪威艺术界曾有过一次争论：要不要用亮色——比如橘黄色和粉红色——来表现风景，尤其是极光。有人认为用亮色来展现大自然太低俗，不可取。[60] 他们的深层逻辑是深色系和灰色系更低调，更能表现对大自然的敬畏，甚至顺从；

99

但是具有侵略性的亮色太过跳跃，夺人眼球，有违大自然整体的庄严气质。

那黑暗要怎么画呢？艾萨克·牛顿在他的著作《光学》（1704）中对颜色的来源做出了客观科学的解释。当一束阳光穿过三棱镜，他观察到了七种颜色。在他之前，人们认为，人的眼睛之所以能看到颜色，是因为物体本身就带有颜色。在牛顿绘制的色环上，互补的颜色都处于相对的位置。每组互补色"混在一起会相互抵消，一对互补色的光混在一起可以形成白光，互补色的颜料混在一起会变成灰色"。[61] 黄色和紫罗兰色、蓝绿色和橘红色、红色和绿色是三组基本的互补色，今天的影视剪辑中也仍然用互补色来把某一场景中的光调成冷调（常用于严肃剧情片）或暖调（多用于情景喜剧）。[62]

一个世纪之后的歌德也研究颜色，但他的角度比较主观，主要研究人们对颜色的感知和体验。他通过调查发现，我们在生活中非常依赖光明、黑暗及光影变化，对于颜色的存在来说，黑暗与光明同等重要。这部分他说的没错，不过……

不过令我惊讶的是，三棱镜的折射光照在白墙上时没出现什么颜色，墙还是和之前一样白。三棱镜只有照在暗处才会显出颜色。当我把三棱镜对准窗外直接观察阳光时，发现窗框上出现了非常明显的颜色，但是外面浅灰色的天空一点颜色都没有。我几乎不需要思考，就意识到边界是带来色彩的必要条件。我不禁马上大声说道，牛顿的理论是错的！[63]

在歌德看来，如果颜色是光明与黑暗两极范围内的一系列自然呈现，那么每一种颜色就是不同程度的黑暗，比如"黄色是被黑暗抑制的光"，蓝色则是"被光削弱的黑暗"。[64] 歌德和席勒共同制作，并于 1798、1799 年间发布了"气质玫瑰"色轮（Temperamentenrose），一环套一环，越靠近中心圆环颜色越深。他们试图用这套色环来区分人的性格特质。哲学家路德维希·维特根斯坦评价说："我觉得歌德研究的并不是物理上的颜色，而是一种色彩心理学。"[65] 颜色发源于自然，"而牛顿通过人工干预得到定律是不道德的"。[66] 在这两位浪漫主义者看来，自然世界只能通过主观经验来理解，不能依靠客观事实。

对于拥有字素－颜色联觉能力的人来说，歌德的理论显然很有道理。联觉现象在艺术家当中很常见，即把特定字母、数字或某种经历（对非联觉者来说这些没什么特别的）与特定的颜色关联起来。歌德的色轮把颜色和不同的性格特征对应起来，这在希望自己的作品能激发某种情绪的艺术家当中产生了很大的影响。瓦西里·康定斯基就是一位联觉者，他看到颜色就会听到相应的声音。

对黑暗中的光的浪漫主义表达：哥伦比亚女士身前悬挂着美国国旗，她挥舞着手中的剑，周围环绕着她的骑士。天空中是美国国会山田园诗般的景象。托马斯·纳斯特（Thomas Nast），《北方起兵》，1867，蛋彩画

画家 J. M. W. 透纳 ① 努力在画中呈现光的效果时就借鉴了歌德的色彩理论："黄色代表光，蓝色和红色……是阴影，这三者便组成了三原色，他说，'光亮和阴影，白昼和黑夜，或各个色度的光和黑暗'，全部混合在一起就成了黑色。"[67] 透纳后来有一幅名字很长的画作——《光与色（歌德理论）——洪水灭世后的清晨》（1843），很能表现出他对歌德浪漫的色彩理论（颜色与情绪、性格相关联）的坚持。这幅印象主义作品所描绘的画面既像人眼，又像太阳，它们合二为一，融为一体，周围一圈泡泡说明他可能也引入了牛顿《光学》里的一些概念。

牛顿《光学》中名为"关于薄的透明物体的反射、折射和颜色的观察"的部分，讨论了作为透光媒介的气泡与颜色的关系。回想一下你小时候用带个圆环的塑料棒吹肥皂泡的情形。你慢慢吹出一个泡泡，泡泡越来越大，摇摇欲坠，表面流光溢彩。然后你发现泡泡顶部变得越来越暗，泡泡也越来越薄，突然，就那么破了。泡泡表面的颜色是不同波长的光相互作用产生的，当泡泡变得太薄——而且必定是从顶部开始变薄——"不同波长的光就开始相互抵消，泡泡看上去就变暗了"。[68] 当泡泡上互补色的波长重叠时，颜色就会增强，这种现象叫作相长干涉（constructive interference）；而如果波长刚好彼此不匹配，就形成相消干涉

---

① 约瑟夫·玛罗德·威廉·透纳（Joseph Mallord William Turner，1775—1851），英国浪漫主义风景画家、水彩画家和版画家。他的作品对后期的印象派绘画发展有相当大的影响，是公认伟大的风景画家。

（destructive interference），没有了反射光，有些颜色也消失了。

印象派画家（比如克劳德·莫奈）会避免使用黑色颜料，他们会把互补色混在一起形成暗色，来取代黑色。莫奈把印象派描述成一场鼓励画家自由表达自己的运动，但他仍然十分在意自己作品的科学性。所谓"真正的艺术家就应该自然而然地创作"，就是说他们不能有预设或提前计划，而是应该根据直觉随兴作画，这可没那么容易。比如，莫奈认为要不带经验偏见、用全新的眼光看世界，这个观点乍听很迷人：

当你去画画，不管你眼前是一棵树、一座房子、一片田野，还是别的什么，把它们统统忘掉。只想着这里有一个蓝色的小方块，那里有一个粉红色的长方形，那里有一条黄色，然后就按照你"看到"的颜色和形状把它画出来，直到得到一幅你关于这个场景的稚拙的印象画。[69]

103　可是，如果画家看到的是一片黑乎乎不反光的泥地、深不见光的橱柜背板，或者幽暗的地下室入口，怎么办？如果把几种相反色混合起来画这些暗处，是否就不是"自然而然"的画法了？当莫奈观察景物的纵深和阴影时，他一定会思考应该用什么颜色来表达。所以他以为的自然而然的直觉，在实际操作中必然是通过他经验中的技法和知识才呈现出来的。

素描与色彩画有所不同，但是同样可以用黑墨水或石墨笔让我们从明暗对照的角度来看世界，截然分明就像白纸黑字，只不过素描更依赖轮廓。人类从早期就开始在二维平面上描绘世界，而这种通常是在浅色背景上用深色材料留下印记的习惯影响深远，深色成了我们描摹世界时最重要的强调用媒介。文森特·凡·高受到他喜爱的日本木版画影响，在自己的画中也用深色颜料勾勒轮廓。这种绘画方法被称为分隔主义（cloisonnism）[①]，顾名思义，该命名借用了在深色金属丝里嵌入亮彩玻璃釉的古老金属工艺。19世纪晚期，保罗·高更和他圈子里的画家朋友沿用了这种绘画风格，用黑色轮廓加强了大胆的色块。

西方的版画复制术，和最早的远东木刻版画一样，让更多人能够欣赏到艺术，甚至能够拥有属于自己的艺术作品。16世纪之后，版画艺术在多种推动力作用下变得流行甚广。然而，我们倾向于一幅版画就像一幅素描，因为二者都是在浅色背景上用深色阴影作画。不过，美柔汀铜版画技法[②]是反过来的，艺术家要从黑暗中造出光来，在铜版或钢版上雕刻出光影效果。一位早期的美柔汀技师是这样描述创作过程的："你必须把铜版刮平一点，才能出现光的效果……绘画时我们用深色涂阴影，但创作美柔汀版画我们会提亮光线。"[70]

达·芬奇曾说："画家的第一个目标应该是让一个简单的平

---

① 也叫珐琅主义、景泰蓝主义，源自 cloisonné（意为掐丝珐琅、景泰蓝）。
② 美柔汀（mezzotint），字面意为黑色的方法。这种技法不使用酸腐蚀和雕刀镌刻，而是依靠一种特制的摇凿，在版面上形成密的毛点，造出一片黑色，然后再用刮刀、压刀把这些毛点不同程度地刮平、压平，显出明暗层次，从而制作出图像。

104

面看起来像浮雕。"[71] 文艺复兴早期的画家倾向于用线条表现阴影，艺术史家哈罗德·斯皮得（Harold Speed）曾讨论过威尼斯画派是如何模糊了"大线条的显眼分界，这非常接近于后来委拉斯开兹采用的观察方法"。[72] 为了辨别出远景透视并放大色调上的任何差别，画家常常眯着眼睛观察景物，这样就能得到类似于控制光源后的画面。莫奈说他总画光线饱满明亮的事物只是出于个人喜好，并不是什么非要遵守的原则。他在法国北部的布列塔尼也试图画过阴阴沉沉的风景："我这么一个喜欢光线和浅色调的人，费了好大劲才能把那个地方阴郁悲怆的气质表现出来。"[73]

化学家米歇尔-欧仁·谢弗勒尔（Michel-Eugène Chevreul）于 1839 年提出色彩同时对比规律，对 19 世纪画家乔治·修拉有极大的影响。[74] 据说谢弗勒尔最初是用纺织品做的实验（具体来说，用的是巴黎戈布兰纺织厂的壁毯，他那时担任染料生产主管），他相信自己的研究成果能够帮助画家更准确地复原自然。在这方面，可以说他的理论与牛顿的理论一脉相承。

谢弗勒尔的光学色彩理论探究的是两个相邻的颜色的相互作用，他在论著中绘制了精密的色轮来反映色彩对比的关系。所以即使是亮度极高的画中也必须有暗色的阴影来做对比。戴维·邦福德 [1] 和阿肖克·罗伊 [2] 讨论《阿涅尔的浴者》（1884）这幅画时，指出了修拉如何在画中借鉴谢弗勒尔色轮，让相邻两色产生

---

① 戴维·邦福德（David Bomford），画展策展人，美国休斯敦美术馆保管部主任。
② 阿肖克·罗伊（Ashok Roy），英国伦敦国家美术馆科学部主任。

"最大色彩对比所碰撞出的强大色调……橙色碰到蓝色，黄色紧挨紫罗兰色，红色对着绿色"。[75] 修拉首创的点彩画法，背后的理论基础是人眼能将相反或互补的光影、色点连接并转换成我们熟悉的图像。正如谢弗勒尔所说："大脑通过眼睛作为媒介来捕捉并评判色彩，就像它捕捉并评判脑海中的想法一样。"[76]

谢弗勒尔发现，当织品上染的黑色与其他颜色并列，黑色就会明显变浅，这是我们的视错觉，因为我们的大脑倾向于"夸大差异，以便更好地发现它们"。他的理论在实用领域非常有用，比如可以帮助人们设计更清晰的标示牌、更好地做花园规划，却令画家（比如莫奈）十分沮丧，因为他们曾经认为，要相信画家的眼睛。如果这一切都能用色彩科学来解释，那画家的神秘和天赋将被置于何地呢？

真正的艺术家的灵感之眼这个概念忽略了这样一种看法：鉴于视觉的本质，根本不存在自发的视知觉。一只猫认不出画中的自己。人类错综复杂的思想则为人的视觉添上色彩。我们可能会欣赏人类幼儿，甚至是黑猩猩的画作，但正是我们对其作品的解读创造了艺术。莫奈所表达的浪漫概念——自发的艺术反应，或者说野性的眼睛，在实践中被辜负了，因为任何艺术家都必须考虑自己所做的事情，哪怕是下意识的。感觉上是自发的行为，但实际上并非如此，因为这里有事先构思，也有已经学到的技巧。莫奈作画可能"不假思索，匆匆绘就，用色纯美"，但他发现试图以真正浪漫的方式捕捉自己看到的东西可太难了："色彩，任何色彩，持续一秒钟，有时候是三四分钟……啊，我多么痛苦，绘画让我多么痛苦！它折磨着我！它折磨着我！"[77]

我们看待世界不可能不带入既定想法和以往的经验，因为这是我们理解世界的源泉。一个突然有了视力的盲人是不知道该怎么理解眼前的一切的，很多现象对他来说毫无道理可言，让他觉得难受、抵触。他只能闭上眼睛，逃离混乱的光明，回到熟悉的黑暗中去，这样才能再次"看到"世界。

以上内容是为了阐述黑暗在文艺复兴时期的文学作品和绘画艺术中的广泛应用和极其重要的作用，同时绘画界对传统明暗法的颠覆也是我们重新认识色彩的开始。而将这种认识带上抽象的新高度的，是艺术家马克·罗斯科。20世纪中期，他的一组深色抽象作品——西格拉姆壁画（Seagram murals），原本要用作纽约奢华的四季酒店高档餐厅的装饰。罗斯科说他的野心是创作"某种作品，能毁掉在那个房间用餐的每个混蛋的胃口"，不过后来他退出了合作，没有把画卖给酒店。[78]伦敦泰特现代美术馆收藏的这组西格拉姆壁画系大型帆布油画，整体色调深暗，褐红色、暗红色和黑色的大型色块绘在既像窗户又像画框的深色背景上。这组画作本来是想造成一种幽闭似的压迫感，"是暴力的，甚至恐怖的艺术，是审美的一种野蛮报复"，实际上却让人感到释放和平静。[79]它们像古老且没有亮灯的大教堂一样庄严肃穆。罗斯科建议人们站在距画仅45厘米的地方观看。这些画挂得高高的，就跟他作画时一样，这样人们欣赏画时就会仰起头，仿佛陷入沉思。他不希望人们只是对他深色叠深色的画法感到好奇，而是希望人们也能感受到他创作时的体验：被深暗的色彩感动。

英国雕塑家安·克里斯托弗（Ann Christopher）这样描述这组画带来的神秘感："就好像你看见了一个人的脑海深处。"[80] 罗斯科的西格拉姆大厦壁画，果然是对黑暗在艺术中的力量和潜能的绝佳证明。

马克斯·施雷克（Max Schreck）饰演的奥洛克伯爵，他从死亡中诞生，走上城堡的楼梯，背叛了自己的真实身份——吸血鬼。剧照出自电影《诺斯费拉图：恐怖交响曲》，F. W. 茂瑙导演，1922

04

黑暗娱乐

……如果黑暗

才是我们所拥有的，

那就让它肆纵豪奢吧。

——《砍倒这棵树》，简·肯庸

黑暗会让人激动，让人亢奋。黑暗仿佛一直深沉潜伏着，无边无垠，能吞下整个宇宙。对诗人、剧作家、音乐家和视觉艺术家来说，黑暗中蕴藏着精彩和奇趣。黑暗是娱乐的一个重要部分，而隐秘的黑暗对我们产生的潜移默化的影响，与它明面上对我们的影响一样大，一样多。因此，一个经历黑暗的人可能也经历着某种转变。黑暗可能重塑我们和我们所有的经验，不论这重塑是好是坏；它可能会让人感觉找回了早期的、更本质的自我，或者让人感到远远突破了自己想象的极限。

从面向成人的复杂隐喻到娱乐孩童的惊险传奇，给人带来视觉冲击的黑暗大大推动了娱乐的大众化。"黑暗"一词频频出现在书籍、音乐、电影、广播和电视节目的标题里，黑暗的"影子"几乎"笼罩"了所有主题，比如科幻、漫画和图像小说、浪漫爱情、奇幻、超自然（其中一定有男巫、女巫、吸血鬼等）。这些作品皆因引人进入黑暗的领地而让人欲罢不能，而黑暗的抽象意义也变得十分强大。黑暗在电影作品中尤其流行，而且常用于暗示能量和威胁。这类电影只要是大卖的，就一定刺激——尽
管有时提到与其有关的词都能引起人的负面反应——因为黑暗像地狱一样危险又神秘，勾起人的好奇心。而那些表现黑暗的平

静、让人沉思的一面的电影，往往避免在标题中谈及黑暗，以免电影主题被人曲解。

黑影这个词在书和电影标题中也很受欢迎，不过影子因为介于黑暗和光明之间，好像不如直接用黑暗引人瞩目。但是，影子毕竟从黑暗中来，当然也能把我们拖回黑暗中去。黑影，或者影子、昏暗、朦胧、飘忽不定，你以为你能预见它的一切，其实不过是"捕风捉影"，于是电影的气氛和张力便有了。有影子说明有黑暗存在，而制造影子的是光。用科幻作家厄休拉·勒古恩[①]的话来说，"点一支蜡烛就是抛出一个暗影"，从这些或真实或隐喻的影子当中，想象开始蔓延，故事开始生发。[1]就算是有颜色的影子——通常是用红、绿、蓝这类对比色光打在白色表面的同一点上——也得依赖黑暗才能存在。如果用一个物体阻断这些光的投射，影子的颜色就会改变。舞台光效经常使用这种方法。

那么在半明半暗的影子中，我们能看到什么？人类眼睛中的视杆细胞主要负责在弱光条件下分辨黑白，视锥细胞则让我们能够在半明半暗中看到一些色彩。阴影看起来是蓝色或紫罗兰色，就是视锥细胞在起作用，这也部分解释了一些画家，比如莫奈，热衷于互补色理论的原因。这一理论似乎与莫奈对自己所见之物和他试图在画布上表现的东西的敏锐感知相匹配。比如他的《圣

---

① 厄休拉·勒古恩（Ursula Le Guin，1929—2018），美国作家。著有小说 20 余部，以及诗集、散文集、游记、文学评论和多部童书，并与人合译老子《道德经》。其广为人知的作品包括奇幻小说"地海传奇"系列和科幻小说《黑暗的左手》《一无所有》等。

拉扎尔火车站》（1877），画面看上去是朦胧的，但是他的用色几乎全是彩色，不依赖于灰色调和赭色调，而这两种色调常用来描绘阴暗的室内，或者更确切地说，光线受限的场景。

在现代生活中，电影是一股影响巨大的力量。默片《诺斯费拉图：恐怖交响曲》（1922）中有一个著名场景：奥洛克伯爵恐怖、放大的影子斜投在墙上，沿着城堡的楼梯缓缓向上走去，他的双手像野兽的爪子一样巨大尖利。"诺斯费拉图"的意思是"死亡之鸟"，不过电影直到伯爵的影子出现才揭示了他吸血鬼的真实身份。《诺斯费拉图：恐怖交响曲》改编自布莱姆·斯托克的小说《德古拉》（1897），但是电影中的奥洛克伯爵有影子，这颠覆了"吸血鬼没有影子"的普遍观念。没有影子它们就不可能是人类，换句话说，人类是有灵魂的，有灵魂才会有影子。而吸血鬼这种行尸走肉，被困在生与死之间的无人之境，既没有影子，也没有镜中倒影，暗示着它们也完全没有道德良知。影子飘忽不定的特点也是对灵魂的暗喻。尽管斯托克笔下的德古拉十分惊悚，但是奠定了当今"恐怖"意象基础的其实是阴森城堡里的奥洛克伯爵，他和他的城堡都让人不禁联想到人死后的世界和邪恶。

若想让影子变得更暗，就要把影子打在浅色表面上，同时光源要亮，如果想让影像更清晰，就得把光增强并缩小光束。至于有颜色的影子，只要在光源和影子之间放一个不透明的物体，就能改变影子的暗度和形状。所以当没有实体的"存在"竟能像活

为伊姆雷·基拉菲和波洛西·基拉菲兄弟（Imre and Bolossy Kiralfy）的精彩

剧作之一——《失乐园》所作的宣传画。作者可能是 R. J. 汉密尔顿（R. J.

Hamierton），1873 年前后，石版画

短暂的光源映照出不同暗度的阴影。《蜡烛与静物》，阿尔伯特·勒堡

（Albert Lebourg），炭笔和水彩画，19 世纪 60 年代

物一般在黑暗中清清楚楚地现身，不论谁都会吓一大跳。

有了黑暗和光亮的相互作用——不管是一天里、一个朔望月周期里，还是一个特定季节里的黑暗与光明的转换流动——诸多灵感才会从中萌发，我们才会乐于玩影子游戏。我们小时候可能都挺喜欢手影游戏的，有时一双小手的影子会变成某种史前巨鸟，猛地俯冲下来仿佛要捕猎；有时握起拳头，你就能在墙上看到一个喃喃自语的老太婆；有时肉乎乎的胳膊从婴儿床里伸出来，胳膊的影子被拉长，正好横过天花板，就变成了塞伦盖蒂草原上正抻长脖子够树叶吃的长颈鹿。类似的童年回忆说明，我们对黑暗既有一种天生的恐惧感，同时也会因它感到莫名快乐，当奇怪的影像变成召之即来、挥之即去的乐子，黑暗便能让我们感到兴奋。

儿童文学中经常出现影子，这可以说是我们从小就被黑暗激起了好奇心的证明。罗伯特·路易斯·史蒂文森①的诗歌《我的影子》就表达了一个孩子对自己那神奇、任性的影子的着迷，而且有意思的是，就连最小的小孩子都觉得自己有控制影子的能力：

我有一个小影子，跟着我进进出出，

———

① 罗伯特·路易斯史蒂文森（Robert Lewis Balfour Stevenson，1850—1894），英国小说家、诗人和旅行作家，也是英国文学新浪漫主义代表人物之一。主要作品有小说《化身博士》《金银岛》等。

他的神奇超乎我想象……

他喜欢"嗖"的一下就长大，太好玩了——

一点儿不像普通小孩那样，慢慢悠悠才长大。[2]

J. M. 巴里的所有故事中，影子都代表魔法力量和某种危险。[3]彼得·潘的影子被窗户意外折断了，他就叫温蒂帮他把影子安回去。温蒂和她两个弟弟回家前在梦幻岛上的最后一晚，他们在月光下又唱又跳："这首歌多么有趣，又多么让人毛骨悚然啊，他们假装害怕自己的影子；他们还不知道，黑影很快就会把他们团团围住，吓得他们缩成一团。"[4]

孩子们学会通过假装害怕来逗乐是我们成长的必经阶段，这样我们就会做好准备独立面对未来。这种"自欺"又"欺人"的假装游戏的深层心理也与黑暗有关，大人亦如是。《彼得·潘》里，黑暗所代表的危险一直萦绕在虚幻的梦境世界中：影子随着太阳的移动被越拉越长，预示着生命终究会被黑暗吞没；我们之前忽略的东西，通过形态怪异的影子显现出来，让人感觉眼前的世界一下子被放大了，而且变得诡异恐怖。

小孩子对黑暗的恐惧很容易转移到自己的影子上。英国动画片《小猪佩奇》的某一集展现了我们逃离不了自己影子的无能为力。[5]一个影子随着太阳落山被越拉越长，夜幕降临时它消失了，再出现时它已经变成了墙上的影子怪物。大人一遍又一遍地告诉孩子影子不是怪物，没什么好怕的。但是，大人一连串的安慰刚

115

开始反而会让很多孩子怀疑事实绝非如此，仿佛他们深信某种秘密的传言，觉得影子就是那么危险可怕。

文学作品可以证明大人的话是对的，比如有一群动物非常害怕"一个巨大的池塘怪物"，最后发现"怪物"其实只是他们自己的影子。[6]但是这种故事又总会让人觉得可能真有什么可怕的东西藏在池塘里面。

我们理智上明白不用害怕，但还是很享受影影绰绰的恐怖世界把我们惊得战栗的感觉。一只年轻的咕噜牛①相信森林里住着一只巨大的老鼠怪，因为老鼠故意让自己的影子投射在月光下的森林里，显得特别特别大，吓人极了。小孩子很喜欢这个故事，他们不但喜欢老鼠的机智，也喜欢想象会不会真有老鼠怪——像他们这样的小家伙，没准也能在大人那里占上风：

116
    咕噜牛说，所有咕噜牛

    都不可以去深深的黑森林。

    为什么？为什么不可以去？

    因为一旦你走进森林

    大坏老鼠就会来抓你。[7]

———

① 咕噜牛（the Gruffalo）是英国著名作家、儿童剧作家朱莉娅·唐纳森（Julia Donaldson）和德国插画家阿克塞尔·舍夫勒（Axel Scheffler）共同创作的故事绘本《咕噜牛》的主角。

不得不提的还有尼斯湖水怪的传说。每一个能证明水怪并不存在的确凿证据好像都是在反过来证明人自古就喜欢从对黑暗的恐惧中获取愉悦。可以说黑暗被具象化了，变成了潜伏湖底偶尔露头的水怪。在雷蒙尼·斯尼科特（Lemony Snicket）创作的绘本故事《黑暗》（The Dark，2014）里，插画师乔恩·克拉森生动描绘了光亮和黑暗之间的恐怖深渊。

这类故事都没有什么新奇之处。皮影戏，从古代中国传到日本、土耳其、东欧地区，在世界各地一直长盛不衰，而且都是在天黑之后开始表演。在东南亚，即使电影、电视已经越来越普及，皮影戏仍然吸引着下至村头巷口、上至宫殿豪庭的广大观众。皮影戏艺人一般会选择在灯光昏暗的街道支起幕布，然后用电筒将皮影人偶的剪影投在幕布上。传统皮影人偶是用兽皮制成的，这给幕布上的影子增添了栩栩如生的质感。皮影在幕布上被放大、跳跃，演出一段段史诗传奇和宗教故事；有时也表演当地时事，有时甚至就像是一段时政评论。皮影人偶中有做工精美奢华，甚至还镶着金边的主要人物，比如印度象头神迦尼萨；也有专门逗乐的小丑人偶和专门吓人的鬼怪人偶，比如落魄黑人笨先生（Thai Pak Dogol）和他忠诚的随从（Wak Long），据说随从是笨先生用从自己身上搓下的泥灰捏出来的。在爪哇岛的皮影戏中，有一个著名的人物是黑暗的僵尸女王（Premoni），她统治着一小群腐败肮脏、走路跌跌撞撞的尸体。

有些皮影戏幕布的安放是为了人们可以从幕布的任一面看

117

戏，这让原本平面的皮影显得立体起来。2016 至 2017 年，大英博物馆的一个展览中，用视频播放了一段爪哇皮影戏的现场表演，视频中的皮影被艺人手中长长的皮影杆操纵着。[8] 它们的影子不但在灯光下变大，而且在晚风吹动灯火时会时隐时现，给整个皮影戏增添了不少神秘诡谲的气氛。

在一座宏伟的博物馆里，在一个没有窗户、黑漆漆的房间里，盯着一个小屏幕看视频，感觉真有点奇怪——这里可谓是艺术圣殿。人们说话也得悄声低语，因为这是个神圣的地方，就像柏拉图口中的那个洞穴。亚里士多德曾引述过柏拉图对大多数人认知局限性的比喻。[9] 柏拉图说，人类就像被锁住了脖子和脚踝，永远只能看到洞穴的后壁。我们的身后是一堵高墙，高墙后方生着一堆火，另有一队人头上顶着各种各样的东西从高墙与火之间走过。但是我们看不到这些，只能看到从高墙上方照到洞穴后壁上的影子，所以我们坚信影子就是真实，因为那是我们唯一能看到的东西。然而人群中总有那么一个人，有力气、有勇气挣脱束缚，翻过高墙，看到真正的、不再是影子的广大世界。这个人目睹真实世界的美丽之后，回到洞穴里，想说服别人他们看到的只不过是真实世界的投影。不过柏拉图说，洞里的人拒绝相信那个挣脱枷锁的人，然后杀了他。

对于我们感知经验的局限性，还有另一种可能的解读。我们看到的或许是不确定的、不完美的，但是我们靠想象投射出的现实很有可能跟真实世界一样"真"，一样多样化，一样无限，一样神秘莫测，毫不逊色；我们也会赞叹神奇的"投影世界"跟真实世界一样完美。但是，约翰·霍兰德①对此持相反意见，他认为不必非要追求"真实"，对于那些我们永远无法真正理解的事物，虚幻和无常反而更能增加它们的魅力，而非使之逊色于现实。¹⁰他说，"影子"是诗歌中的重要元素，不一定非要代表字面实义。他说的没错。"影子"意象能悄悄渗入我们的意识里，能影射我们的生活。如果只认为实体世界对我们来说更重要，就会抹杀我们的审美潜力。

我们必须承认，黑暗的世界至今仍深深吸引着我们。在 18世纪末的西欧，魔术师多米尼克·塞拉芬（Dominique Séraphin）表演的"中国影戏"（ombres chinoises）俘获了巴黎剧场观众的想象力。¹¹另一位法国人，费利西安·特雷威（Félicien Trewey），在 19 世纪末让手影戏大受欢迎。他只是稍稍变换手和手指的位置，就能惟妙惟肖地做出许多名人的影子。他的表演被称作"手影戏"（ombromanie），是维多利亚时代音乐厅里最卖座的演出。20 世纪，自称"傅满洲"②的魔术师在布宜诺斯艾利斯和纽约表演手影戏。¹²后来手影戏不再流行，不过，2013 年初，匈牙利的一个影子剧团在英国的电视节目上声名大噪。他们用身体组合出形态各异的影子，包括皇家马车、白金汉宫、英国女王等。随

---

① 约翰·霍兰德（John Hollander，1929—2013），美国诗人，文学批评家，耶鲁大学斯特林讲席教授。2006—2011 年度康涅狄格州桂冠诗人。原本
② 傅满洲原本是 20 世纪初西方"黄祸论"的拟人形象。——编者注

后，在那一年的奥斯卡颁奖典礼上，观众又欣赏了一场由另一个影子剧团带来的类似表演。[13]

近年来，人们对日本文乐木偶戏的兴趣有所回升。文乐木偶戏与爪哇岛皮影戏（Wayang Kulit）十分不同，表演文乐木偶戏的艺人身穿黑色衣服，故意不隐藏自己，观众需要"相信"木偶是在独立表演，同时也要欣赏木偶艺人的一招一式，看他们如何让木偶在舞台上变得活灵活现。观众能够清楚意识到黑衣木偶艺人和叙述者、伴奏乐师的存在，是文乐木偶戏表演中非常重要的一部分，这些人的重要性不亚于衬托烟花的黑色夜空。从某种程度上说，在许多皮影戏、提线木偶戏和布袋木偶戏表演中，即使我们看不到艺人，这种意识也非常重要。让我们搁置怀疑，并且要为艺术家的技艺鼓掌，别忘了他们一直在那里。

当代的木偶动画经常利用影子的戏剧张力，比如安东尼·卢卡斯的动画短片《加斯帕·莫雷罗神秘探险记》（2005）。在这部短片里，大地和光似乎都消失了，只剩下黑暗、枯树和飘在空中的机械建筑，唯一的颜色来自一种毁灭性病毒燃烧的火焰：所有的光在这里都是邪恶的。过去的世界似乎只留下了影子，这就像勒·柯布西耶设计的某栋建筑的遮阳板（brise-soleil）一样，当我们精心地把光亮挡住，才能发现最重要的美学意义。强光一旦照进来，就会毁掉一切，令我们头晕目眩。

加斯帕驾船飞入太空，寻找结束瘟疫的解药，与他同船的还有一名疯狂的科学家，以及他们养的一头恶兽。动画片中的人物全是二维剪影，形似骷髅。类似的人物形象也出现在本·希本（Ben Hibon）创作并导演的动画片《三兄弟的故事》里。这是《哈利·波特与死亡圣器（上）》（2010）中的一段插叙，希本用白光制造了更生动的强对比。

把以黑暗为背景的光影艺术演绎得最淋漓尽致，并使其产生巨大影响力的，当属巴洛克鼎盛时期法国国王路易十四举办的演出。1682 年，他把整个宫廷迁入凡尔赛宫，需要给来访君王（比如英格兰国王詹姆斯二世、俄国的彼得大帝）留下印象，还得让自家贵族忙于出席各种活动，没机会动任何歪心思。他教导王太子，最重要的治国之道是无论何时都要外柔内刚："多么愉快的社交活动……让王室成员能实实在在地亲近（君主），比其他任何手段都更能让他们沉溺其中。"[14] 路易十四力图激发所有人的想象力，精心安排的全新宫廷仪式和活动让贵族应接不暇。他把他们训练得醉心于追求享乐，好让他们无暇盘算任何会威胁他集权统治的事。除了一连串的消遣、戏剧、歌剧、化装舞会，路易十四还安排了大型焰火表演。凡尔赛宫内的空间当然不够那么多宾客观赏焰火，他就把舞台移到了宫外的空地上，把浩瀚夜空当舞台布景。规模小一点的戏剧和音乐会就在室内演出，但能欣赏到的观众就少了。而像焰火、灯光这类开放性强、规模史无前例的表演，不但像极光一样点亮半个夜空，令人叹为观止，而且从远处也可以看到，所以就算是农民也能欣赏和传扬国王的奢华排场。一个小孩只要爬到树上去，观赏角度就丝毫不亚于坐在列队的皇家马车里的贵族，焰火一样会在他头顶的夜空中绽放。

宏伟壮丽的焰火表演不过是一种形式，根本目的是让人们注意国王，以及让人们领略国王的伟大荣耀。例如路易十四婚礼时在塞纳河上进行的无与伦比的焰火表演，就是暗示他是太阳，是光的使者，给黑暗的世界带来了光明。凡尔赛宫的一次活动上，精致晚宴的盘子是黄金做的；表演莫里哀戏剧的演员有的就像活动的雕塑，有的像是从树里长出来的——然后，一千枚火箭烟花突然在夜空中炸开。烟花下落时，组成了"鸢尾花、燃烧着的星星和名字……国王的火枪手吹着小号击着鼓，为这盛景伴奏，让人仿佛身处一场壮烈的战争"。[15]模拟战场和枪炮声是路易十四有意为之，因为即使在和平时期，他也常幻想自己是身披华服、指挥千军万马的将军，是战斗胜利的关键，英勇无畏，荣光万丈。他想让所有人知道，世界除了他以外全是黑暗，人、大地、天空全是黑暗的，黑暗无边无涯，超乎想象，多亏了他，唯一的"太阳王"，是他照亮了世界，驱散了黑暗，让世间一切彼此联结。

渐渐地，这种巴洛克盛期风格的焰火表演被一种不太正式的风格所取代，后者不过分依赖为芭蕾舞、假面剧提供奢华布景的建筑或雕塑：烟花本身成了人们关注的中心。意大利的鲁杰里兄弟设计的轮转旋涡烟花、烟花弹和火箭烟花，在夜空中发出彩色的光，光不见，又乍现，就像两种自然现象的生动交流。

1613 年，詹姆斯一世的女儿与腓特烈五世在伦敦成婚，当时的一篇报告记录了他们婚礼上的焰火表演，以"奇技淫巧"称之。据说有许多火箭烟花在空中组合成一条巨大的火龙，从泰晤士河上飞过，火龙倒映在水面上，显得更大、更雄伟，"焰火的奇技淫巧超越了大自然的鬼斧神工……这是王子王孙高贵的娱乐，创造出这等高贵乐事的人真是智慧过人"。[16]

现代很多通过电脑程序完成的艺术，都是从过去被认为诡诞的黑暗艺术演变而来的。比如能变出火焰的魔术师，他们永远穿着深色的衣服在昏暗的舞台上表演，像他们的先辈巫师一样突然放出流动的彩色火焰，牢牢抓住我们的眼球。到了相对自由的洛可可时期，崛起的中产阶级有了越来越多的能力和机会享受到曾经只属于贵族的焰火表演和夜间娱乐活动。

伦敦的沃克斯豪尔公园（Vauxhall Gardens）是欧洲历史上第一个向公众开放的娱乐公园——当然是向买得起票的公众开放。自 17 世纪末起，它从一个只属于上流权贵、文人雅士的地方，逐渐变成了吸引新兴富人阶层的娱乐场地。最早在 1661 年，约翰·伊夫林就记录过他"去看了位于兰贝斯的新喷泉公园"，当时它是"一个漂亮的人工植物园"。[17] 他的同伴、日记作家塞缪尔·佩皮斯 ① 是这个公园热情的常客，他在日记中说，你到公园里去，"能听见夜莺和其他鸟儿的歌唱，有人拉小提琴，有人弹

---

① 塞缪尔·佩皮斯（Samuel Pepys, 1633—1703），英国托利党政治家，历任海军部首席秘书、下议院议员和皇家学会主席，但他最为后人熟知的身份是日记作家。

竖琴，有人打牌，笑声此起彼伏，散步的人也络绎不绝，真是热闹非凡"。到了晚上，妓女们也经常聚集在公园入口处，因为那里做生意非常方便。1700 年，汤姆·布朗[①]在作品中解释道：

需要做隐秘生意的女士喜欢去喷泉公园里的通幽曲径。男男女女要是在那儿迷了路，还能互相照应。公园林子里的小路错综复杂，就算是经验老到的妈妈进去寻找走丢的女儿，也时常迷路。[18]

白天的沃克斯豪尔公园是个体面的地方，很适合跟朋友在里面散步聊天，在临时展馆里看看艺术展，或者欣赏一场露天音乐会。到了晚上，公园里的气氛就不一样了。一封写于 1742 年的书信中提到，一位游人被爆炸的焰火震撼了："仿佛有人施了法术一样，顷刻间所有东西都能看见，不对，应该是所有东西同时被一千个精美的花火照亮了，而且这么多花火是同一根引线点着的。我的耳朵，我的眼睛，我的头，我的心，一下子就被俘获了。"[19] 规整的林荫大道，也被称为黑暗人行道，被一片悬铃木、欧洲椴树和榆树隔开，它们提供的幽暗角落成了约会和恶作剧的场所。四溢的花香弥漫在夜晚的空气中。这是一个浪漫、刺激的

123

———

① 汤姆·布朗（Tom Brown, 1663—1704），又名托马斯·布朗（Thomas Brown），英国讽刺作家。

地方，也不乏罪行。18世纪初，约瑟夫·艾迪生[①]在日记中记述过与刚刚丧妻的罗杰爵士（Sir Roger de Coverley）晚上到公园散步、欣赏美妙鸟鸣的情景。爵士被一个上前搭讪的女人惹怒了："一个戴着面具的女人出现在他身后，轻轻拍了一下他的肩膀，问他愿不愿意陪她喝一瓶蜂蜜酒。"艾迪生斥责"荒唐"，爵士后来也说，"如果多一些夜莺，少一些流莺"，公园的环境就会大大改善。[20]

威廉·萨克雷对这种情况的态度比较开明，他在《名利场》（1848）中所描写的，既有见得光的事，也有见不得光的事："总是坐在被照亮的隐居所里的隐士；黑暗的墙壁旁特别适合年轻恋人们约会……灯火闪烁。"[21]1760年，奥利弗·戈德史密斯[②]也写到过自己领略"无处不在的微光穿过树与树之间，荧然跃动"时的快乐。[22]

类似的还有托比亚斯·乔治·斯摩莱特《汉弗莱·克林克历险记》（*The Expedition of Humphry Clinker*，1771）[③]中的轻浮女郎莉迪亚·梅尔弗德，也对公园灯光印象深刻，因其"百态千姿，令人目眩神迷"。沃克斯豪尔公园是特别时尚、富有想象力的地

———

① 约瑟夫·艾迪生（Joseph Addison，1672—1719），英国散文家、诗人、剧作家和政治家。
② 奥利弗·戈德史密斯（Oliver Goldsmith, 1730—1774），英国诗人、剧作家、小说家。
③ 托比亚斯·乔治·斯摩莱特（Tobias George Smollett，1721—1771），英国诗人、作家，以创作"恶汉"小说闻名。他的作品影响了一批小说家，包括查尔斯·狄更斯、乔治·奥威尔等。《汉弗莱·克林克历险记》是他晚年创作的最后一部小说，在他去世后出版。

方，"巧妙地把最古雅别致和最新奇醒目的东西融合在一起……被无数形如太阳、星星和星座的灯照亮"。约翰·马伦指出，这种喜爱在该小说中与一个完全相反的观点形成了鲜明对比。[23] 在莉迪亚的叔叔看来，沃克斯豪尔公园不但灯光华而不实、混乱粗俗，而且喧喧嚷嚷、吵闹不堪：

> 沃克斯豪尔里都是些花里胡哨的玩意儿……乱七八糟的灯光乍一看挺美，让人眼花缭乱，好像这样人们就注意不到那些下流勾当……林荫道本应是安静的，可以让人独处沉思，结果却挤满了聒噪的人群，吸溜着忽冷忽热的气候引发的夜里的鼻涕；照亮这些俗艳场面的，是像廉价蜡烛一样火光飘忽的路灯。[24]

2016 年，当地议会决定移除沃克斯豪尔公园一个大门两侧的桑树。记者迈克尔·利普曼（Michael Leapman）在《每日电讯报》上引用了一首 18 世纪的民谣，让人又回忆起这个公园曾经的风貌："女人叽叽喳喳，男人醉倒在地。沃克斯豪尔的快乐无与伦比。"[25]

虽然时代变迁，但是沃克斯豪尔公园里的夜间娱乐活动一定有什么特别之处，始终吸引着大众，毕竟人们也可以去别的地方喝酒消遣。夜间盛装在户外吃吃喝喝带来的特别的快乐，会不会从人类祖先围坐在篝火旁时就"刻"在我们的基因里了？晚上出门、在黑暗中活动，可真让人激动。亨德尔[①]的《皇家焰火》在沃克斯豪尔公园彩排时，据说有一万两千人前去观赏；卡纳莱托[②]被吸引过去，画了夜晚的沃克斯豪尔公园；威廉·荷加斯[③]在那儿遇见朋友；卡萨诺瓦[④]觉得那儿是个有趣的地方。

当启蒙运动开始强调科学研究的重要性，理性思考逐渐取代盲目迷信时，黑暗就自然而然成了对此前时代的隐喻，用来笼统地指代由于愚昧无知而充满臆想恐惧的历史。也是在这段求变的时期，一些作家和艺术家却逆流而行，他们对哥特复兴产生浓厚兴趣，作品回到了崇尚暗黑的风格。某种说不清道不明的东西对他们来说非常重要。埃德蒙·伯克[⑤]说，人类经验中不能被完全理解的那部分其实非常重要，比如旷远神秘的宇宙和大自然，以及个人复杂特别的情感体验。[26]当我们因无法控制一些事物而产生恐惧时，我们开始明白有某种宏大的力量在掌控着世界，并由此——至少伯克是这样——开始理解上帝的伟大。

对浪漫派诗人来说，大自然是想象力之源。他们中有很多人努力在诗歌中营造哥特氛围，只为让自己觉得离野外和自然

---

① 乔治·弗里德里希·亨德尔（Georg Friedrich Händel，1685—1759），生于德国，巴洛克时期作曲家，著名作品有清唱剧《弥赛亚》等。
② 卡纳莱托（Canaletto，1697—1768），意大利风景画家。
③ 威廉·荷加斯（William Hogarth，1697—1764），英国著名画家、版画家、讽刺画家，欧洲连环漫画的先驱。
④ 贾科莫·吉罗拉莫·卡萨诺瓦（Giacomo Girolamo Casanova，1725—1798），极富传奇色彩的意大利冒险家、作家，18世纪扬名欧洲的"情圣"。
⑤ 埃德蒙·伯克（Edmund Burke，1729—1797），爱尔兰裔英国政治家、作家、演说家、政治理论家、哲学家，曾在英国下议院多年担任辉格党的议员，被视为现代保守主义的奠基者。

更近。塞缪尔·泰勒·柯勒律治《古舟子咏》（1798）中的水手杀死了信天翁，激怒了大自然，于是大自然把多种力量联合起来惩罚他们。诗歌用诡异的天气和不同的月相营造出恐怖感，精妙地描写了夜晚海面上光影的变幻，以此暗示某种超自然的存在："死亡之火在黑夜里跳着舞；海水像女巫的毒油，燃烧着绿色、蓝色和白色的光。"[27] 这是将死的水手产生的奇怪幻觉，不过从另一方面来说，也精准地描写了海水表面的油脂在晚上会呈现出丰富色彩的事实。在这层彩色的油脂下，"黏糊糊的大海"正在腐烂，这是典型的哥特风格画面，把大海比作正在腐烂的人的尸体。济慈《圣艾格尼丝之夜》的背景改为一个教堂旁的寒冷夜晚；柯勒律治的《克里斯塔贝尔》中，超自然现象都发生在昏暗阴郁的环境里，我们只能隐约听到一半声响，只能分辨出其中一半是什么。克里斯塔贝尔的同伴杰拉尔丁居心叵测，毁了克里斯塔贝尔纯洁无瑕的梦。柯勒律治认为梦可邪恶亦可善美的观点——或者说，至少他觉得梦是不受我们控制的——拷问了基督教在这方面的天真观点。[28] 我们做梦，究竟是因为受到了某种外部邪恶力量的影响，还是梦根本就是由我们自己生发出来的呢？柯勒律治被安德鲁·巴克斯特（Ardrew Baxter）在《探究人类灵魂的本质》（1737）中表达的观点深深吸引。巴克斯特认为，是灵魂的力量渗透到人们睡眠时的意识里产生了梦，因此排除了梦是人自我生发出来的可能。

诸如尼古拉·果戈理、萨德侯爵①、埃德加·爱伦坡、克拉拉·丽芙②、卡洛琳·兰姆女爵③等作家，作品都以暗黑荒诞、惊悚离奇闻名于世。人们总是满心好奇地打开书，然后被吓退，然后又忍不住再打开书继续看下去，就像我们听说某个恐怖奇闻之后，还想再听更多细节一样。作家都在暗暗较劲，希望自己的故事比别人的更让人害怕，更让人浮想联翩，更让人着迷于死亡和对巨大未知的恐惧。这类故事成功的关键在于环境气氛，其中不乏神秘的黑夜、阴暗的地牢、恶臭的坟冢，以及长期萦绕在脑海中的那些黑暗的想法，以复仇或怨恨的黑暗行为来发泄受挫的情感。作家不一定是有意附和这种新的哥特式审美，只是不论文艺界正变得多么理性，以作品证明黑暗与其魅力在作家的生活中始终发挥着重要作用。

哥特风作家的集中涌现，根本上源于人们内心对未知的渴望。黑夜藏着更多危险，能掩护罪犯得手后安全逃走，能让人秘密幽会、行违禁之乐，所以人们会顺理成章地认为，幽灵、小妖怪、魔鬼、女巫、狼人等所有我们能想象到的魑魅魍魉，肯定一直在灯光不多的乡下，以及被厚重雾霾所笼罩、愈发昏暗的小镇和城市里出没。

127

---

① 萨德侯爵（Marquis de Sade，1740—1814），法国贵族出身的哲学家、作家和政治人物，是一系列色情和哲学书籍的作者，以色情描写及由此引发的社会丑闻而出名。
② 克拉拉·丽芙（Clara Reeve，1729—1807），英国小说家，代表作为哥特式小说《英国老男爵》（1777）。
③ 卡洛琳·兰姆女爵（Lady Caroline Lamb，1785—1828），英国贵族，小说作家，因 1812 年与诗人拜伦传出绯闻而声名大噪。

小说家安·拉德克利夫（Ann Radcliffe）觉得有些作家纯粹只想吓唬读者，作品质量并不高，而她追求的是更有艺术性的惊悚刺激，就像她在小说《奥多芙的神秘》（1794）中呈现的那样。[29] 她小说的主题可能是超自然的，但是她总会在故事的结尾揭示真相，把看似诡异的事情解释清楚，或者至少把其中一部分解释清楚。在她看来，给读者悬着一颗心、哆哆嗦嗦的阅读体验才是最重要的，因为这样才能获得哥特风格的终极愉悦。

1816 年发生了一个真实而非虚构的事件，整个北半球的夏天仿佛消失了。因为前一年，印度尼西亚的坦博拉火山发生了有史以来最强烈的火山喷发，毁掉了当地整个地区，对世界气候也产生了巨大影响。1816 年夏天，拜伦勋爵、珀西·雪莱、玛丽·戈德温（后来成为雪莱夫人）住在日内瓦湖畔，由于天气过于阴沉，他们只能闭门不出。当时同住的还有克莱尔·克莱尔蒙特[①] 和约翰·波里道利[②]，这群人为了打发时间，就开始比赛谁能写出最好的鬼故事，《弗兰肯斯坦》由此诞生。当时天气又湿又冷，沉重的空气中弥漫着含硫化物的灰尘。戈德温决定要写"能与人本性中神秘的恐惧产生共鸣，唤醒激动人心的恐怖……吓得读者环顾周围、血液凝固、心跳加速"的故事。[30] 雪莱和拜伦讨

---

① 克莱尔·克莱尔蒙特（Claire Clairmont, 1798—1879），玛丽·雪莱继母的女儿（她的母亲再嫁给玛丽的父亲威廉·戈德温），和诗人拜伦勋爵间育有私生女奥格拉·拜伦（夭折）。

② 约翰·威廉·波里道利（John William Polidori, 1795—1821），英国作家、医生。他最成功的作品是 1819 年出版的小说《吸血鬼》，这是欧洲第一部关于吸血鬼的恐怖小说。

论科学界的新发现时，戈德温的灵感来了，她想到了一个科学家把人体不同部位拼合起来创造自己的孩子的故事。这个故事或许多少受到了戈德温的女儿刚刚夭折的影响，但也可以说是对当时新医药科学陷入的道德困境——人类前所未有地想掌控生死——的回应。她在书的序言中讲述了故事的灵感来源——不是无中生有，而是和大地一样"源自混沌"，因为"（混沌）能赋予黑暗无形的物质以形态"。对戈德温来说，未知黑暗的混沌是想象过程中重要的一部分，只有从这片混沌中才能诞生生命。

《弗兰肯斯坦》里处处都有那年没有太阳的夏天的影迹，而且黑暗似乎变成了小说的一个角色，陪着维克多创造他的怪物。戈德温引用了《失乐园》的语句，把她笔下的怪物同堕落后渴求快乐的亚当，甚至还有暴怒的魔鬼撒旦融合在了一起："我要求你了吗，我的创造者，把我从黏土塑成了人？我恳求你把我从黑暗中解救出来了吗？"[31]

在小说的后半部分，弗兰肯斯坦在冰天雪地的荒野里寻找自己创造的怪物，此时他们的身份仿佛彼此交换，怪物代表理性，而弗兰肯斯坦代表不驯的情感。怪物此时只想要一个伴侣，然后跟伴侣远离人类，共度一生。科学家弗兰肯斯坦却变得越来越暗黑，失去理智的他不断咒骂着自然："多么美丽庄严的景象……让我心中泛起奇怪的感觉……哦！星星，云朵，狂风啊！你们都在嘲笑我！如果你们真的可怜我，就击碎我的意识，抹去我的记忆，让我消失吧！否则你们就滚开，滚开！把我一个人留在黑暗

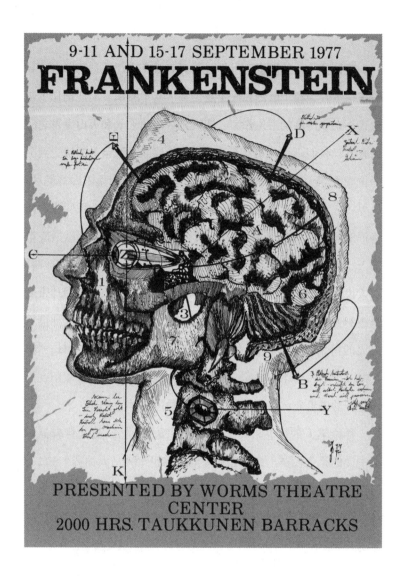

吉姆·索普（Jim Thorpe）为一部《弗兰肯斯坦》戏剧创作的宣传海报，1977，丝网印刷

中吧！" 32

坦博拉火山的爆发对世界气候有着极其广泛深远的影响，导致庄稼歉收，整个欧洲在次年夏天都下起了酸雨。上述创作了哥特式小说和诗歌的三位作家、诗人是否清楚天气和火山爆发之间的联系，我们不得而知。不过，拜伦的诗歌《黑暗》的确受到了一位意大利天文学家的影响。这位天文学家预言太阳即将燃尽，世界将在 1816 年 7 月 18 日前后毁灭，这个预言理论被叫作"博洛尼亚预言"。当时很多地方都报告了大量因该预言而歇斯底里的人，而太阳上肉眼可见的黑点似乎就是预言将要成真的证明。有人说这些黑点是不断膨胀的湖，最终会浇灭太阳上为地球带来温暖和光明、维系生命的火焰。《黑暗》这首诗描绘了这种世界毁灭的情景，让人联想起《圣经·启示录》中的世界末日："羊羔揭开了第六个印的时候，我观看，大地震就发生了。太阳变黑像粗糙的黑毛布；整个月亮变红，像血一样。"（6:12）

拜伦笔下的世界末日，是黑暗吞没了一切；而基督教福音书中说的是人们被上帝"丢在外面黑暗里"（《马太福音》8:12）。《黑暗》以梦的形式出现——尽管它反驳道，自己"并非全是梦"——在梦中，太阳熄灭了，这首诗记录下随之而来的无法避免的毁灭：

……世界一片虚空……
风在凝滞的空气中凋零，

云朵消散了；黑暗不需要

它们的助力——她便是宇宙。[33]

　　黑暗由此变成了一个邪恶、膨胀、吞噬一切的女性形象。因为夏娃受到诱惑，才导致她和亚当被逐出伊甸园，所以造成人类毁灭的黑暗也得是"女的"。这个暗无天日的世界是公平的，所有人，不论种族，不论阶层，都一样要完蛋，只不过有的人表现得更坚强，或者说是接受命运："有的人并不挣扎，他们的下巴放在紧握的双手上，微笑着。"剩下的人直到最后还恨意难平："但一座大城市中有两人幸存……他们睁开眼……看见彼此的面容——看着，尖叫着，死去了。"然而，在这场悲剧中，在这刻骨铭心的时刻，出现了喜剧性的童年小曲。它是如此明显，肯定是为了逗乐，尽管是以一种黑色幽默的方式，每个新人物或动物都被介绍给我们，跟着就不由分说地毙命，就像诗的格律本身：ti-tum ti-tum ti-tum。大地上的自然万物被撕扯开去，只剩下一块块冰凉的人体残尸，就像炮弹爆炸后散落的残骸，提醒着你这里之前曾有过生命：

　　……世界一片虚空，

　　那人口众多、强大繁盛——只剩一摊，

　　四季不再，草木不生，人迹无踪，死气沉沉的

　　一摊死亡——一摊土块的混乱。[34]

韵律在黑暗毁灭后的"混乱"处戛然而止。势不可挡的天翻地覆，恐怖更添恐怖，使我们惊骇不已，当诗的紧张程度不断攀升，我们甚至会发现自己不知何时把手攥成了拳头咬进嘴里。不过，诗的修辞手法可能并没有让我们觉得难过，想低声啜泣，而是让人忍俊不禁，甚至大笑。太荒唐了，太可笑了，这种事情怎么可能发生？

戈雅的黑色绘画中也有类似的黑色幽默（见"黑暗艺术"），比如他那些以痛苦为掩饰、实际恶搞时政的荒诞画。很难说某些作家是不是在故意用黑色幽默的腔调描写残忍和死亡。比如，夏尔·波德莱尔阴郁颓废的诗句有时会惹人发笑，就像庄严肃穆的典礼上不合时宜的笑，不得不逃离。不过对读者来说，可能只有带着欣赏黑色幽默的态度才能把波德莱尔的诗歌读进去，否则就会难以接受。波德莱尔对黑暗十分着迷，他的诗集《恶之花》（1857）内容颓废忧郁，并以之为美。在《腐尸》一诗中，一具动物的腐尸像荡妇一样双腿翘起，仿佛勾引着在它肚皮上汹涌翻滚的黑蛆。在《敌人》中，波德莱尔想象自己的生活是一场破坏性的风暴，快乐只是他短暂的喘息：

年轻时的我住在永不停歇的风暴里，
明媚的阳光照进来是极其偶然的事情。[35]

133

三名老妇围坐在一篮新生婴儿旁边，背景里的蝙蝠暗示着邪恶。弗朗西斯科·戈雅，"有很多东西可以吃"，《狂想曲》系列第 45 幅，约 1796—1798，蚀刻和铜版画

如此极端强烈的情绪连续爆发，可能会迫使我们暂时向后退一退，跟它保持一点距离。帕特里克·奥尼尔[①]认为可以把黑色幽默看作物理学中的熵，二者都是从有秩序的系统向混乱系统的运动，而黑色幽默是从规则的幽默宇宙来到了混乱中。[36]有很多理论在讨论人们这种矛盾反应：面对令人不悦甚至残忍的事物，人们会以防御的心态或反讽的态度发笑。有的理论认为，这是因为作品通过夸张的艺术手法，迫使人们心中"可笑"和"不可笑"两种反应融合在了一起。奥尼尔从萨德侯爵的《于丽埃特》（1796）中引用了一个例子——"亚平宁的食人魔"：一个爱吃烤婴儿的巨人逼迫裸体的年轻女人蹲下"当人肉餐桌"，把盛着烤婴儿的滚烫盘子放在她们的大腿上，慢慢享用。[37]将女性称为"餐桌"——一个来自家庭领域的词，此举削弱了故事的紧张气氛，使这顿饭有意为之的残酷和对提供服务的女性的折磨化作了滑稽的漫画。

有不同观点认为，黑色幽默的本意根本不是为了幽默。"黑色幽默"不过是给德国历史悠久的概念 humorloser Scherz（毫无幽默感的笑话）起了个新名字罢了，后来变成了现代英语国家的流行俚语。但是，究竟什么是真正的幽默，什么只是滑稽，其中的区别很难界定，"毫无幽默感的笑话"被描述为"没有幽默感，其特征是荒诞离奇、令人厌恶的滑稽、令人毛骨悚然的死亡、黑

———

① 帕特里克·奥尼尔（Patrick O'Neill），美国纽约皇后大学语言文学文化学院教授。

暗的怪异图像和粗俗的犬儒主义，主要通过夸张的手段达到喜剧（但并不幽默）的效果"。[38] 引述的话可能批评得有点过分，不过的确很多人都觉得真正的幽默应该是善意的——善良、温柔，让人愉快，因此对着并不善意且暴力和悲伤的事物发笑说明品味有问题。人们态度之所以复杂，或许还有一部分原因是黑色幽默常与精英和成熟世故联系在一起，这种行事方式需要严格的自控，远不是摔个狗啃泥、犯个低级错误的逗乐那么幼稚简单。

能理解一个黑色幽默可以看作成年并具有现实态度的标志。比如说，有这么一个能影响某节目或表演审美高度的小圈子，它是某个知识渊博的精英朋友圈中的内部小团体；他们引以为傲的是老练的洞察力，从别人眼里的暗黑、恐怖、伤痛中取乐，并以此获得圈内地位。这在圈外人看来十分傲慢势利，却是成员归属于这个小圈子的证明，而且圈内人都想证明自己既能主观也能客观看待事物的能力，就像古罗马双面神雅努斯。而当这类小圈子成为某个比他们更老练世故的圈子的笑料时，更深刻、更阴暗的黑色幽默就诞生了。这个过程就像俄罗斯套娃，最小的娃娃就是最初的黑暗经验，是稚嫩的核心，外面是一层比一层老练世故的圈子，每一层都试图展现一个更宏大、更老成的视角。

战场上的士兵、急诊室的医生，还有那些需要清理伤亡惨重的公路和铁路事故现场的人，他们可能都需要点儿黑色幽默，也就是他们的圈内笑话。但对圈外人，也就是俄罗斯套娃的外层来说，他们的幽默就是在冒犯别人，是没有礼貌的表现。可如果没有冒犯，这些笑话对圈内知情人来说就不够好笑了。

如果理解不了黑色幽默，就说明一个人天真单纯，或者只是无知。那些坚持不接受黑暗娱乐的人，常被认为缺乏智慧和理解力。对他们来说，某个讽刺可能太残忍；经受苦难的脸上挤出一丝冷笑，可能显得很有智慧，但绝不好笑。不过这也说明，娱乐应该在道德准则的指导下进行。当然，当人们对黑色幽默发笑，如果笑声持续太久，那"幽默"就会变成真的残忍和粗俗，就不是无害的"黑暗"了。黑色幽默的笑话必须不能脱离主旨，因为笑话虽然需要跟被取笑的事物保持一定距离，可如果伤感或恐怖元素没有了，其娱乐性也就消失了。黑色幽默是喜剧和悲剧的中间地带，但奥尼尔说它处于"深渊的边缘"，即黑色幽默与悲剧永远只有一线之隔，一步踏错，就会落入悲剧的深渊。[39]

日内瓦湖畔的那几位作家创作黑暗故事时，其实也是在回应人类古老的恐惧：对露出獠牙的大自然的恐惧。想象一下，原本风和日丽的一个夏日，转瞬间风云突变，黑云压城，空气凝滞，暴风雨即将来临；想象一下热带暴雨，大雨倾盆时，突然一声巨响炸碎静谧；想象你一抬头，看到洪水正朝你奔涌，看见海啸掀起的巨浪正向你卷下来，眼见雪崩下一秒就要把你吞没，就算我们知道这些现象都有科学的解释，但某一刻祖先留在我们骨子里的对自然力量的敬畏，一定会被激起；我们所谓的成熟世故，随着惊掉的下巴一起掉在地上，摔个稀碎，我们不由得开始祈祷奇

136

迹发生，尽管我们镇定无事的时候自诩只相信当下的现实，不信神力、奇迹那一套。在这些情况下，我们才会想起人类有多么脆弱渺小，不论有没有科学理论来解释自然现象，我们都无法控制自然世界，而且面对世界末日般的自然现象就好像正经历分娩剧痛，我们的任何反应都不再是理智的，而且你也不会再去考虑某种反应合不合适。戈德温在《弗兰肯斯坦》的序言里描写了跟雪莱和拜伦针对普遍人性的讨论，以及如何在一个魅影重重的恐怖故事中娱乐身心的问题，她将这种恐惧内化："它能与人本性中神秘的恐惧产生共鸣，唤醒激动人心的恐怖……吓得读者环顾周围、血液凝固、心跳加速。"[40]

鬼怪故事也吸引着午轻的简·奥斯汀。她的小说《诺桑觉寺》中，年轻纯真的女主角凯瑟琳·莫兰热爱并熟知哥特式小说，去巴斯度假还在读《奥多芙的神秘》。凯瑟琳非常渴望见识蒂尔尼一家的大宅子，因为这家人住在大修道院（诺桑觉寺）里，她期待着能在古老神秘的大宅里进行一番哥特式冒险。旅途中，凯瑟琳的爱慕对象，调皮的亨利·蒂尔尼故意编故事吸引她，暗示她要住的房间里很可能藏有一个"拱形小密室"，通向一个有匕首的房间，里面可能还有"几滴血"，甚至可能还藏着"一堆钻石"，然后他突然住口，不再讲下去，让凯瑟琳意犹未尽地"在一片黑暗中"胡猜乱想。难怪蒂尔尼家舒适且摩登，但有光从哥特式窗户照进来的宅子不能让凯瑟琳满意："凯瑟琳想象中的，是沉重的石头结构哥特式大宅，有彩绘玻璃窗，上面积着厚厚的灰尘和蜘蛛网。这落差让她失望透顶。"[41]

建筑废墟可能引出黑暗冒险。尽管凯瑟琳对卧室中一个古旧箱子里的东西失望了——当中没有比叠好的床单更险恶的存在，而她当成神秘卷轴的不过是一份细目清单，但她还是决心在老宅里探寻一番黑暗秘密。她怀疑亨利的父亲蒂尔尼将军谋杀了他的妻子，或者把妻子囚禁起来了。她想，若非如此，蒂尔尼夫人怎么会突然得急病去世？当年在现场的证人怎么一个个都消失了？而且怎么到处都看不到蒂尔尼夫人的肖像？最可疑的是，她发现"他（蒂尔尼将军）神情闪烁，证明他当年肯定没有善待夫人"。凯瑟琳的猜疑很快发展成建立在臆想上的笃定："以前想到这些只觉得可怖，不喜欢，现在从心底觉得厌恶。对，厌恶！"[42]

凯瑟琳决定仔细检查几个房间，因为她怀疑那些很有可能是残暴无情的蒂尔尼将军囚禁夫人的地方。她打算等到所有人都睡了就开始调查，"如果没被黑暗吓退的话"。但她自己却不小心睡着了。凯瑟琳对蒂尔尼将军的惧怕，以及她自认为必须揭露将军罪行的责任感，都不足以让她驱散困意。她的种种疑心不过让自己感觉兴奋快乐罢了，谁让她是个热爱哥特式小说、渴望经历一场刺激冒险的姑娘呢。而奥斯汀也索性把所有暗黑恐怖、哥特式隐秘罪恶都变成了刺激的娱乐元素。

尽管哥特式小说常借助自然现象来渲染恐怖气氛，但在音乐和绘画领域，一个情绪非常阴郁的作品也并不会显得夸张或病

哥特式文学栖息在黑暗的废墟中，那里被阴影笼罩的土地上萦绕着神秘和浪漫。《哈莱克城堡》，塞缪尔·帕尔默（Samuel Palmer），约 19 世纪 60 至 70 年代，水彩和水粉

态。例如透纳的《加来码头》（1803），画中有大量黑色阴影，但是天空中的乌云破开一个口，露出蓝色的天空，与画面下部翻涌的海浪呼应着，一束阳光穿过乌云的缺口照在海上，仿佛把天和海连在了一起；所有元素都很好地描绘了海上风暴的汹涌惊险。[43]《加来码头》的场景似乎十分贴合拜伦《黑暗》中所描述的末世景象，但透纳的画显得更深沉，让人产生距离感，以便更审慎地观察画面中的事件。透纳多次前往法国，大家都说他画的正是某次旅途中他亲身经历的风暴，其中一只小客船尤其危险，眼看就要撞上码头，或被浪涛吞没。泰特美术馆藏有《加来码头》的一幅草稿，图中可见被风拍打的船帆，船桅杆处在黄金分割线上，白色粉笔画出太阳，不过这位"光线大师"（透纳）还是用黑色粉笔释放出了最黑暗的阴影，白与黑这两个极端在画中同等重要。

约翰·塔文纳（John Tavener）的《雅典娜之歌》（1993），本是作曲家为纪念在交通事故中丧生的朋友所作，但是这首音乐的美是独立的，我们不需要了解背景故事就能欣赏。然而，诗人迈克尔·西蒙斯·罗伯茨①说这首歌"充满明暗对比——光明与黑暗交错，清明透彻与阴影交叠"，介绍音乐时也要提到背景事件，仿佛把这首歌当作对死亡的比喻才能让我们更好地理解音乐。[44]伊曼努尔·康德的看法则与他截然相反，康德认为我们应该把艺

——
① 迈克尔·西蒙斯·罗伯茨（Michael Symmons Roberts，1963— ），英国诗人。诗集《干货商》（*Drysalter*）获得英国最著名的诗歌大奖——前进奖。

术品作为独立的作品欣赏，应该抛开一切现实问题的干扰，哪怕现实背景是伤痛至深的死亡。[45] 因此，一幅画之所以好，是因为给画本身就好，而不是因为它记录了画家人生中的某个事件。从这方面来讲，一幅肖像仅仅画得像，并不代表它好到可以成为艺术品。可是照此说来，汉斯·厄德曼 [①] 为电影《诺斯费拉图：恐怖交响曲》谱写的配乐是否就没有那么高的审美价值？是否因为配乐必须配合电影，处于从属地位，所以只能是帮助观众理解视觉影像的工具？[46]

当"黑暗"这个词用于形容作曲家的作品，常代表的是音乐给人带来的情绪感染——咄咄逼人，恐怖，或者忧郁，伴随着爆裂的冲突和愤怒的巨响，或许还有"阴魂不散"的小调。我们之所以能理解这些词，是因为有自己的体验作为参考。而有些人，比如说当他们聆听谢尔盖·拉赫玛尼诺夫（Sergei Vasilievich Rachmaninoff）的《死之岛》（*Isle of the Dead*）时，就能不被情绪影响，完全沉浸在抽象的音乐中。不具备抽离情绪的能力，可能意味着不具备完全理解音乐的能力。但是，很多作曲家似乎的确会从自己的人生经验中汲取灵感，注入作品，人们欣赏音乐时也能发现某些作品确实与作曲家某些经历的细节高度相关。

歌德的叙事诗《魔王》（*Der Erlkönig*）是他的歌唱剧《渔娘》（1782）的一部分，是后来舒伯特创作的同名叙事曲的灵感来

---

① 汉斯·厄德曼（Hans Erdmann，1882—1942），德国作曲家，曾为多部优秀德国电影配乐。

在黑森林里，魔王偷走了一个孩子的生命。歌德《魔王》中的场景，艾伯
特·爱德华·斯特纳（Albert Edward Sterner）绘，约 1910，蚀刻版画

源——或者说，是舒伯特把这首诗改编成了音乐，所以有人可能会说这也是一个附属品。但其实词和曲相互交融，平等地组成了一首完整作品。《魔王》讲的是父亲抱着儿子骑马穿过一片黑森林，儿子说有个魔王想伤害他，他害怕极了。为了安慰孩子，父亲告诉他没什么好怕的，坚持说儿子看到的影子不过是一团雾；听到的所谓魔王的声音不过是枯叶在风中的叹息；儿子认为是魔王女儿的幽灵，只是闪着光的灰色老柳树。可是，父亲到达目的地之后，却发现儿子已经死了。整个故事场景设置在黑暗中，硬用自然现象解释恐怖的超自然事件，而且音乐抓住了诡秘森林的特点，暗示着危险步步紧逼。从某种意义上来说，只有语言或绘画才能更好地展现这个故事，音乐只能代表故事情节对我们情绪的影响，所以这首诗中对黑暗的模糊比喻就显得非常合适。而且也正由于具有抽象性和表达情绪的能力，音乐才会成为能以多种方式表现黑暗的极佳手段。

在剧院或歌剧院的演出，管弦乐团起着重要的辅助作用。乐团一般坐在舞台和观众席之间一块凹下去的地方，叫作乐池，这样就不会妨碍观众看表演。这是理查德·瓦格纳的设计。他为拜罗伊特节日剧院设计的乐池位于舞台下方，前面还有一个罩子挡住，目的是让自己的歌剧呈现出最佳音效。而乐师们就得一边在昏暗逼仄的空间里演奏，一边忍受舞台掉落的灰尘；对指挥来说，也很难同步音乐和舞台表演的节奏。

但是，第一个将管弦乐团隐藏起来的，并非瓦格纳的演出。

在 17 世纪的哥本哈根，丹麦国王克里斯蒂安四世的宫廷里，管弦乐团要在王宫正殿下方阴冷的酒窖里演奏，然后音乐通过专门设计的一系列管道传到上面的正殿。罗丝·特里曼[①] 的小说《音乐与沉寂》（*Music and Silence*，1999）中有一位年轻的鲁特琴乐手——英国人彼得·克莱尔，他跟随约翰·道兰来到丹麦，他们要在克里斯蒂安四世的酒窖"乐池"里表演。第一次演出后，国王说道兰是"用火和愤怒"创造了音乐，克莱尔则回应说，音乐"是从火和愤怒中诞生的……但也是从它们的对立面——冰冷的理智和平静中诞生的"。[47]

后浪漫主义的朋克摇滚和哥特摇滚是没有理智和平静的。尽管它们是小调式音乐，但大多吵闹又激烈，主题也时常忧郁或诡奇，歌曲内容充满痴迷、嫉妒和绝望。其众多流派之一是德国的黑暗文化（Schwarze Szene），这类音乐把高科技舞曲（techno）和民谣、早期音乐[②] 混合在了一起。在更广义的黑暗文化中，哥特摇滚及其分支流派的音乐都与反正统和个人主义有关，类似之前的浪漫主义音乐和现代的独立民谣。黑暗文化音乐引入了最初是为广播、电视、电子游戏营造气氛的电音："打破家中安宁的哥特式电视剧的骇人音效，伴随恐怖生存游戏玩家穿过废弃城市、

142

---

① 罗丝·特里曼（Rose Tremain），1943 年出生于伦敦。荷兰格罗宁根大学英语语言与文化硕士，现于英国东英吉利大学教授创意写作。2008 年凭借《回家的路》获英国橘子奖，奠定了她在世界文坛的知名度及影响力。她担任过两届布克奖评委。
② 早期音乐（early music），或称早期古典音乐，一般指 1600 年之前不同时期的欧洲古典音乐，包括中世纪音乐和文艺复兴音乐，有时亦可囊括巴洛克音乐（16 世纪后期至 18 世纪中期）。

扑面而来的白噪音，在哥特俱乐部之夜，都被混合成活灵活现的哥特故事。"[48]对哥特音乐家来说，最自然，或者最超自然的表演环境就是晚上，而且还要穿上华丽夸张的黑色衣服，仿佛变成黑暗的一部分，就能消除自己与黑夜之间的隔阂。

　　夜晚能为音乐平添一分特殊的质感。夜晚降临，我们的视觉被限制，听觉增强，黑暗让我们看待事物时蒙上一层感伤的情愫。[49]没有了日光的干扰，不论空气中飘荡的是不和谐的电音摇滚，还是乐师道兰演奏的忧伤帕凡舞曲，我们也许都能更专注地聆听。当闭上眼睛，堵住耳朵，我们就能更清晰地思考，或者更容易辨识不同的气味、不同的触感。黑暗能增强人的感官知觉，而且当视觉不再占优势，我们的知觉就会更平均地分配给各个感官。所以，听音乐可以闭上眼睛，这样反而可能会"看到"画面，比如说听着爱德华·格里格 ① 的音乐，眼前就会浮现出挪威的乡村田园；或者只是闭上眼睛，不去想东想西，把听音乐当作纯粹的抽象艺术体验。实际上，听音乐时，抽象和具象这两种欣赏状态经常交替转换，但不管哪种体验都要借助弱光和黑暗才能达成。

143　　2016 年末至 2017 年初，整个伦敦的广告牌和地铁站的墙上贴满了莱昂纳德·科恩（Leonard Cohen）最后一张专辑《黑暗情

---

① 爱德华·格里格（Edvard Grieg，1843—1907），挪威作曲家，浪漫主义音乐时期的重要作曲家之一，作品大多取材于风俗生活、北欧民间传说、文学著作或自然景物，具有鲜明的民族风格。

慅》（*You Want It Darker*, 2016）的海报。海报上一位老人身穿黑色西装，头戴优雅的特里比式软毡帽；他身体微微斜向行人，拿着香烟的右手漫不经心地搭在白色窗框外。科恩的嗓音低沉而粗糙，82岁高龄的他在专辑中低声吟唱，反抗着——或者听上去像是在反抗——耶稣、上帝，以及"生死皆有意义"的谎言。他的话语，他专辑同名曲中熟练精妙的韵律，都透着忧郁的诙谐感，或许是歌词中基督教和犹太教的对撞产生了某种幽默笑话，笑料又恰好是他自己的生命。而他于2016年11月去世，强化了专辑的这种感觉。这张专辑歌曲的和声是由犹太会堂唱诗班演唱的，领唱者是著名的吉迪恩·泽勒迈尔（Cantor Gideon Zelermyer）——他的声音又美又肃穆。然后你会听到科恩——既用英语，也用希伯来语——唱着"我的主"，唱着他已经准备好了——也许是去死，但他并不打算相信救赎。[50] 黑暗能呈现抽象之美，能成为宗教信仰的一部分，但是黑暗也非常擅长表达深邃如渊的绝望。

《死荫的山谷》，摄于克里米亚。罗杰·芬顿（Roger Fenton），1855，盐印照片（标题取自《诗篇》23）

05

摄影、电和
移动影像

到了地铁站，他在明亮的灯光下眨了眨眼，

看了一下手表，决定还是沉浸在黑暗中好，

便继续向前走去。

——《夜与日》，弗吉尼亚·伍尔夫，1919

摄影，通过光线曝光使负像在全黑的底片上显现出来。根据定义，照片指的是用光写成，或用光子组成的图像，但形成照片不可或缺的媒介，是黑暗；再加上重要化学物质在极短时间内的感光作用，最终呈现出影像效果。在天空将暗未暗、将明未明的时刻拍照，可以捕捉到黄昏和晨曦的灵魂，得到有独特氛围的照片："有些特别有趣的光线，持续时间非常短。在那短暂的几分钟里，太阳已经落山，黑夜尚未完全笼罩大地；人类世界已经华灯初上，而大自然的光线仍在流连忘返。"[1]

有的地方光线极其微弱，或者完全找不到光。打算在这些地方拍摄黑暗的人，必须想办法制造必要的光线，同时成片不能改变黑暗的深度和低光度。毕竟必须有光我们才能看到黑暗。在矿井和很深的洞穴里拍照需要考虑的问题更多，因为里面有易燃易爆的气体。过去的电池又大又不耐久，所以使用早期的电弧光灯来照明就等于烧钱。历史上第一位成功拍摄地下影像的人是费利克斯·纳达尔（Félix Nadar），他在描述自己 19 世纪 60 年代初期进行的探险时，展示了"最深、最神秘的洞穴"。由此，人们才领略到早期摄影的神奇之处。

照片不需要人的再加工就能直接模仿自然，因此曾经被看作对现实更真实、更准确、更可靠的描绘。今天的我们对各种摄影技巧和美图把戏早已司空见惯，但是仍然把照片当作重要的记录真相的载体，而这一点是很多传统艺术形式无法做到的。

过去相当长的一段时间里，人们很难得到一幅高度形似的肖像画，因为优秀的肖像画家只为权贵阶层服务。如今随着手机摄像头的普及，曾经那段连一张准确的写实影像都得不到的岁月是什么样子，人们已经无法想象。那时只有有钱人才能拥有记录过往生活的画像，大多数人完全没有过世亲人和自己童年的任何纪录，所以他们看到"摄影术"时一定感到既诡异又神奇，仿佛亲眼见到灵质、鬼魂和仙女。19 世纪 20 年代拍摄的第一批照片不但曝光时间很长，而且照片上的显影涂料非常容易氧化，变成黑乎乎的一团，但是照片里那个时代的真实景象仍然令人惊叹。所以，只要能找到一张老照片，就算它已经褪色，我们也能研究那个时刻留下的时代证据，就像是在发掘遗失的真相。

虽然一张照片拍什么、怎么拍，都是由摄影师决定的；虽然在 19 世纪，被摄者必须坐定不动，耐心等待漫长的曝光过程结束，但是被摄者和照片之间只隔着一个快门的距离。这与传统绘画显然差别甚大。因此，波德莱尔认为摄影永远不可能成为一种艺术形式——若照片不过是现实的完全镜像，那艺术家在其中又起了什么作用？他把摄影师路易·达盖尔 ① 戏称为"新弥赛亚"，

① 路易·达盖尔（Louis Daguerre，1787—1851），法国发明家、艺术家和化学家。发明达盖尔银版法，又称达盖尔摄影法。1839 年 8 月 19 日，法国科学与艺术学院购买了其摄影法专利，并公诸于世，宣告摄影术的诞生。

把达盖尔的拥戴者叫作"太阳崇拜者",可以说波德莱尔是在抨击这种光影绘制的图画过于精确。[2] 他还把摄影比作小资产阶级家中古板、迂腐、色彩压抑的装潢,嘲笑照片是"衣冠楚楚的有钱人装进沉甸甸的相册里的玩意儿,然后他们把相册搁在杂乱起居室里的暗沉餐具柜上吃灰"。[3]

平价的银版摄影法在第一次世界大战期间普及开来,因为男人上战场之前要拍一张正式的肖像,或者拍好照片后寄回家里,以作留念。此后,任何人都可以拥有真实影像纪念的想法开始在大众心中扎根。另外,报纸上刊登的照片也把前线战场的惨状真实呈现给读者,引起了人们的关注。其中许多照片是由身处战地的人拍摄的,曝光不够,成像质量通常很差。一些照片中,战士蜷缩在混乱的战壕里;一张拍糊的照片中有一个帐篷,里面一群护士正围跪在一碗水旁边洗头发,画面很黑,能让人辨认出她们的只有她们的牙齿和眼白;还有扭曲的尸体躺在无人地带的照片,一般是晚上拍摄的,因为那时架起相机才比较安全。这些沉重的战场画面模糊不清,反而更能震撼人心。

D. H. 劳伦斯也被摄影技术的即时性惊得瞠目,并从更高的层面指出摄影和照片的意义:"古代,哪怕在埃及,人们也看不清存在的'真实'。他们在黑暗中摸索前行,跌跌撞撞,不知道自己身在何处,也不知道自己究竟是谁(或是什么)。他们仿佛与其他动物一同被关在不见五指的黑暗房间里,只有通过其他动物的参照才能知觉自己的存在。"[4][1]可是如果没有最初的模糊照片，也没有后来可以像洗牌一样快速翻动、制造出画面动起来的错觉的系列照，那么移动影像艺术也永远不会诞生。

摄影师会在头顶遮一块黑布，以便控制曝光、凸显影像，然后按下快门。那块黑布就像魔术师的斗篷，先让你看一眼相机，再把相机罩住，突然一道光闪了一下，"嘭"，魔术表演完毕。画家沃尔特·克兰[2]虽然也对摄影产生了浓厚兴趣，但不免为自己的绘画艺术担忧起来：

> 不管是谁……只要他/她把头探进神奇的遮布下面，看一眼照相机里面非凡的迷你影像，这个人一定会不由得想：那现在的绘画将何去何从？[5]

如果说摄影技术是对传统上艺术家之眼的挑战，那么越来越亮的人造光源又意味着什么呢？工业革命似乎把影子和黑暗都驱逐到了村野乡下，离大部分人越来越远。众所周知，电力灯光发展史就是一幅现代化进程的地图，也是人类从愚昧无知走向知识和科学的霓虹轨迹。我们越了解自然世界，就越容易相信人类能

---

① D. H. 劳伦斯原话后面还有两句："We, however, have learned to see ourselves for what we are, as the sun sees us. The Kodak bears witness."（然而，我们已经学会了看清自己的本来面目，就像太阳看我们一样。柯达就是见证。）

② 沃尔特·克兰（Walter Crane, 1845—1915），英国艺术家、插画家。他被认为是当时最有影响力，且作品最丰富的儿童书籍插画师。

够征服自然，自然灾害和上帝的"神迹"面对科学的进步也会自动退缩。然而，第一次世界大战，以及后来的犹太人大屠杀、原子弹爆炸，动摇了人们的乐观自信，让人发现某种东西好像在这越来越亮的世界里被遗忘了，或者迷失了。这个崭新的明亮世界，从某种意义上说与过去的世界几乎一样黑暗；而且这新世界的光辉中也许有某种东西，把"黑暗的角落"曾经为人所欣赏的特质——包括实际的和比喻的——全部扔进了我们看不见的黑影里，并且埋得更深了。

灯光照明——尤其是电灯，毕竟比油灯和煤气灯实用得多——为何象征人类的进步是显而易见的，而与此同时，电力出现以前的"黑暗"也越来越多地用于代表进步的反面。如果现代照明技术让人们生活得更方便，更安全，某种程度上说也更快乐，也让人能创造出更多价值，那么一旦没有这项技术，就会带来许多不便。可问题是，我们究竟能接受多大亮度——且不可撤销——的人造光？电力的确有诸多优势和便利，但是当我们急匆匆地拥抱明亮新世界，也有很多东西被忽略、被丢弃了。

在西方，工业革命似乎引发了一场黑暗的二次进化。随着城镇变得越来越亮，人们晚上越来越不愿意待在家里（以前晚上待在家里是出于安全考虑）。很多人相信，明亮的街道灯光能引领他们走向更好的生活："（电灯光）比任何事物都更能赋予城市繁荣发达的气息……显得繁荣是真正走向繁荣的第一步。"[6]

然而，对于这种乐观态度的质疑声18世纪时就已经出现了。

早在电灯发明之前很久，有人担心过分重视光明会导致我们忽略黑暗的价值。当时新的科学家纷纷成了光的追随者，仿佛他们就是知识和真理，正在揭开深藏于自然世界中的黑暗秘密。如果"启蒙"（Enlightenment）这个词体现了对光（light）的信仰——字面意思就是把光带到我们的生命中——那么它看上去也是理性和个人主义生发、壮大的唯一或至少是最佳背景。因此，与之相对，选择留在黑暗中就代表愚昧无知和僵化守旧。尽管启蒙运动要对宗教教义和迷信思想提出质疑，但是仍然有很多人不可避免地受到自己过往信仰的干扰。这类"信仰残余"有些来自对夜晚和黑暗的恐惧，所以到了 19 世纪，经过工业革命洗礼的城市在街道上亮起电灯的时候，"鬼怪只能在记忆中作祟了……但是以往对黑夜的畏怯和可怕的想象不会那么快就消失——不会像人们接受理性新思想那么快"。[7]

　　但是有人开始感受到了黑暗中的乐趣的消失，而且很多人开始对电力照明的猛烈攻势发出悔恨的悲叹。约翰·济慈的《夜莺颂》（1819）就是给渐失的田园生活吟唱的挽歌，其中多次提及的乡间黑暗是对诗人所在的明亮新世界的对抗。过往是"地下的深窖"，是"幽暗的树林"，是"芬芳的黑暗"，他想象自己聆听着黑暗的声音，用动听的喉音诵出"Darkling I listen"（我在黑暗中倾听）。他怀念以前的晚上总有很多夜莺一起歌唱，现在他哀悼这种安宁黑暗的逝去：

……夜色无比温柔

月亮女王已在宝座之上，

星辰仙子簇拥在她的身旁；

但此处仍然昏昏暗暗，

微微天光被轻风拾起

钻过草间暗影绰绰，拂过径上青苔幽幽。[8]

但回顾电力应用的历程我们会发现，人们普遍认为只要生活 151
变得越来越光明——不论是在家里、在办公室，还是在街上、在
娱乐场所——一切就都会越变越好：让这种现代新能源大放异彩
吧，管他好坏！于是，黑暗就成了必须被打败的敌人，而它的大
部分优点也在这尖锐对立中被人们忽视了。小酒吧里舒适又温馨
的黑暗角落，只有小窗户、给人安全感和私密感的小屋，或者奢
华的、深色锦缎装饰的卧室等，它们的美好统统被人抛诸脑后，
变成了明日黄花。

尽管如此，在新兴的大都市里，在远离光明大道的窄街小
巷，隐蔽的犯罪角落和秘密的地下酒吧依然在暗中十分活跃。街 152
灯也很少惠及贫民区，所以就算是今天，就算在繁华都市，你也
一定能找到格格不入的黑暗飞地。于是，新世界的伟大编年史家
徘徊在这些现代化恍若停滞的地方，寻找着灵感：

（波德莱尔）深爱巴黎，犹如巴尔扎克对巴黎的爱……当灯

"纽约的灯光。高耸的光柱蔑视着黑暗,万家灯火是人类战胜自然的象征",出自系列摄影作品《人造光》,马修·卢奇什(Matthew Luckiesh),1920

光的倒影把地上的雨水洼染成血水洼，月亮像年久发黄的骷髅头，沿着层叠的破败房顶诡笑着划过的时候，波德莱尔就在巴黎最罪恶神秘的巷子里穿梭游走……他偶尔在小酒馆被烟熏黑的窗户前停下脚步，听着醉汉鬼嚎一样的歌声和妓女尖厉的笑声从里面传出来。[9]

电力被营销成了解决一切生活问题的万灵丹，不过它所解决的首要问题，是人们对安全、清洁、更加高效的照明工具的渴求。西方工业革命期间，电灯不但慢慢驱散了笼罩城市的烟霾污染，而且改善了原本光线极暗的工厂和办公室的环境，让需要在其中长时间劳作的人工作起来轻松许多。波德莱尔用电力来比喻人们强大的创造力："全世界热爱生活的人都加入了这个群体，他们就像一个巨大的电能储备库。"[10] 欧内斯特·弗里伯格（Ernest Freeberg）在书中描述了电力所引发的乐观思潮：

人们渴望更多光亮并非是受到了狡猾营销的诱导，而是因为自人类诞生以来，黑暗一直是人们通向幸福之路上碍眼的绊脚石……许多作家发现他们的时代在与黑暗的斗争中取得了前无古人的胜利，于是非常乐于讲述历史向电力照明进步上升的故事……追溯照明工具的演变……很多人认为这也是在叙述人类文明的发展历程。这类故事都把白炽灯奉为人类征服古老的黑暗——不管是精神层面的，还是实际的黑暗——的终极神器。[11]

153

从另一方面来说，曾经工厂的穷人们在光线条件不好或天黑之后就得被迫停止工作，而电灯在工厂的应用则延长了冬季的工作时长，而且夜班的薪水也更高。不过，劳动力密集的地方也是雇佣方市场，连童工也不得不没日没夜地工作，难得一见白天的阳光。其实在电灯出现以前，煤气街灯就被人从伦理道德层面指摘过，比如1819年《科隆新闻报》就曾刊文：

从神学方面来说，街灯有违上帝的安排，因为上帝命令夜晚只属于黑暗，只允许月亮的光芒定时出现其中……从哲学和伦理学角度来说，街灯导致了道德败坏。人造光驱散了人们心中对黑暗的畏惧，然而对黑暗的畏惧能让羸弱的人免受许多罪恶的侵害。[12]

在巴黎，光线强烈的弧光灯被安装在地铁站和工厂里，甚至还侵入了一些剧院和百货商店，人们觉得这些灯很不可靠，而且它们的光线过于强烈，"十分吓人，刺得眼睛生疼"。[13]罗伯特·路易斯·史蒂文森很怀念以前煤气街灯的温馨感，他对电灯怒骂道："整夜闪着可怕的光，让人看了极其厌恶，简直就是噩梦！这种邪恶的光只应该照着谋杀案和公共犯罪现场，或者是精神病院的走廊，让恐怖去震慑恐怖。"[14]

但是也有另外一些人，他们觉得空中的电线非常漂亮，也非常期待电灯把英国和美国的城市天际线填满。1890年，有一位

"人造光不仅展示了装饰与建筑之美，更以无限的力量感让人类为之着迷"，出自系列摄影作品《人造光》，马修·卢奇什，1920。照片上是巴拿马万国博览会的弧光灯

作家用极富诗意的语言表达了对这种新技术的赞美：

电线形成的卷云常年盘亘在街道和房屋上方……一些有品味的人反对在空中架设电线，认为它们毁掉了城市的美丽……（遥想未来）电话线像蛛丝那般纤细，从固定在我们房屋上方的基座或大教堂圆顶上卷出成百上千的小线圈，延伸到远处……所经之处都被装点。[15]

新兴的中产阶级摆脱了曾经命运一般的体力劳动，有了空闲去遥想生活中几乎几经消失的元素。这可能是他们父亲、母亲或祖父母的记忆，结束了一天的辛苦劳作后，与亲朋好友围坐在篝火的余烬旁，而这种温馨的情形后来已经很难再有了。因为当外面的世界被电灯照得越来越亮，只有回到家里才能找回传统意义上的安全感和亲近感。一个商人白天专注于赚取商业利益，积累更多财富，好让家人过得更好，但到了晚上，他或许还是喜欢用厚重的天鹅绒窗帘把世界挡在外面，享受温柔的灯火光带给他的舒适和平静。

19 世纪末，一位记者思考了为什么半明半暗的环境——只有火光微弱的油灯或煤气灯照明——那么有魅力：

一个房间，傍晚时分沉浸在橙黄的灯光里，比白天充满耀眼的阳光时更能温暖人的心底，不是吗？可能因为灯光是不完美的，可温柔，可激烈，力所能及的范围也有限，所以比阳光更能让我们的本性产生共鸣……太阳高高在上……不过很快我们就能看到它再一次收起炽热的火焰和光辉，沉沉离去。[16]

在 20 世纪 30 年代的柏林，如果从有电灯的明亮大道走到旁边黑漆漆的小路上，"你会感觉回到了几个世纪以前"，好像在流浪汉晚上栖身的地方你就会穿越回过去。[17]所以说，是否有电力照明是现代化与否的指标。工业化带来的剧变像极了变幻莫测的时尚潮流，富豪们刚开始投资煤气灯没多久，电力照明便迅速登上了城市舞台，不过后者安装起来要贵得多，而且能量强劲，仿佛要把黑暗彻底消灭。

电（electricity）不是个新概念，electricity 源自希腊语 elektron（琥珀），意为"由太阳生成的"。[18]古希腊人发现这种树脂化石能释放电荷，就像是从太阳发出来的一样，因此认为电是一种超自然光。位于埃及丹德拉古城遗址的哈托尔①神庙历史上可能曾发出过电光。

今天，不管是在公共建筑当中，还是在家里，我们对光的喜爱都达到了顶峰。从大教堂到宫殿，从石堡到砖墙，层层积淀的历史微尘被粗暴地擦除涤净，仿佛这样我们就也变得更干净、更美好了。墙壁都是白色或浅色的，厨房和卫生间都像手术室似的一尘不染，金属和玻璃器皿闪闪发光。原本被隔开的许多房间变

———

① 哈托尔（Hathor），古埃及神话中的女神，是爱神、美神、富裕之神、舞蹈之神和音乐之神。

插图 1　"彼得·施莱米尔与影子的相遇"，出自系列木刻版画《彼得·施莱米尔的奇幻故事》，恩斯特·路德维希·凯尔希纳，1915

插图 2 "夜晚学习，世界只属于你一个人"，《烛光下的天文学家》，格里特·德奥（Gerrit Dou），17 世纪 50 年代后期，油画

插图 3 "售卖影子"，出自系列木刻版画《彼得·施莱米尔的奇幻故事》，恩斯特·路德维希·凯尔希纳，1915

插图 4（上）

《在偶像前的丹尼尔和塞鲁斯》，伦勃朗，1633，板面油画

插图 5（下）

《自画像》，伦勃朗，1628，板面油画

插图 6　《吞食其子的萨图努斯》，弗朗西斯科·戈雅，1820—1823，壁画

转布面油画

插图 7 　纹理对比：天鹅绒、皮草和丝质薄纱。《萨拉·西登斯夫人像》（画中人系画家同时代的女性悲剧演员），托马斯·庚斯博罗（Thomas Gainsborough），1785，布面油画

插图 8　贸易卡，画上的满月被云遮住了一部分，船在海上航行。1880—1900，设色木刻版画

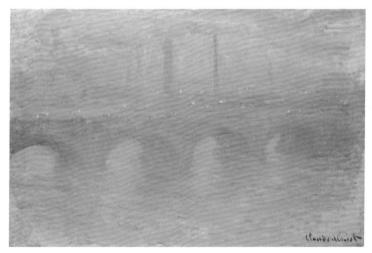

插图 9（上）　《德文郡山谷的晨曦》，牛津的威廉·透纳，1832，水彩

插图 10（下）　克劳德·莫奈创作了许多表现雾中和光线渐逝时分的泰晤士河的画作，
　　　　　　　本作中使用了淡蓝、丁香紫、粉红等明亮色调。《日暮下的滑铁卢桥》，
　　　　　　　克劳德·莫奈，1904，布面油画

成了一整个开放式空间，窗户、天窗、顶灯越多越好，反光的金属管道暴露在外，随处可见。曾经人们珍视的家庭私密性被开放性所取代。

这个潮流源自 18 世纪到 19 世纪末人们的一种观点，即认为光线充足和空气流通有益于身体健康——19 世纪 80 年代欧洲、美国和日本的工艺美术运动中昙花一现的"黑暗中世纪"风格则与该潮流背道而驰。到了现代，连监狱也开始逐渐采用能让囚犯享受阳光的设计，甚至在条件允许时，会大量安装电灯照明。

问题是，在寻求光明这条路上，我们会不会走得太远了？我们是否需要根据不同的使用场景给光的亮度设置不同标准，以保留一定程度的黑暗？潮流具有起落轮回的规律，我们现在就走到了折返黑暗的路口，看看能不能比只是短暂地喜爱深色家装走得更久，想来也是挺有趣的。

每一种照亮黑暗的方式都有其独特的质感，而每当某种照明方式退出潮流，人们反而会怀旧起来，比如蜡烛一向很受欢迎，因为烛光能够营造亲密浪漫的氛围。尽管我们可能一辈子都生活在电的世界里，但是火焰才是以前唯一的照明工具，而且它的跃动那么迷人，让人不禁揣想那些未知的过去。夏洛蒂·勃朗特在《简·爱》中让罗切斯特先生双目失明，过着"黑暗、恐怖、绝望的生活……黑夜和白天混为一体"，但每天晚上他都让人点着蜡烛，因为虽然他只能看到"非常朦胧的光——像一团团发着微光的云"，却能从中感到慰藉。[19]

蜡烛于是成了精致优雅的代名词。1899 年，索尔斯坦·凡勃伦曾讽刺说，蜡烛变成了"上流阶层眼中的好东西，远不似油灯、煤气灯、电灯那般俗气烦人"。[20]他还说，只不过三十年前，蜡烛跟高端奢华划上等号还是完全不可能的事，但这就像一些款式过时的裙子突然摇身一变成了广受追捧的复古时尚，潮流总会过段时间就卷土重来。

脆弱的烛火似乎也比开关控制的灯光更适合用于宗教仪式。蜡烛的熄灭和点燃之间，黑暗和光明数次交替，十分令人动容。我们总是很容易被本就脆弱的事物牵动心绪，比如生命的无常，而飘忽变幻的烛火仿佛预示着我们命中注定终有一死。许多能让我们心有所感的情景都是通过光明和黑暗的交替来完成的，不同的光会激起我们心中不同的涟漪。比如灯光突然熄灭、有人端出一个插着蜡烛的蛋糕时，我们会吃惊得倒吸一口气，蜡烛吹灭之后又不由得叹一口气；比如我们划亮一支火柴，习惯性地顿一下再点香烟，看着慢慢燃起的烟草微光闪烁；再比如壮丽的焰火表演，一簇烟花落下后，紧接着是片刻静谧的黑暗，然后才是更多烟花冲天，点亮夜空。莎士比亚说："熄灭吧，熄灭吧，短命的烛光！"（《麦克白》第五幕第五场，23）这段情节深深刻在我们的记忆里，令所有人心有戚戚蔫。

晚上，跳动的篝火——哪怕只是缓慢燃烧的小火苗——也让远处的夜显得深远浓厚，难以穿透。而凡尔赛宫和沃克斯豪尔在

159

《碗中烟花》，盐川文麟（1801—1877），绢本水墨金粉，带装裱

大白天进行的焰火表演则观赏者寥寥。

火光，似乎比电发出的光更自然、更质朴。但是，既然太阳是最根本的光源，那么电发出的光，比如闪电，也应该被看作自然光，因为它未经人为干预。因此，人工制造并点燃的蜡烛火光就不是自然光了，反正不是森林大火或火山喷发那种自然光。甚至可以说，烛光其实并不比发达世界溢满夜空的电灯光自然到哪儿去。

艺术史家诺姆·M. 埃尔考特（Noam M. Elcott）把"何为自然光何为人造光"的问题调了个头，反过来思考"何为自然的黑暗，何为人造的黑暗"。后者是可控的，比如摄影师的暗房、游乐场的鬼屋，都是人为制造的黑暗环境。但是，更容易控制的难道不是光吗？夜空可以被照亮一部分，可远处还有更多的黑暗。人造黑暗之所以可行，是因为它是自然黑暗的一部分。黑暗不论是不是人造的——即便我们能创造一些黑暗环境——实际上都不在我们能掌控的范围内。[21] 黑暗随时可以再次渗透并占领整个世界，根本不需要我们插手。现在有许多工厂在扩大机器人的使用范围，试图把生产过程中的人工降到最低，这样一来，工厂里也不再需要多少照明或暖气了。这种高效的新型工厂被人们叫作"黑暗工厂"，它们的出现将使更多人从单调的重复性劳动中解放出来。不过，这个新概念引发了一些人的担忧，他们害怕"黑暗工厂"里会进化出比人类厉害得多的全新机械超级物种，因为它们不需要光，但我们需要。

160

今天我们决定使用什么样的光，取决于我们想要多少黑暗，或者说我们想多大程度上意识到黑暗的存在。我们可以在房子里装上自动灯光系统，进门时就不用再抬手开灯，出门时灯光随即亮起——这让我们觉得更安全。现如今，城市和小镇没有灯光、一片黑暗的情况几乎绝迹。但是当我们身处世界上的欠发达地区，当我们在深海潜水、在洞穴探险，或者只是晚上经历停电，我们就会被提醒：黑暗永远无处不在。

使用灯光照明的能力往往与特权和地位有关联。更明亮、更高效的煤油灯，以及后来煤气灯的出现，让浪漫主义时期的作家能够在晚上更轻松地创作，尽管他们描写的主题大多来自黑暗深处，那些新型灯具照不到的地方。

尽管煤气灯在西方使用得越来越普遍，但其照明能力并不那么出色。从古至今，人们的生活中始终有黑暗相伴，只是有了电力之后，晚上街灯又太亮了，让人不舒服，也让路上穿过厚厚的雾霾下班回家的人疲态尽显——城市里的空气被工业化染成了肮脏的暗黄色。而在电灯照不到的地方，黑影比以前任何时候都更危险：抢劫犯潜伏其中，伺机而动；诡魅的影子也可能现形。

电力不但可以给街道和家带去光明，它可能也有重新点燃生命本身的能力。意大利生理学家路易吉·伽伐尼 [①] 曾做实验研究

[①]　路易吉·伽伐尼（Luigi Galvani，1737—1798），意大利医生、物理学家与哲学家，现代产科学先驱，是第一批涉足生物电研究领域的人之一。1780 年，他发现死青蛙的腿部肌肉接触电火花时会颤动，从而发现神经元和肌肉会产生电。

静电和身体中电的来源，比如他把青蛙拦腰斩断，然后用电刺激死青蛙的腿部，发现青蛙腿会在刺激下抽搐。电力甚至可以消除死亡的黑暗。玛丽·戈德温哥特式小说中的怪物，就是18世纪末到19世纪初一股电磁学热潮下的文学产物。当时有很多人当众演示电磁实验，其中最著名的，当属伽伐尼的外甥乔瓦尼·阿尔迪尼（Giovanni Aldini）。1803年，一个名叫乔治·福斯特（George Foster）的罪犯被处以绞刑，阿尔迪尼用这具新死的完整尸体表演了电击实验。导电棒碰到尸体时，"尸体的下巴……开始颤动，临近的肌肉恐怖地扭曲起来，一只眼睛也突然睁开了"。抛开耸人听闻的噱头，《新门监狱纪事》（*The Newgate Calendar*）①严肃描述了实验目的：

这项实验的目的是展示人的躯体在被施加一定量生物电时的应激反应。实验结果尤其可以用于对溺水者或窒息者的抢救，通过电流刺激肺部使肺恢复呼吸，从而重燃生命之火。该研究对于中风患者，或大脑功能异常的人，可能也大有裨益。[22]

生命力，在《新门监狱纪事》中被描述为电火花，是黑暗中燃烧的火焰。当时观看实验的观众惊骇不已，甚至其中一位外科医生行会的执事——帕斯先生，实验后不久就去世了，人们说他

————
① 新门监狱（Newgate Prison）位于英国伦敦，是关押死刑犯的场所。乔治·福斯特受刑前被囚禁在此，阿尔迪尼的电击实验表演也在此进行。

是被吓死的。然而，曾被视为挑战死神的电力，却从19世纪90年代开始成为美国执行死刑的普遍手段。

福斯特死刑的完整记述中写道，站在绞刑架上的犯人一直戴着黑色头套，直到"一命归阴"才摘掉。[23] 让尸体"活过来"是科学家的兴趣点，而我想补充的是，用黑布遮住眼睛是古老的"被遗忘"的象征。头套或许也能给临刑犯人提供一个小小的私密空间，让他/她在喧哗的围观人群中独处几分钟，在黑暗中回顾自己的一生。

有人认为，迈克尔·法拉第在英国皇家学会进行的实验表演，动摇了"上帝创造万物"的信仰。跟疯狂的弗兰肯斯坦相仿，现实生活中的法拉第似乎在亵渎神灵，胆敢把自己当成创造生命的上帝，用邪恶神秘的电让纸片活了过来——至少看起来如此。

人们也用电击设计了很多娱乐活动。18世纪50年代，法国牧师让-安托万·诺莱 ① 曾用电击让180名王室卫兵同时为国王路易十五跳跃，后来又让200位加尔都西会 ② 修士进行了同样的表演，"为了能吸引君主，表演是经过精心设计的"。其灵感来自莱比锡诗人、物理学家格奥尔格·马提亚斯·博泽 ③。诺莱非

① 让-安托万·诺莱（Jean-Antoine Nollet，1700—1770），法国神父和物理学家，做过很多电的实验，并发现了渗透现象。
② 天主教加尔都西会（Carthusian Order）主张禁欲苦行，1804年由圣布鲁诺在法国格勒诺布尔创立。
③ 格奥尔格·马提亚斯·博泽（Georg Matthias Bose，1710—1761），静电学发展早期德国著名的电实验科学家。

常赞许博泽在人身体上做的电实验，他充满崇拜地描写道："头发……开始发光……指尖发出的火光杀死了苍蝇；……他在黑暗中滴下来的血就像一滴滴火焰。"[24]博泽最著名的实验叫作"宣福礼"（The Beatification），一个人戴着金属头盔，身穿金属盔甲，坐在电椅上，通电后身体发出电光环。在一封写给皇家学会 W 先生的信中，博泽叙述了实验中类似超自然的现象，不仅提及宗教，还谈到宇宙：

> 我们知道，在黑暗中，不是所有，但有很多金属块会发出像彗星尾那样的光芒；显而易见，有强大电流通过时，实验对象佩戴的头盔就会发射出一圈电光，看上去就像圣徒头顶的圣光。[25]

伊日·普罗哈兹卡[①]提出的"神经力"（vis nervosa）概念 [与牛顿的"引力"（vis attractiva) 相对]，描述了一种潜在的力，"通过这种力，神经系统才能发挥作用"。[26]19 世纪末——远早于 20 世纪 30 年代电休克疗法（ECT）应用于精神病治疗——有门路的人就已经可以购买自己的电击机器来缓解神经失调，比如女性歇斯底里症，人们也用该机器治疗女性不孕症和男性阳痿。

当今的医疗影视剧中经常能看到机器被推到重症病人床前的情节：连通电源，护士、医生后退一步，然后用电极板电击病人

---

① 伊日·普罗哈兹卡（Jiří Prochaská，1749—1820），生于捷克，逝于奥地利维也纳，著名解剖学家、教育家、物理学家、生理学家、眼科医生和作家。

心脏部位。可是在过去，如果我们对电不那么了解的话，以下画面对我们来说是不可思议的：刚被执行绞刑的犯人尸体被推进房间，一经电击，他的心脏突然又跳动起来，一只眼睛睁开，而且一只手臂或一条腿也抬了起来，仿佛活过来一样。此后兴起的众多科学展览和表演，都源于人们对电的痴迷，并借助对天然、原始的电的驯服来完成。

煤气灯曾一度是舞台的宠儿。直到 1882 年，第一个完全采用电灯照明的全新剧院——萨沃伊剧院在伦敦建成。而在萨沃伊剧院对公众开放之前，警告和质疑就已经铺天盖地，尤其是《柳叶刀》杂志强烈反对用电灯泡为歌舞表演助兴的计划。《格拉斯哥先驱报》表示赞同：

毫无疑问，倒霉的芭蕾舞姑娘们在台上会冒着极大的生命危险。假如包裹电线的丝布滑落或破损，美丽的演员就会瞬间丧命，什么都救不了她们。有人建议，"电力产业"应该由内政部下令取缔，而非宫务大臣办公室。[27]

萨沃伊剧院第一部全部由电灯照明的演出，是吉尔伯特与沙利文[①]的新歌剧《艾俄兰斯》(*Iolanthe*)。剧中的仙子女王和她的

[①] 幽默剧作家威廉·S.吉尔伯特（William S. Gilbert，1836—1911）与英国作曲家阿瑟·沙利文（Arthur Sullivan，1842—1900）都生活在英国维多利亚时代。二人在从 1871 年至 1896 年长达二十五年的合作中，共同创作了 14 部轻歌剧，其中最著名的为《皮纳福号军舰》(*H. M. S. Pinafore*)、《班战斯的海盗》(*The Pirates of Penzance*)等。

三个随从头上戴着藏有点亮的大灯泡的头饰，手上拿着沉甸甸的电池给灯泡供电。首演当晚，为了消除大众的担忧，萨沃伊剧院的主人理查德·多伊利·卡特站在舞台中央，故意在众目睽睽之下打碎了一个灯泡，以此来证明这种新技术并不会给"美丽的演员"带来生命危险。《艾俄兰斯》同时也在纽约演出，此后，电灯照明迅速成为人们趋之若鹜的时尚潮流。1883 年，富豪爱丽丝·范德比尔特夫人（Alice Vanderbilt）出席了纽约第五大道的一个化装舞会，她穿着沃斯①的高级定制黄色绸缎礼服，礼服上缀的玻璃珠子代表闪电，她还用一只手高高举着一个点亮的电灯泡，像极了自由女神。[28]

与之形成鲜明对比的是，夜总会总是把灯光降到最暗，或者至少把灯光调得十分柔和，以求营造亲近暧昧的氛围。卡巴莱②夜总会或舞台的确需要灯光照亮，但是幽暗的角落也必须有，这样才能让人感到充满诱惑的气氛，感到夜晚的神秘。当我们用日光灯、视频监控和不停运的公共交通，让城市在黑夜中也能一览无余且方便活动的时候，所付出的代价正是毁掉了我们深爱的夜晚的神秘。一旦黑暗失去了对黑夜的统治，夜晚就会变成第二个

---

① 查尔斯·弗里德里克·沃斯（Charles Frederick Worth, 1825—1895），出生于英国乡下，被誉为"高级定制之父"，是世界上第一个创立时装品牌的设计师，率先将个人品牌标志缝在定制服装上，同时也是第一个启用真人模特举办时装发布会的人，开创了时尚界的新时代。
② 卡巴莱（cabaret）是一种具有喜剧、歌曲、舞蹈及话剧等元素的娱乐表演，盛行于欧洲。表演场地主要为设有舞台的餐厅或夜总会，观众围绕着餐台进食并观看表演。此类表演场地本身也可称为卡巴莱。卡巴莱起源于 19 世纪 80 年代的法国，其后又有同类表演在德国柏林进行。著名卡巴莱夜总会包括创始于 1889 年的巴黎红磨坊等。

白天，变得像机场候机大厅一样喧嚣而空洞。

晚上工作的人可能会说，这种变化挺好的。对于那些打扫我们的办公室、开出租车，或是凌晨为我们烤好早餐面包的人来说，黑夜不但带来不便，有时还会带来危险，但他们或许也很享受夜深人静时独自拥有整条空旷街道的感觉。午夜广播的主播对着话筒柔声低语，向失眠的人诉说着白天不曾提及的心事。尽管我们的城市不断扩张，尽管电力照明前所未有地攻城略地，黑暗仍然能使我们内心最深处的思绪彼此联结起来。

过去曾有人抱怨，虽然电力照明比煤气灯更亮、更安全，却也让灯光照不到的隐秘之处愈发阴暗，使适应了明亮街灯的人更难在铁路桥下、暗巷深处、偏僻小道上辨别方向、顺利前行。今天让街道更安全的公共照明也有类似的影响。晚上在没有灯的乡间公路上开车，你的车灯会变成诡异的移动探照灯，让你看到发光的动物眼睛一闪而过。2017 年，电影院和电视上播放的沃克斯豪尔 Viva 汽车广告保证说，该款汽车全新配备的奢华、顶尖照明系统能把黑夜变成白天，甚至宣称由此还能保护动物免遭车撞，因为它们看到黑暗中光芒四射的 Viva 汽车就会吓跑。

其实新型电力的应用得益于人们对危险黑暗的自然的征服欲。伟大的电力发展引领者托马斯·爱迪生曾表示，自己目睹日食之后下定决心，要开发一种更实用的电灯泡，并且让这种灯泡像夜空中反射太阳光芒的月亮那样照亮整个世界。可是先锋前卫如爱迪生，也一心想逃离自己亲手缔造的明亮的现代新世界。他去野营，去寻找简单的田园乡野生活，只是他的野营帐篷是仆人为他搭的，而且奢侈物件一样也没少带，其中就有旅行用爱迪生电灯。

弗里伯格教授在书中指出了电力推动美国的"文化权威从乡村'心脏地带'向城市中心"转移的重要作用，"而且电力让城市的夜生活充满诱惑……电灯光束所及之处，便是在以乡村为主的旧美国和以城市为中心的新美国之间划出了一道明暗分界"。[29]纽约斯塔滕岛曾上演过一出露天剧，剧中演员和舞者表演了黑暗和新光源之间的战斗，结果光明大胜。有人说，电力照明在百老汇剧院的使用代表着"知识和无知之间的角力，而这种角力在整个人类文明进程中从未休止"。[30]当然，类似的夸大言辞经常出现在戏剧活动中，不过相信电灯是我们走向未来的指路明灯的乐观态度，多少可以反映人们对电力的普遍看法。光明成了进步的同义词，仿佛它拥有强大的威力和手段，可以征服狂野黑暗的大自然。

于是，那些没有生活在现代电灯光下的人愈发被视作未开化的洞穴人，被贬损为活在落后黑暗中的怪物。在资本主义蓬勃发展的时期，用不上电的人往往是暑雨祁寒、生事微渺的穷苦人。尤其是住在乡下的人，买不起发电机，甚至直到20世纪仍然被输电网排除在外。我记得我有两位住在牛津郡的叔祖母，一直用石蜡炉照明取暖，她们四十几年前在苏联时就在用的那种。后来终于通了电，家里变得更安全，也更暖和。电灯泡非但不会因为被烟熏黑而光线昏暗，反而即使电压低也能把光洒在每个杂乱房间的角落，让她们家的寒酸一览无余。

你有多不能控制黑暗，就会被你所处的时代认为有多落伍。这种偏见还带入了种族歧视，美国黑人比他们的白人邻居更用不起电灯，于是每当他们点油灯被人瞧见，就坐实了他们低劣、野蛮的"种族特性"。阿尔伯克基①的一家报纸曾嘲笑一位"有色绅士"竟试图吹灭一个电灯泡，把他比作扑火丧命的飞虫，还说他这类人"像蛾子一样糊涂愚昧"。[31]人们相信电灯没有"照亮"的地区仍然充斥着原始迷信，更显得电灯无上强大，灯光又多是白色的，因此黑暗——实体的或抽象的——就同生活艰难的弱势群体联系在了一起，把有色人种、穷人和古怪孤僻的人都笼罩在阴影下。

1881 年，巴黎的国际电力博览会把电推向了潮流浪尖，之后随着大量资金的注入，电力照明进入了大多数人的家中，其普及进一步使黑暗沦为碍眼的麻烦，应该被彻底清除。但也有人觉得电灯光太亮太粗暴，威胁了巴黎街道的"隐秘性"，而且有钱人家里的刺眼灯光明晃晃地照着餐桌、客厅和卧室，让人不舒服。你要么点灯，要么摸黑，没有了蜡烛、煤油灯和煤气灯的善解人意，光明和黑暗的对立愈发凸显："它（电灯光）与黑暗截然分开，中间毫无过渡。"[32]而且在只有低效照明工具的过去，

---

① 阿尔伯克基（Albuquerque），美国新墨西哥州人口最多的城市。

人们不得不适应在弱光环境中活动，这对今天的我们来说是不可能完成的任务。如此看来，现代照明削弱了我们的适应能力，让我们原本灵敏的感官退化了。

类似的例子如"一战"和"二战"中的大停电，失去照明的黑暗街道不但为偷窃和抢劫提供了良机［有一个老词，"绝妙的黑暗"（a good darkly），专门形容适合偷盗的黑夜］，同时也很好地掩护了野合。黑灯瞎火的晚上，你也许只能看清前方两米不到的距离，所以绝对发现不了火车桥下身体牢牢锁在一起的男女，就算发现也很难认出他们的脸。很多由于偷情而降世的私生子，或者远征他乡的丈夫与新妇所生的孩子，被叫作"黑暗中的意外"，也就是说，当灯火熄灭，这种道德疏漏是很难避免的。在同性恋尚被英国法律禁止的时代，对昆汀·克里斯普来说，大停电给了他与男人幽会的绝佳机会，而在明亮的灯光下这样做就太冒险了："在火车外面，爱情在大停电里奏响了序曲——虽不甚雅致，可至少十分浪漫。"[33]

交战两国的城市和乡镇不得不采取停电措施，以免遭对方空袭，人们还要用黑色的百叶窗、硬纸板和油漆来挡住任何可能漏出窗外的光线。这些手段在地面上看来似乎有效，然而从空中俯瞰时仍然能看到住宅透出的光。尽管停电带来不便，但是我们也可以试着享受街灯长时间熄灭时黑暗带来的不确定性，而且并不只是为了男欢女爱：

大停电时，尤其在伸手不见五指的晚上，你每一次穿城而过都是在进行一场伟大的探险——白天你所熟知的地标，此刻全部遁形，除非你拿着明亮的火把。你永远不知道前路有什么。[34]

"二战"期间，路上所有不完全熄灭的灯都必须罩上遮光布，导致在街道受伤和死亡的人数激增。于是，为了夜晚出行安全，政府鼓励人们多吃胡萝卜来增强夜视能力，同时要穿浅色外套和围裙，衣服上要有能反光的领子和纽扣，还要佩戴反光的袖章和胸针等。就连宣传画上晚上散步的狗也穿着反光的衣服。据说随身带一份报纸或一块白手帕，关键时刻能救命，警察的装扮也像鬼似的，他们的斗篷和束腰大衣上加了夜光涂料，昏暗的光线下看上去就像巨大而笨重的蛾子。埃塞克斯郡的一位农场主害怕自己的牛群晚上冲到公路上被车撞死，就在每一头牛身上刷了一道白漆，好让它们能被开夜车的司机看到。[35]

炸弹爆炸也是十分显眼的。一位防空队员曾描述过伦敦东区经历的一场全面夜袭："只见一团巨大的火焰从港口冲向天空，紧接着是震耳欲聋的轰鸣。一个油罐爆炸了。滚滚硝烟又一次弥漫所有空气，枪声四起，又戛然而止。乍然的寂静一时间扼住了整个世界……"[36]

英吉利海峡中的萨克岛靠近诺曼底海岸，这座小岛是现代社会中罕见的不使用公共照明的例子之一。因此，萨克岛美丽的星空享誉世界，岛上居民从不惧怕黑暗，孩子们也无所畏地骑着自行车冲进漆黑的深夜。[37] 不过也应该提到的是，岛上居民不多，而且犯罪率极低。

电灯进入乡村地区后，人们认为当地的生活一定会比之前便利许多，发生在夜晚的危险事件也会大大减少。不过塞内加尔的一项研究打破了这种幻想，该研究的结果指出，尽管用上了新型电力照明的家庭报告说他们不那么害怕黑暗，也敢让孩子们天黑以后出门了，但是没有任何证据表明动物袭击或偷窃抢劫犯罪减少了。[38] 而安全度的提升实际上是经济快速发展、社会更加繁荣的附带效应，所以对于"光明带来安全"这一传统"智慧"，我们至少应该先打上问号。

在电影艺术中，黑暗的观影环境最初被认为是极其重要的构成之一。随着电影院灯光熄灭，人们安静下来，银幕下降，幕布——如果有的话——慢慢拉开，电影即将开始。埃尔考特在书中让我们了解到，最早的摄影并不像戏剧和歌剧艺术那样依赖黑暗的房间，电影院也没有严格要求观众席必须灯光昏暗。只不过剧场已经暗下来几十年了，黑暗中的电影院也才能更好地显现电影的魔力。

178

此外，坐在昏暗的观众席也能让我们想起在黑暗中聚集在一起的重要性。晚上一个人去电影院不是难事，也不用背负深夜独自出门的道德非议和难堪，至少对一个男人来说尤其如此。一个人与其他观众坐在一起，同时隔着足够的隐私距离。

于是，电影院发展出了约会场所。观众席最后排的亲密双人座需要黑暗，这样恋人们才能单独待在一起，同时保持礼节，因为毕竟仍然身处公共场所。电影院的广告总说自己是光线最暗的地方，言外之意不言而喻。20 世纪头十年，德国曼海姆的一家电影院就曾在广告里直言："来吧！我们是城里最暗的电影院。"[39]

塔季扬娜·韦乔尔卡（Tatiana Verchorka）写于 1916 年的一首诗表达了一种浪漫的渴望，而这种渴望在黑暗电影院里就能得到满足：

仿佛被电影院施了魔法，我的记忆恍若梦境：
我坐在黑暗的奢华包厢里，犹如女王。
他的大衣尚未脱下，他就等在那里，
紧紧握着一支皱巴巴的玫瑰，
黑暗中我感到他的双唇
温柔抚吻着我芬芳的头发，
纠缠摩挲的大衣皮毛那么丝滑，
那么小心翼翼，那么蠢蠢急切；
我的微笑，我欲孽的凝视，那么罪恶，那么恣意。
光影从银幕上熄灭，
小提琴弦震颤吟鸣。
然而清晨漱洗，顺水流走了——
粉红色的、温馨的朦胧。[40]

电影院里不亮灯，也给小偷小摸提供了绝佳机会。于是，高端电影俱乐部现在又把双人座装了回去，伦敦波多贝罗路上的"电影院"（Electric Cinema）①里还安装了一排红色的天鹅绒双人床。

现如今已经很难再找到一家能让我们享受黑暗的现代电影院。你总能看到红色的紧急出口灯光，有人发短信时手机屏幕的亮光，而且放映室没有任何遮光物，以便提高投在屏幕上的画面的亮度。更糟糕的是，观众席周围的地上还装着灯，好让人很容易就能找到自己的座位。我们也更容易看到其他观众，于是他们的外表和行为总让我们被干扰，尤其每当有人进出放映厅时，外面的强光必然会"冲"进来，毁掉我们看电影的专注。

我们越来越不习惯在光线很暗的房间里看电视或看电脑屏幕，但是我们肯定能想象早期电影院里的观众对黑暗氛围有多着迷。电视刚出现的时候，人们为了专心收看喜欢的节目，比如庄重严肃的新闻播报，通常会拉上窗帘，然后安静地坐在黑暗里。没有其他光的干扰，小孩子能够好好欣赏《小骡马芬》（*Muffin the Mule*），就像看到一种神奇的动物那样全神贯注。而这种观看经历由黑暗赋予了特别的仪式感，因此显得特别重要。甚至连早期的电脑屏幕——不如今天的轻便，分辨率也很差——也得放在比屏幕更暗的环境里才能看，比如美国国家航空航天局就有一个专门的地下观看室，其中的黑暗仿佛能把人的思绪带到全新的、

①　英国现存最古老的电影院之一，于 1910 年开始放映黑白电影，1993 年成为英国第一个黑暗电影院。

无边无际的网络世界中去，感觉就像身处中世纪的大教堂，也像置身于陌生的丛林深处，被庄严肃穆又充满未知的黑暗紧紧包裹着。

随着我们周围的环境从暗变亮，我们的专注力也受到了影响。人们在家经常一边开着电视，一边有一搭没一搭地聊天、看手机、吃饭、看书，甚至做作业，所以若说人们在现代布满灯光的电影院里不再觉得束缚拘谨，我一点都不感到意外。我们的确更放松了，然而我们也失去了过去充满仪式感的观影过程中的奇妙体验。

不认真看演出的习惯也被带到了剧院里，而且现场演员也根本不能指望有一个完全黑暗的环境让观众专心不二。出于安全考虑，有规定要求剧院必须为来晚的观众提供足够的光亮找座位，以免受伤。可是这样做就毁掉了观众剧院体验中极其重要的一环：我们沉浸在黑暗中，把个人琐事烦恼暂且抛在一边，全心融入艺术并化为其中的一部分。

在默片时代，拍摄夜晚场景十分困难，所以电影通常都是在白天拍摄，然后将胶片涂上蓝色来制造晚上的效果。有一种效应叫作浦肯野转移 [Purkinje shift，以捷克解剖学家扬·埃万热利斯塔·浦肯野（Jan Evangelista Purkyně）的名字命名]，即人眼在弱光环境中对光谱中的蓝光更敏感。在弗朗索瓦·特吕弗①的"戏中

①　弗朗索瓦·特吕弗（François Roland Truffaut，1932—1984），法国著名导演，法国新浪潮代表人物之一，"作者电影"的提倡者和佼佼者，在国际影坛享有盛誉。

戏"电影《日以作夜》(*La Nuit américaine*, 1973)中,白天拍摄夜戏是一种比喻,用于表现演员之间的欺骗和误会。"日以作夜"也是这种拍摄技巧的法语名称,同时暗示这样的"晚上"不是真正的黑夜,而且它只属于新世界,不存在于过去。与之形成对比的是《荒野猎人》[亚历桑德罗·冈萨雷斯·伊纳里多(Alejandro González Iñárritu)导演,2015],这部电影是在每天的日落时分拍摄的——黑暗正袭来,白日的余光还泛着银辉,主角在电影中说这是"上帝开口说话"的时刻,就好像神迹都是在半明半暗的暮光时分完成的一样。其实这句话暗示的是男主既需要在险恶的森林中求生,也必须逃离自己内心的荒野。

同样,斯堪的纳维亚电影也常通过夜晚或傍晚的昏暗场景来烘托气氛,甚至喜剧电影也是如此。比如《夏夜的微笑》(1955)中,当角色爱意流转,情欲泛滥,正是明如白昼的夜为这时刻增添了一种独特的浪漫感。

特伦斯·杨(Terence Young)的心理惊悚电影《盲女惊魂记》(1967)中,奥黛丽·赫本扮演的盲女为了躲避杀人犯,把公寓里的所有电灯泡都取了下来。在她熟悉的公寓里,黑暗是对她的保护;影片的恐惧感来自那个闯入者,他代表着光明中可能潜藏的邪恶和危险。他的侧影出现在门口——她知道他就在那里,她只是看不见,而我们能看见——随后当他发现冰箱里的灯还亮着,也就借机发现了盲女。盲女意识到家里还有亮着的灯,顿时惊恐不已。对我们观众来说,黑暗和光明的强烈对比总是令人害怕的，因为总让人想起小时候故事里的妖怪、女巫和藏着的魔鬼。就算我们根本不相信它们的存在，但就是会莫名地害怕战栗。尽管能看见的时候，我们的理性自我总能保持一定的批判距离来看待事物，并且多少能掌控所看到的世界，然而一旦迷失在黑暗中，所谓的精神世界就会将我们笼罩起来，挥之不去，我们仿佛遁入了一切理性规则全部失效的梦境。我们希望电影中的盲女能安全脱身，希望黑暗能保护她，但镜头中如深海般压迫而来的黑暗反而让我们更加兴奋，还让恶徒隐现在微光中的身影牢牢抓着我们的兴趣。黑暗使我们注意力高度集中，而且创造出了极富戏剧张力和审美趣味的氛围，尤其是在女主角美丽的脸庞被短暂照亮、空洞的眼睛盯着前方的时刻。

2016 年，伦敦的一家小银幕电影院上映了一部讲述失明经历的电影。就在观众站在走廊上等候入场时，突然下起了大雨，倾盆而下的雨水砸在隔音不足的房顶上，爆发出震耳的巨大噪音。里面的人听着雨水从铁瓦楞房顶的边缘哗哗流下，涌入小排水管，还从窗户喷溅进来。室内的空气似乎都被雨水打湿了，散发出潮霉味。电影院内异乎寻常地昏暗，还没有引领员，观众只得一边摸索移步，一边艰难地辨认每行座位上隐隐发光的号码。虽然电影观者寥寥，遇到这种情况有抱怨也情有可原，但是实际上大雨的噪音几乎掩盖住了其他所有声音，包括观众的抱怨声，因此观影过程反而莫名令人有些激动。我们并没有不把雨声当回事。

这部电影是《失明笔记》（Notes on Blindness），讲述的是神学家约翰·赫尔逐渐失去视力的故事，他描述了自己心情的变化，将绝望的与日俱增娓娓道来。[41] 而我们好不容易找到自己的座位、在雨声中等待电影开始这一小段经历，其实也映射了赫尔失明后听到雨水有节奏地落在不同物体上发出不同声音时的快乐，照应着电影快结束时的一段场景。后来真相大白，电影开场前的"大雨"其实是专门安排的音效，目的是把观众带入赫尔的世界。失明像"黑暗的大氅"无情地将他卷了进去，他感觉"就像坐在小脚轮运煤车里，一点一点滚进矿井深底"，但他仍然挣扎着想留住一丝外面世界的印记，也正是通过倾听雨声，外面世界的轮廓才再次回到他的脑海："不同的声音像毯子一样铺开，填满外面整个环境。屋子里面如果也能下一样的大雨该多好啊……我就不用与世隔绝了；（我会）看到一个世界，接受世界的致意。为什么这种感觉这么美妙？因为认知很美。知道本就是一件美丽的事情。"当我们作为雨声的倾听者坐在黑暗中——就如纪录片中的赫尔那样——就会发现，这般失去光明能给我们带来深刻的启示。那一刻，我前所未有地理解了一位盲人是如何应对看不见的世界的，理解了这种新的人生体验自有其趣味和美妙之处。

183

水泥墙中的两个幽黑水管，像两只空洞的眼睛。埃米拉·梅德科娃（Emila
Medková），《石头中的眼睛》，1965

06

黑暗与睡眠的心理学

夜不能寐，我望着黑暗，

听着寂静，描画着未来，

挑拣着过往

被我忽视的碎片，被我拒绝的事情……

现在它们一一浮现在我眼前，

那么重大，那么显要。

——《肯辛顿旧事》，缪丽尔·斯帕克，1988

大多数人会在睡眠中度过整个夜晚，而我们一生当中有三分之一的时间也是在睡眠中度过的，并且睡觉时，我们既不喜欢光亮，也不喜欢完全的黑暗。不过，睡觉对我们大有裨益，半梦半醒时我们会觉得既安全又舒适——至少不失眠的人是这样——然后我们可能会回顾喧闹的白天刚发生的事情，思考我们错过了什么，或有意避开了什么。不论我们在漆黑一片之中是空睁着眼，还是被电脑或电子阅读器的光晕包裹着，黑暗似乎有将我们与世界分隔开来的力量，甚至让我们觉得自己依偎在它的怀抱里。因此，床成为近代早期家庭中最昂贵的家具，便丝毫不令人意外了，也无怪乎莎士比亚在 1616 年的遗嘱中只给妻子安妮·海瑟薇留下了一张床，尽管床只是他"第二好的"东西。[1]

入睡的过程或许可以看作一个进入温柔而友好的黑暗的过程，不过熟睡或等待睡着的时候，我们根本无法阻挡天马行空的思绪如潮水般涌入脑海。还没睡着的我们或许会思考未来，想象自己飞黄腾达，并计划着如何应对接踵而来的机遇。然而，此时懊悔、痛苦和失败感等负面情绪也可能窜入我们的脑海，盘踞不散——不论你是经历着可怕霸凌的孩子，还是越长大越焦虑的成人——被挫败的志向、破碎的友情和恋爱无能的羞愤仿佛一下子全涌了出来，肆意嘲笑着我们，狰狞地撕碎我们在光天化日之时扮上的、自鸣得意的伪装。于是，自然而然地，对黑暗的恐惧趁机占领了我们，因为平日里我们所拒绝的那些思绪此时此刻攻势猛烈，脆弱的我们根本阻挡不了。随着我们的成长，我们能做到尽善尽美的时间和机会也越来越少，所以当我们望向黑夜深处，或者盯着闹钟的指针一点一点抹掉余下的长夜，睡觉就成了令人神往却遥不可及的奢望。

也有一些时候，我们会在后半夜猛然惊醒，等到渐渐从逼真的噩梦中缓过神来，我们就躺回床上，渴望睡得更沉一点，好让恐惧感彻底退散。但是有时事与愿违，噩梦会再次把我们拖入恐怖的深渊。如果我们惊醒时周围一片漆黑，那么噩梦所制造的恐惧感会更加强烈，让人感到压迫，于是我们会打开床头灯以求慰藉，却发现原本恍惚的恐惧仿佛钻入了内心深处，甚至显得愈发真实起来。梦，寄生在我们身上，有时显得狂野虚幻，但我们知道它们是基于我们的希望和恐惧生发而来，尽管扭曲失真，可终究属于我们自己；而深夜从睡梦中突然醒来，往往能使梦境（比如与菲斯利[①]笔下形象无二的恶魔）转变成现实中的威胁——思绪疲惫、放空，觉得我们活在世上是如此多余。

偶尔在午夜惊醒让我们深感恐怖和焦虑，但我们仍然坚信自己需要且能够拥有一个平和沉静的夜晚。对很多人来说，不能在

———

① 约翰·亨利希·菲斯利（Johann Heinrich Füssli，1741—1825），德国 – 瑞士裔英国画家、制图员及艺术家。

完全的黑暗环境中睡觉是件非常令人讨厌的事，即便戴上眼罩也不行，因为仅仅是意识到光亮的存在就足以让人毫无睡意。西格蒙德·弗洛伊德认为，睡眠是人自恋退行至母体子宫的行为，我们的梦也的确总是跟过去有关，就算是"预知"未来的梦也是根据以前的经历生发出来的。[2] 如果这确如弗洛伊德所说是退行性行为，那么我们头脑中的大部分思绪——不论睡着还是醒着时——都可以划归到这一类。虽然我们时有噩梦，但是我们依然相信睡觉可以帮我们暂时逃离日常琐事，是我们补充精神能量的机会，也可以让我们体验一番真实生活中由于受限于财富、处境、勇气而无法拥有的经历。

弗洛伊德认为，通过分析梦境能够揭示我们深层的潜意识，让我们意识到自己被压抑的记忆和情感。对于约瑟夫·康拉德的小说《黑暗之心》，有一种解读是，马洛在丛林中的冒险是他发现自己潜意识的隐喻，同时也是康拉德回归自我潜意识的过程。当试图把梦的碎片串联成连贯的故事时，我们实际上也是在心灵深处最黑暗的边缘游历。弗洛伊德也将女性比作"黑暗大陆"，借鉴自探险家亨利·莫顿·斯坦利 ① 对非洲的称谓。[3]

有的时候，梦也会误导我们。在乔治·奥威尔的反乌托邦小说《1984》中，主人公温斯顿·史密斯七年前曾做过这样一个

---

① 亨利·莫顿·斯坦利（Henry Morton Stanley，1841—1904），英裔美国记者、探险家。他曾远赴中非，寻找英国传教士戴维·利文斯通。著有旅行记《穿越黑暗大陆》（Through the Dark Continent）。

梦，梦中他"正经过一个伸手不见五指的房间。一个人坐在旁边，对走过的温斯顿说道：'我们将会在没有黑暗的地方相见'。"睡梦中的这个想法让他觉得踏实、安慰，然而现实中说这句话的人是奥勃良，审讯温斯顿的警察头子。温斯顿所遭受的刑罚之一，就是"失去黑暗"：牢房的灯不论白天黑夜始终亮着。[4]

在托马斯·哈代的《远离尘嚣》（1874）中，范妮挺着沉重的孕肚，精疲力竭地走在去往救济院的路上，周围漆黑一片。当她失足跌倒，一条"潜伏在黑暗中"的野狗跑过来开始舔她的脸，她感到"那么柔软，那么温暖"。哈代用简洁的语言写出了黑暗的两面性，它既能安抚范妮，也能给范妮以勇气，仿佛这条狗就是黑夜的化身，而这个被抛弃的女人从中汲取了某种强大的力量："夜晚有其鬼祟和残忍的一面，但它也是忧伤、肃穆、仁慈的，这个方面以'狗'的形式具象化了。黑暗为人类中弱小和寻常者赋予了诗意的力量。"[5]

黑夜，以及沉睡时的昏暗状态，都可以消弭阶级和文化之间的差异。我们偶尔会想象自己成了一直想成为的人。侍从桑丘·潘沙陪着做白日梦的主人——自认为是骑士的堂吉诃德——游历天下，他需要睡觉来补充精力，以便再次出发：

睡着了，我就没有了恐惧，没有了希望，不再有麻烦，亦不再有荣耀。上帝啊，请保佑创造了睡眠的人！睡眠是遮盖所有人思绪的篷布，是填喂所有饥饿的食物，是能解一切渴的水，是能温暖心中寒意的火；它是能买到一切的万能金币，它能让牧羊人和国王平起平坐，也能让傻瓜与智者不分伯仲。[6]

桑丘·潘沙从睡眠中获得慰藉。平静而安宁的睡眠是他所期待的，但这样的好睡眠何时会有，对他来说是难以捉摸的。我们还是孩子的时候，基本上不会思考自己的睡眠规律，而睡眠一旦成为人人关心的讨论话题，焦虑就来了，人们开始关注梦的内容和质量，也开始关注睡眠时长。

那么，我们对深睡眠和梦的认识是什么，它们又是如何影响我们的思想和心理的呢？我们祝彼此"晚安""做个好梦""睡个好觉"，就好像我们都清楚这些词句究竟指的是什么；早上我们也经常礼貌地问一句："昨晚睡得好吗？"虽然有时候我们非常希望已经去世的人能在梦中"复活"，而且知道醒来后会有深深的失落，但是几乎不会有人真的希望做恐怖又痛苦的噩梦，除非是受虐狂。不过话说回来，有很多人确实喜欢在睡前读血腥暴力的犯罪小说和恐怖故事。

我们都想拥有充足睡眠，睡眠被迫中断时我们也会抱怨连连。全科医生总是能听到病人觉得自己睡眠不足，就像他们说自己患有抑郁症和黏膜炎一样。病人也大多倾向于把抑郁和疲劳症状怪罪到睡眠问题上，但睡眠实验室的测试结果却表明，病人所谓的睡眠不足"并不总能得到验证"，而"主要的睡眠结构紊乱"，例如频繁夜醒、盗汗、不宁腿综合征（RLS），以及全身抽搐等，却在"病人抱怨时很少提及"。[7]由此看来，在睡着的那几个小时当中，不论我们自以为的感受多么强烈，事实上我们对身休的真实状态都是毫无察觉的。即便如此，只要我们觉得睡眠出了问题，就还是很容易把这种不满和黑暗关联起来。

梦醒之后，我们喜欢回顾梦境，思考其中的奥义，但很少有人会思考一个根本问题：我们为什么会做梦。部分原因是虽然我们都会做梦，但是我们已经对此习以为常，觉得这是自然而然的事情，而且梦谈论起来也没那么容易。梦中的一切好像都有特别的意义——醒来之后它们就会从记忆里偷偷溜走——只是当我们试着把它们串联起来时，它们就会变成乏味琐碎、毫无意义的碎片。记录梦的日记通常只对做梦者和高薪咨询师有用处，它就像一个善良的好朋友，不会因为我们絮絮叨叨地倾诉昨晚的迷人梦境而感到吃不消。至于做梦的人，则很容易为梦中的想象感到惊喜，觉得自己好像发现了新本领——有希望成为芭蕾舞演员或花腔女高音那种——然而这样的梦不过是印证了我们心底一直然的那个秘密：我们的天赋被埋没了。

对于梦，我们都不陌生，但我们熟悉的无疑只是自己的梦。睡眠可以看作一个必要、平静而黑暗的"间歇期"，为了我们的健康，我们必须像吃药那样"服用"睡眠，然后才能考试时表现优异，才能有精力照顾好三胞胎，才能强大地直面气势汹汹的议会委员会——事实上，有了充足的睡眠，我们才能勇敢地迎接每一天的辛苦工作——但是睡眠本身没什么有趣的地方，就像对于一些对食物不感兴趣的人来说，吃饭是个麻烦事儿，但是为了活下去又不得不吃。话虽如此，睡觉其实也是一件好事，至少睡着之后的我们是最纯真的——静静地，像个孩子，不会说错话，也不会做坏事。

由于黑暗使人行动不便，而且夜晚变成了用于睡眠的时段，于是黑暗与"无为"逐渐被关联起来。袭击一个熟睡的人被认为是懦弱无能的行为，就好像行凶者入侵了应该为我们所共有的庇护所。熟睡时的人是没有意识的，因此按照法律，能证实自己杀人时是在梦游的嫌疑人就会被判无罪。深夜恐怖故事里，类似的桥段特别多：一个人在睡梦中"变"成另一个人，无意识地犯下罪行。梦游杀人的行为会在第一个非快速眼动（non-REM）睡眠阶段出现，而在快速眼动期（REM），人的身体肌肉处在相对放松"麻痹"的状态。睡着时的我们非常脆弱，极易受到攻击伤害，而假如梦游时变得暴力，也不能怪罪我们。夜晚适合伏击，所以战争时期弱势一方会借助黑夜的掩护潜入敌方防线。

在忙碌而充实的生活中，我们很少会思考自己的睡眠时长。疲惫不堪的父母只希望正出牙的孩子睡个整觉，好让他们能恢复精力面对第二天的辛劳，而如果母亲还在母乳喂养，她还得忍受"睡觉"被打断成"碎觉"的痛苦。失眠症患者晚上经常觉得"睡眠在耍我"。[8] 睡觉是我们的权利，睡眠被剥夺便是一种折磨；如果我们轻易就能睡个长觉，"权利"和"折磨"之间看上去就毫不相干，甚至连思考其中的联系都是浪费时间，但是如果睡觉成了难题，我们就会发现睡眠的可贵，并且觉得自己会因为失眠而折寿。总的来说，人们之所以觉得睡眠宝贵，并不是因为它本身有什么特别之处，而是因为它能为醒来的我们提供很多好处，而且越是睡眠不足的时候，睡眠就越宝贵、越受重视。虽然我们对睡眠的生物学功能了解十分有限，但是很多人都需要睡眠和梦中的感受来恢复心理能量。若人生多舛，青少年可以在睡梦中逃离学校里的麻烦，穷苦人可以在睡梦中忘却平日的生存挣扎。若命途通达，那上床睡觉可以让人继续享受自己的幸福并沉溺其中。

　　睡觉也可以让人从连续不断的痛苦经历中解脱出来。在杰奎琳·苏珊的小说《娃娃谷》（1966）中，营养学家和整形医生为一个女人进行改头换面的手术时实施了麻醉，使她进入昏迷状态。[9] 有研究表明，植物人状态中也包含有意识半清醒的阶段、深睡眠阶段，以及梦的不同阶段。现在，冷冻人技术已经得到允许，而那些希望自己的疾病和衰老在未来某天能被治愈的人，必须在接受冷冻之前被判定死亡。他们可以说是现实版瑞普·凡·温克尔①，像死去一样一睡二十年或更久，只不过他们希望自己醒来之后能健健康康地"重生"。[10] 他们也希望自己被冷

----

① 瑞普·凡·温克尔（Rip van Winkle）是 19 世纪美国小说家华盛顿·欧文（Washington Irving，1783—1859）创作的短篇小说《瑞普·凡·温克尔》的主人公。该小说收录于欧文作品集《见闻札记》（1820）。故事描述荷兰裔美国村民瑞普·凡·温克尔，在一次上山打猎时，因为喝了赫德森船长的仙酒，一睡便是二十年。待他醒来后，小镇已经人事全非。

冻的、完全无意识的身躯和时光被彻底抛弃，仿佛根本不曾存在过一样。一个人需要极其强大的自我信念才会寻求未来得到治愈的机会，因为当他的躯体躺在因药物而昏迷的黑暗中时，他的亲朋好友会衰老、去世。著名的格林童话《睡美人》里，睡美人睡了一百年才醒过来，不过整个城堡当初也被一起封印了，所以最终也同睡美人一道苏醒；只有城堡外的农民随着时间的流逝而死去、消失。[11] 安吉拉·卡特将这个故事改编成了舞台剧《吸血女伯爵》（*Vampirella*，1976），剧中的女伯爵——德古拉的一个女儿——想象自己是美丽的沉睡公主，并诱骗王子亲吻她以使她苏醒，王子亲吻女伯爵之后变成吸血鬼，与女伯爵永远在一起了。

睡眠与死亡之间的这种关联是非常重要的。睡觉的时候，我们等同于把自己交付于一个黑暗的领域，在那里我们几乎没有控制的能力。从这个角度来看，死亡就是一种最深层、最黑暗形式的睡眠。弗洛伊德认为，没有人真正相信自己会死，所以参加第一次世界大战的经历能让人对生活感到更加快乐和满足——通过与敌人拼个你死我活，并成功活下来——当然，你也必须得能活下来，才会有这种体验。但是，士兵的创伤后应激障碍和炮弹休克却告诉我们，事实并非如此。

如果我们能随心所欲重回梦境，那真是一件难得的乐事。不过在半梦半醒之间，我们有时能够凭意志回到同样的梦里。有时我们感觉自己好像有了控制并主导梦的能力。睡前吃什么、喝什么、做什么才能不做噩梦呢？关于这方面的建议有很多，比如要远离电脑屏幕的蓝光；确保自己既不感觉太热，也不觉得太冷；晚饭要吃得早并且吃得少，还要避免吃难消化的芝士，也不能喝太多酒。据说把已故爱人的衣物带上床一起睡，可以让你们在梦中再次相见。枕头下面放图腾或符咒可以招桃花，或者在你做鬼怪噩梦的时候保护你。如果一个成年人抱着毛绒玩具睡觉，那可能意味着这个人希望梦中可以重现童年时光。

失眠总是会来得出其不意。目不交睫的晚上，任何细微的声音都会放大——冰箱的嗡嗡声、外面汽车门关上的声音——然后我们起来上厕所、看手机、戴着耳机听音乐，做一切能做的事情来打破漫长难熬的清醒。顽固的长期失眠症会越发展越严重，讽刺的是，这种"醒着"似乎是比睡眠和梦更黑暗的状态。我们惧怕另一个不眠之夜，于是很难彻底放松，睡眠也因此更不会眷顾我们。

莎士比亚的《麦克白》，不论气氛，还是表演时间，都是"黑暗"的。剧中使良心受到谴责的手段，就是剥夺麦克白的睡眠，让他"做噩梦，夜夜惊恐，不得安宁"（第三幕第二场，20—21）。麦克白夫人为他开了一剂良药："一切有生之伦，都少不了睡眠的调剂，可是你还没有好好睡过。"[1]但当她梦游的时候，她背叛了自己的负罪感，不由得回忆起了他们杀人时的惊悚画面。想要高质量的深睡眠，一个人必须心绪宁静、无忧无虑，

---

[1] 此处引用朱生豪译文。

还得道德良善，正如《旧约·箴言》所说："你躺下的时候，必不会惊恐；你躺卧的时候，必睡得香甜。"（3:24）

从生理上来说，我们需要睡眠，我们的身体会因为缺乏睡眠而垮掉，尤其是失眠症患者。深受失眠折磨的人，都渴望自己能够轻松睡着，不知不觉、毫不费力地就能昏昏然进入深层的无意识状态，渴望入睡能像黑夜替换白昼那样简单自然。睡觉之前，我们常常会进行一些小"仪式"，比如去确认门都关好了，穿上我们认为有助于睡眠的衣服，看看猫是待在家里还是又出去玩了，拉上窗帘，不让一丝街灯的光漏进来，刷牙，摘眼镜等，这一系列人为设计的睡前习惯，是为了让我们心理上觉得准备好了。然而其实我们很清楚，睡不睡得着根本不受我们控制。

躺下之后，我们会想"一个能帮助入睡的姿势，在黑暗中闭上眼睛，慢慢睡着"。[12] 可是如果你想保持清醒，就是另一番情景了，我们的意识不断想从睡意中挣扎出来，但必然抵抗失败，最终沉沉睡去。"睡一个好觉"给人感觉总是那么短暂，好像刚沾枕头没几分钟就醒了，却能奇迹般地觉得神清气爽，精力饱满。然而如果是辗转反侧的不眠夜，时间就会变得无比漫长难熬，我们漠然盯着黑暗，双眼干涩，心神不安，而一旁熟睡的人或宠物满足自得地深呼吸，打着呼噜，就像是在嘲笑我们的痛苦。睡觉对他们来说怎么那么容易，我们怎么就不行？看来我们并不在同一个世界，他们的世界叫作睡眠。

现代社会的人们对于睡觉的期待，与人类祖先和一些保留

194

195

《麦克白夫人所见幻象》，威廉·莱姆布鲁克（Wilhelm Lehmbruck），1918，蚀刻和干式印刷

至今的原住民文化有着显著区别。现代人不管来自何处，都会把夜晚跟性活动联系起来。这不但是因为黑暗能保护隐私、提供机会，而且也是因为在黑暗中，时间给人的约束感不如白天强烈。[13] 另一个原因则是，现在是一个色情影视作品和图像制品大行其道的时代，充满诱惑力的身体触目皆是，生活失意的人更能在关灯之后重拾信心。

单看睡眠时长的话，对很多人来说睡七八个小时不一定够，因为他们觉得睡眠质量并不好，醒后仍然感到像完全没休息一样。除却生理原因，例如慢性疼痛——夜间疼痛会加剧，因为没有其他事物分心，人们会更容易关注自己的疼痛——一系列心理问题也是造成睡眠质量差的原因。医学专家把与疑病性神经症或恐惧症相关的睡眠障碍称作假性失眠（pseudo-insomnia），意指这类失眠是可以避免的，更糟糕的是，这类睡眠障碍并不真正存在。[14] 失眠很容易变成一种习惯，以至于就算失眠症患者真的睡着了，他们也会觉得没睡够，然后继续担忧下一觉也睡不好。

如今，一些文化族群仍然规定人们要集体睡觉，这样一方面可以保证族群的安全——晚上一定会有人守夜——另一方面，这也是人们进行社交的重要时段。有民族学研究显示，独自睡觉或只和配偶一起睡觉的情况在这些文化族群中几乎从不出现。澳大利亚原住民瓦尔皮瑞部落（Walpiri）的生活环境中充斥着嘈杂的噪音，他们不得不忍受经常低空飞过的飞机的轰鸣，还得忍受聒

196

噪的年轻人彻夜狂欢，所以瓦尔皮瑞人并不总是晚上睡觉。他们有时也白天小睡，借此免于感染疟疾和其他传染病的风险。[15] 但是在其他文化族群当中——从博茨瓦纳到巴拉圭，从肯尼亚到巴厘岛——晚上的就寝时间会延长，其中包括各种各样的社交活动，可能是只点一堆篝火，围在一旁的人有的睡着，有的醒着，在沉静的黑夜里讲讲故事、说说话。比如巴布亚新几内亚的阿萨巴诺人（Asabano），就会以集体睡觉的方式抵御恶灵侵扰，这样做的重要性对他们来讲不亚于其他任何形式的陪伴关系，有道是"就寝时与醒来时的社交同等重要，因为有人并不睡去，而是熬夜长谈"。[16] 与之类似的还有印度尼西亚的托拉查人（Toraja），他们"通过睡在一起来取暖，来获得舒适感和安全感"。[17] 由此我们可以总结，这些部落都把黑夜视作一个安全的社交环境，与白天同等重要，甚至比白天更让人觉得亲近。

夜晚没有光明，有时也没有睡眠——如果失眠的话——是知觉和意识最常缺席的时刻，尽管其他情况下也会发生。没有了黑暗，入睡可能会变得困难。视网膜上的光感细胞能影响我们的生物钟，告诉我们的身体现在是晚上还是白天，并且能够调节我们的睡眠周期。因此，在白天有太阳光照的情况下睡觉会让我们觉得睡不好，类似于飞机延误时，我们不得不在明亮的候机大厅眯一会儿的感觉；我们的意识并未完全失去，时醒时睡。

到了晚上，我们可能不再有身体知觉，意识和想象力只在梦中继续活跃。但是，由于我们在梦中也会体验到身体感官的知觉，所以上述观点可能并不正确。睡眠状态常被拿来与濒死状态做比较，有点类似"小小的死亡"（la petite mort）[18]，即性高潮或由此产生的精神状态，接近濒临死亡时得到释放的快感。罗兰·巴特①认为，我们阅读伟大的文学作品时也会获得这种快感。[19]

古希腊诗人赫西俄德将睡眠拟人化，说"黑暗夜神把死神的兄弟睡神抱在怀中。他们相互凝视，爱意在眼眸中流转"。这种深意复杂的表述，可能是想说，人们应该乐于把睡觉等同于死亡。[20] 如果认真思考一下这句话，我们可能会得出一个结论，即晚上的睡眠是一个绝佳的独特体验，应该像死亡一样受到尊重和敬畏。17 世纪的英国作家托马斯·布朗爵士②亦曾暗示，睡觉是死亡的准备过程：

睡去即死去；哦，让我试试吧

在睡梦中感受死为何物，

让我宛如静静躺在墓中

那般躺在床上！[21]

这几句诗与其说让我们联想到死亡本身，不如说是在提醒我

---

① 罗兰·巴特（Roland Barthes，1915—1980），法国文学批评家、文学家、社会学家、哲学家和符号学家。

② 托马斯·布朗爵士（Sir Thomas Browne，1605—1682），英国作家，对医学、宗教、科学和神秘学都有贡献。著有《瓮葬》等。

们人终有一死。巴鲁赫·斯宾诺莎① 在其著作《伦理学》(1677)中写道:"一个自由的人绝少想到,他的智慧不是关于死的默念,而是对生的沉思。"[22] 人们总是被鼓励直面死亡,因为思考死亡时的黑暗想法能让我们消解对命定必然的恐惧:我们必须接受死亡,才能无所畏惧地过完一生。

在古希腊神话中,睡神修普诺斯(Hypnos)和死神塔纳托斯(Thanatos)是一对孪生兄弟,他们的母亲是黑夜女神倪克斯(Nyx)。有证据表明,睡眠和死亡——黑夜的这两个儿子——有着极其相似的大脑电生理状态,二者之间仅有程度之差。[23] 脑电图的变化能指示出从睡着到醒来的大脑活动变化,当然死亡状态也能在脑电图上体现出来,那就是读取不到任何电信号。在快速眼动期,或称积极睡眠阶段,人才会做梦,但这并不是最能体现"黑暗"的睡眠阶段。程度更深的睡眠叫作非快速眼动睡眠,顾名思义,就是没有快速眼动的睡眠——比快速眼动期持续时间长,而且其状态与我们认知里的"黑暗"更接近。梦可以把我们带到任何与过往经验有关的地方,但是深睡眠一点痕迹都不会留下,我们那时不会做梦,因此感觉不到自己其实在睡觉。醒来之后,我们先是大脑放空,然后回忆起自己做了梦,或者慢慢恢复清醒意识。

快速眼动睡眠和非快速眼动睡眠会交替出现,交替一次为一

---

① 巴鲁赫·斯宾诺莎(Baruch de Spinoza,1632—1677),西方近代哲学史上重要的理性主义者,与笛卡儿和莱布尼茨齐名。

个睡眠周期，每个睡眠周期约为 90 到 100 分钟。影响我们能否睡着的变量是核心体温和褪黑素水平。人体的自然生物节律已经适应了夜间睡眠和白天活动，与地球的昼夜循环保持一致。如果晚上仍然有光亮，那么我们的生物节律就会被打乱，不但影响睡眠，而且影响醒后的活动、激素水平、体温、血压，以及"身体内部其他微妙的节律"。[24] 经常白天睡觉、晚上倒夜班的人更容易"感到疲劳，遇到意外"，罹患"心血管疾病和某些癌症"的概率也会升高。[25] 美国国家航空航天局的宇航员从 24 小时的黑暗／光照周期到每 90 分钟就绕地球一圈，所经历的日出日落次数是地球上人们的 16 倍，有证据表明，这给他们造成了长期影响。

　　非快速眼动期深睡眠的目的和功能非常复杂。我们以为自己深谙其中奥秘，并确信睡眠至关重要，但是科学家对此却有许多矛盾的假设。我想说的是，我们对睡眠的渴望、睡梦中的奇诡之境，包括认为睡觉是理所当然的那种直觉，都与最适合睡觉的环境——黑暗——密不可分。科学把睡眠定义为另一种形式的意识，但这跟人们所熟知的"意识"概念大相径庭，因为睡眠这种"意识"并不使人做出决定，也不会引发人的主观能动性。柏拉图认为，睡觉时的经历（做梦）能为人们最原始的本我提供宣泄的方式："所有人，哪怕他是个好人，本性中都有一只狂蛮不羁的野兽，睡着时就会被释放出来。"[26]

　　但是，如果说睡眠能释放人的原始本能，那么清醒状态，以及清醒和深睡眠之间半睡半醒的状态，也都可以诱使一些人性的阴暗面显形。坏人总是选择在夜间实施犯罪，因为熟睡的人察觉不到家里进了贼，扒手在夜幕中更难被认出。受害人也极有可能要么喝得烂醉如泥，要么劳作一天后累得头昏眼花。而警察原本也是夜间工作的，历史上第一批执法人员实际上是守夜人。午夜过后还在外面游荡的人更容易被怀疑图谋不轨——今天仍然如此——他们比在光天化日之下策划阴谋的厚颜无耻的惯犯更能引起警察的疑心。

古罗马城中的街道十分狭窄，诗人尤维纳利斯①曾警告说，窄路上的行人很容易被从窗户里扔出来的罐子砸死，跟行人遭遇行凶抢劫的风险一样大。那时只有守夜人能提供保护，但历史学家玛丽·比尔德②指出，守夜人的主要职责是防范火灾。尽管当时的罗马正苦于外患，不过古罗马人跟今天的人们没什么两样，到了晚上也要纵情狂欢、恣意买醉。苏维托尼乌斯③曾描述过，尼禄皇帝一到晚上就如何把自己伪装起来，如何到城市阴暗的角落或掉嘴弄舌，或大打出手，或偷盗劫掠。27

黑夜，加上衣饰伪装，掩藏了尼禄的真实身份，使他得以自

---

① 尤维纳利斯（Decimus Junius Juvenalis），生活于1—2世纪的古罗马诗人，作品常讽刺罗马社会的腐化和人类的愚蠢。
② 玛丽·比尔德（Mary Beard，1955— ），英国古典学家，剑桥大学教授。2018年受封爵士。
③ 苏维托尼乌斯（Suetonius，约69或75—130左右），古罗马历史学家。他现存最重要的作品是《罗马十二帝王传》，收录了从恺撒到图密善共计十二位古罗马皇帝的传记。

由地为非作歹。古希腊神话中有一个著名的传说——裘格斯的戒指（Ring of Gyges）。一个名叫裘格斯的牧羊人偶然找到了一枚能使他完全隐身的魔戒，随后他利用戒指的魔力谋杀了吕底亚国王，诱娶王后，自己登上了王位。柏拉图在《理想国》第二章里提到了这个故事，他问道，假如我们当中任何一个人拥有了可以随时随地彻底隐身的能力，我们行事还会是完全正直诚实的吗？

行为学家弗朗切斯卡·吉诺（Francesca Gino）[1]就将隐身和黑暗画上了等号，认为人一旦可以隐藏身份，就容易做出不端之事，但问题在于，除此之外是否还有其他因素的影响。[28]她和同事钟谦波（Chen-Bo Zhong）、瓦内萨·邦斯（Vanessa Bohns）进行了一系列实验，测试"人们容易在黑暗中变得不诚实"这一普遍看法是否站得住脚。[29]被试者被随机分到光线明亮或光线昏暗的房间，他们的任务是回答一些问题并自己记录回答情况，每答对一个问题就能得到一些钱。参与测试的共有 84 名学生，结果显示约有一半学生作弊，其中在明亮房间的学生只有 24% 作弊，而在昏暗房间答题的学生作弊比例超过了 61%。吉诺说："多安装了 8 个日光灯，就减少了 37% 的欺诈行为。"她把这种行为与另一种行为做了比较，即小孩子以为闭上自己的眼睛别人就会看不到自己："我们推测，黑暗能让人产生'我不会被别人注意到，也不会被发现'的错觉。"[30]人们在昏暗房间会产生"匿名错觉"

---

[1]　弗朗切斯卡·吉诺（Francesca Gino，1978—），意大利裔美籍行为学家，哈佛大学商学院教授。

这一现象表明，光明是影响我们决定如何为人做事的极其重要的因素。

希腊神话里还有 位牧羊人（有时也被认为是宙斯的儿子）——恩底弥翁，他是一个英俊的美少年。月亮女神塞勒涅偶然发现了正在睡觉的恩底弥翁，不可救药地爱上了他。而恩底弥翁却陷入了长眠：

> 他睡着了，再也醒不过来。这可能是他自己要求的，因为他痛恨变老；也可能是因为宙斯怀疑他跟赫拉私通；也或许，塞勒涅只喜欢轻吻恩底弥翁，而不想变成他强烈繁殖欲望的发泄对象。[31]

201

可不知为何，塞勒涅还是生下了五十个女儿——她和恩底弥翁的孩子。夜晚、睡觉、性活动，三者之间需要机会才会相互关联。大多数文化都将性行为视为私密之事，而黑夜正好可能以提供远离他人的时光。至于梦，有一个问题是我们能否决定自己做什么梦，以及我们能否决定春梦的内容。塞缪尔·佩皮斯在日记中记录了自己的春梦，梦中卡索曼夫人（Lady Castlemaine，查理二世的情妇）缠绵在他的臂弯：

> 她允许我对她使出浑身解数，然后我在梦里意识到这不可能是真的，肯定是在做梦。不过，既然我在梦里也能感受到如此真

实的快乐，那如果我们死后，躺在棺材里也能做如此快活的梦，该是何等美事啊！这样就算我们身处大瘟疫之中，也不会再过于惧怕死亡了。[32]

他的妻子——伊丽莎白·佩皮斯，痛恨所有在塞缪尔梦中与他云雨逍遥的人，所以丈夫睡觉时她总会伸手检查一下他是不是又勃起了。她有所不知，据说过了青春期之后，春梦最多只占所有梦的 6%。

大多数人每天晚上需要至少七个小时的睡眠，有的人却不需要睡那么久。比如玛格丽特·撒切尔，她声称自己睡四个小时就够了，温斯顿·丘吉尔和本杰明·富兰克林也一样。费城应用基因组学中心（Center for Applied Genomics in Philadelphia）在需要更少睡眠的人体内发现了与之有关的基因突变：p.Tyr362His。睡觉——或者一个人需要更多睡眠——总会跟软弱、缺乏动力联系起来，而且很多人都觉得成功人士一定不需要睡那么多觉，因为睡觉就等于把宝贵的时间浪费在黑暗的无意识中，浪费在毫无意义的梦里。拿破仑曾说，一个人需要睡多长时间跟性别和智力有关："男人睡六小时，女人睡七小时，蠢货才睡八小时。"[33]

不过也有很多人觉得，自己需要多久的睡眠自己说了才算，别人无权置喙。比如奇彭代尔·马普（Chippendale Mupp）睡前会把奇长无比的尾巴在身体周围绕个圈，最后咬住尾巴尖，睡着；等痛感从尾尖传到大脑把他疼醒，正好八个小时。[34] 在现实中，这条尾巴得有一百多万米长才能让疼痛的神经刺激传递八个小时之久。抛开睡前故事不说，实际上我们的睡眠时长和睡觉的方式都是由文化决定的，而且在现代社会，二者也会受到个人观点的影响，有些决定因素甚至非常古怪。

A. 罗杰·埃克奇的睡眠社会史研究非常引人注目，他对"我们需要持续不间断的睡眠"这一现代观点提出了质疑。[35] 他研究了工业革命之前人们的睡眠习惯，发现在欧洲（和世界其他地方），晚上有两种不同的睡眠模式——第一睡眠周期和第二睡眠周期——中间有一段清醒时间。穷人必须太阳落山后早早睡觉，因为他们付不起高昂的照明费用。达官贵人们则不会睡那么早，因为他们的家和娱乐场所灯火通明，而且晚睡还能让其他人注意到他们的生活多么从容悠闲。不过，埃克奇说早睡是有好处的。忙碌一天的体力劳动者到家吃完饭就大睡，几小时后精力充沛地醒来，可以更好地享受平和安宁的家庭时光，或者独处沉思，或者起床去拜访好友。也就是说，过去人们早睡之后总会进行社交活动，而这个习惯如今已然不再。

前半夜深睡眠之后与家人共处的亲密时光，或者所进行的读书学习、走访亲朋的活动，能帮助人们从白天的劳累中恢复过来，而且肯定能让他们在为生计所迫的奔波中寻找到一点自由的宽慰。但是他们只能稍作放松，不能醒着太久，以防第二天体力透支，因为天蒙蒙亮他们就又要起床，生火，喂牲畜，继续为孩子们谋求更好的生活。而晚上进行娱乐活动的富人会要求仆人为他们提供服务，使得仆人不得不适应这种新的睡眠习惯，不可能像以前一样在午夜醒来、短暂放松了。

18世纪，用得起人工照明的都是富贵人家，越来越多的穷人被隔离在街灯和室内照明都十分匮乏的地区，那里"是黑暗的领地，因居高不下的犯罪率而千疮百孔"。[36] 与此同时，富人失去的是看到美丽夜空的机会，和反思生活和梦想的静谧时光。

埃克奇说，第一睡眠周期和第二睡眠周期之间的清醒时段一直被忽视，部分原因是历史学家没理解"第一睡眠周期"实际上指的是被一次清醒时段分开的两段不同睡眠的第一段。第一睡眠周期，即快速眼动期，会做梦。待它结束，我们醒来，会因为刚做的梦感到振奋或灰心丧气。在这个短暂的清醒时段，我们更能注意到并回忆起梦里的情境——自己不幸身患绝症，或者被挚友暗算——然后又睡过去，进入深睡眠，即非快速眼动期。第二天早上在各种杂事的干扰下，梦就会被忘得一干二净。

晚上睡一个好觉——如果我们很累，那周围环境越暗、越安静就越好——能帮我们重拾直面世界的勇气，也能帮我们找到解决问题的方法。许多艺术家和诗人创作时感到困扰，睡一觉之后就会获得灵感；遇到麻烦的人，或者需要作出人生重大决定的人，经常会被建议"先睡一觉"，第二天起来再说。一夜之间，各种困惑和混乱矛盾的想法确实自然而然就能理出头绪，而大脑处理这些问题的过程很难估测，因为我们实际做的梦比

204

我们能记住的要多得多。大脑在放松状态下能更好地进行思考，解决问题或发现问题。也可能是因为我们对黑暗使人恢复精神的能力深信不疑，所以睡眠才能帮助我们从混乱的思绪中理出头绪。

睡眠拥有魔力，能使思路变得清晰，能使灵感的种子长成果实累累的大树，同时也影响着我们不为人知的神经症。重度抑郁的人发现睡觉会加深他们的恐惧感，早上醒来会觉得更加痛苦。如果我们半夜突然醒来，会发现自己对刚刚的生动梦境心有余悸，尽管大多数时候我们醒来不会记得梦到了什么，或者梦里的情境只在脑海中逗留几分钟，然后就消失了。[37]

1878年，年轻的罗伯特·路易斯·史蒂文森徒步旅行时，非常喜欢睡在星空下，在将明未明的"完美时刻"——清晨——醒来，感觉自己逃离了"文明的牢狱"，获得了自由。他问自己，这究竟是星空的魔力，还是"身躯之下的大地母亲的震颤？哪怕是最为知悉这些奥秘的牧羊人和乡民，也猜不出夜晚为何，又是如何使人宛如重生的"。[38]当我们摒弃恐惧，把身心融入黑暗，仿佛就能与夜晚的大自然精神交汇，这种美好的神秘感几乎很少有人没体验过，可不知为何，黑暗变得恐怖邪恶时，人们就把它的美遗忘了。

晚上在没有街灯的地方闲逛可能会非常危险，但是——正如伦敦大停电使昆汀·克里斯普感到自由自在那样——黑暗也可能保护我们免遭不怀好意的眼睛的窥探。如果你正试图逃离某种威胁，比如想甩掉流氓和抢劫者，黑暗就是你的朋友，而明亮的灯光反而使你无所遁形、难保安全。

有种观点认为，半夜醒来是在浪费宝贵的睡眠时间，是患有失眠症的表现，这使很多人感到烦恼焦虑。埃克奇的睡眠史研究对此提出了质疑和相反观点，认为在史蒂文森所处的"喧哗时代"，夜晚醒来实际上是人们可以不被打扰、进行沉思的时候，甚至现在也有证据证明夜晚沉思对人们白天醒来后的活动有所裨益。[39] 然而，如果现代人想采用过去这种作息习惯，他必须非常早就上床睡觉，这样半夜醒来做些事情才不会使他白天工作的时候感到疲惫烦躁。

有关梦的讨论也深刻影响了 19 世纪的浪漫主义运动。二者关注的议题都非常普遍并带有绝对的个人色彩，而且梦大多诞生于夜晚，这与哥特式超自然风格十分契合。塞缪尔·泰勒·柯勒律治曾描述过自己"邪恶可怖"的梦境，说自己"战胜了怪异疯狂的痛苦和折磨"。[40] 在现代精神分析体系创建之前的许多年里，梦可以把我们从现实中解放出来，让我们有机会谈论大家共有的矛盾和非理性的困扰。诗人柯勒律治看上去是从噩梦中突然惊醒，被"令人窒息的恐惧"吞噬了。[41] 这不是博斯韦尔 ①所谓的"绝对无感觉、无意识"的深睡眠。[42] 柯勒律治很想搞清楚，这些逼真可怕、夜夜困扰自己的梦是从哪儿来的，而且鸦片

----

① 詹姆斯·博斯韦尔（James Boswell，1740—1795），英国传记作家，著有《约翰生传》《赫布里底群岛之旅》（*Tours of the Hebrides*）等。

酊和抑郁还会助长噩梦的发生。这是一个非常个人化的疑问，作为诗人，能提出这样的问题也是非常勇敢的，因为他明知追根究底很可能会摧毁诗歌的想象之源。过去的人当然不懂近现代的生理学理论，对他们来说，通过研究意识半清醒状态或简单的下意识状态——比如梦——来了解一个人的性格特点，自然更加匪夷所思。柯勒律治注意到，他在噩梦中经受的痛苦尽管与清醒时的身体疼痛有所不同，但其剧烈程度丝毫不减："梦中的痛如此剧烈，令我震惊，令我费解。今晚睡梦中，我——印象中是生平第一次——感受到了难以忍受的疼痛，没有恐惧、真实不虚的疼痛难忍。"[43]

鉴于梦的奇异特性，我们在做清醒梦时能够意识到自己是在做梦。在这种"虚假现实"当中，我们能预知生理疼痛的发生并感觉到它（并不需要身体真的受伤），而且这种情况会一再出现。我们会梦到过往的伤痛和悔恨，会梦见已故的人复生，再回到我们身边，有时候当我们梦到某一部分知觉，我们会意识到这不是真的；而如果能意识到自己是在做梦，梦中巨大的痛苦反而会减轻。

我们和柯勒律治都觉得梦是"秘境"，亦即认为梦境是我们想象出来的超自然领域，是由我们最深层、最不为人知的人格特质和人生所经历的一切希望、恐惧煅铸而成的。在莎士比亚的戏剧里，麦克白夫人命令仆人不许把灯火熄灭，因为她的直觉告诉她，她保持清醒才可能控制住自己的恐惧，一旦在黑暗中睡去，陷入危险的松弛状态，她的理智和控制力就会缴械投降，被恐惧吞噬。柯勒律治讲述自己的梦时曾说："我的梦魇和深夜的尖叫……似乎不仅仅是身体伪造出来的幻觉……而是罪恶感的反噬，是灵界对我们的惩罚。"[44]

许多文化把做梦看作且仅看作与超自然存在进行交流的方式，认为梦属于清醒自然现实之外的另一个世界，在那里我们能像鸟一样飞，死者可以复生。人们都希望通过分析梦境了解自己，或通过解梦预测未来、回溯过去、解决当下的问题，或找到打败敌手的方法，而这些通常需要一个媒介来帮助完成，比如祭司、牧师、萨满巫师——或者现代的心理医生。为了实现梦的心理功能，做梦的人必须提前做好准备才能在梦中得到指引，达到预期的目的。这种对梦的认识——尤其对那些信赖科学的确定性的现代人来说——使梦显得愈发神秘。有持不同观点的人说，这是因为"原始人的梦是高度社会化的，而我们的梦相对来说并不社会化"，才使得梦仍然令人费解："一种可能性是，西方人的梦之所以模糊、扭曲，缺乏逻辑，是因为梦对于他们的社会交往毫无用处。形成鲜明对比的是，在大多数原始社会中，梦对人们的社交有着实际意义上的帮助。"[45]

在理解视觉或失明的时候，我们是否有相同的困惑呢？长久以来，失明和睡觉做梦一样被认为与超自然力量有关。古希腊文化把光明推崇为理解和认知的象征，但古希腊人仍然相信失明会给人带来珍贵无比的洞察力。人们害怕失去视力，却觉得失去视力后能"看"得更远、更深刻，能"看到"未来。今天的人也有类似的想法，虽然梦境总是恍恍惚惚，但是很多人都觉得梦给他们的现实生活提供了不同的见解和有益的指导，甚至也觉得梦能预知一些即将发生的事情。深睡眠看似没有意义，失明仿佛只会妨碍人的活动和对世界的理解，但是这两种心理物理学上的黑暗状态仍然是有价值的。

夜间的宗教活动能在有意不睡的人们身上产生非凡的反应。霍拉肖·克莱尔[①]曾在莱斯特郡的圣伯纳德山修道院（Abbey of Mount St Bernard in Leicestershire）目睹修士参加凌晨 3 点 15 分的守夜，那时"你的头很重，动作笨拙，判断模糊，祷告'像梦一样'"。[46]自中世纪以来，晚上保持清醒不睡觉就一直是严肃意图和赤诚之心的证明。例如，一个人在骑士授勋仪式之前会沐浴、斋戒、忏悔，然后整夜祈祷，以使自己配得上这份荣誉；许多宗教也会为重病的人举行守夜活动。缺乏睡眠的修道生活是艰苦的，圣伯纳德山修道院的修士承认这一点，同时也解释了整夜为世界祈祷的重要性，因为"我们站岗，我们守望"。[47]知道别人都在睡梦中，而自己在黑暗里保持清醒和警觉，这是一种静默的坚毅。

通过主动保持清醒，与修士一起参加守夜祷告，克莱尔得到了他自己的启示：笑对他来说是神圣的，他说笑是"一种为上帝

①　霍拉肖·克莱尔（Horatio Clare，1973—），英国作家，英国广播公司广播节目制作人。

创世而欢呼的方式"。[48] 艰难而长时间的清醒使他收获了这样的想法,找到了其中的意义。重复的守夜祷告、无聊和挣扎着保持清醒加在一起,有时的确能带来洞见,但这仍然是一个难以捉摸的过程,在黑暗中进行,本质上也是黑暗的:"我的上帝是黑暗的,他喝着酒,数百个秘密如根须错综交织,我听不见。"[49]

到了晚上,躺在床上的小孩子很容易感觉惶恐不安,觉得黑影里有什么危险在等着自己,因为灯光暗下来以后,熟悉的事物变得面目全非,翻卷的窗帘看起来像吃人的怪兽,童谣壁纸上本来快乐可爱的人物变得邪恶狰狞。弗洛伊德将这种反应——人两岁以前少有表现——称为分离焦虑,因为我们害怕与母亲分开;再加上很多人是两岁断奶,或者突然开始跟父母分床睡觉。在《精神分析引论》中,弗洛伊德回忆,有一次他听到"一个害怕黑暗的孩子喊道:'阿姨,跟我说说话吧,我很害怕。'阿姨答道:'可那有什么用呢?'孩子说:'有人跟我说话,我就不那么害怕了。'"[50]

1903 年,在一项有关 427 名年轻人对黑暗的态度的研究中,研究对象被询问了他们最害怕的是什么,或者被要求回忆自己小时候最害怕什么。他们提到了各种各样的"鬼魂,妖精,女巫,幻影",但也报告了"对黑暗本身的恐惧"。而且他们也把黑暗这种抽象状态人格化了,最常见的恐惧是"感觉黑暗里会有什么东西突然伸出手来抓住自己"。[51]

许多成年人对黑暗心怀恐惧,这种恐惧超出了对天黑以后露宿街头，以及在家睡觉时担心入室抢劫的合理认知。人们惧怕黑暗时产生的一系列症状，比如呼吸困难、出汗、头晕等，都可以通过心理治疗时阐明黑暗所代表的真正危险而得到缓解，但是对黑暗难以言说的无形的恐惧，才是把我们压垮的罪魁。冬季光照变少，会导致严重的抑郁，尤其是在白天又少又短的北方国家。这种季节性情感障碍，与弗洛伊德定义的分离焦虑障碍有相同的英文缩写——SAD[①]，除了这个巧合以外，二者的另一个共同点是都表现出对黑暗及其所代表的事物的抗拒。

想象一个环境：黑暗无法避免，而且其中会发生很多令人害怕的事情——越南战争时期的"地鼠"[②]就身处这样的境地。20世纪60年代，越南共产党使用20年前抵抗法国殖民军队时修建的地下隧道网——古芝地道，进行了有组织的游击战，还在深藏地下的隧道洞穴中建立了游击队总部、宿舍，甚至医院。他们藏身于地道中，可以突然从某个点冒出来袭击，随即消失不见。美军因此专门招募身形瘦小的大胆志愿者进入地道作战，但他们的非官方口号"不屑挂齿"[③]又说明，他们并没能足够重视进入地道所冒的巨大风险。发现地道入口之后，"地

210

---

① 季节性情感障碍，Seasonal Affective Disorder；分离焦虑障碍，Separation Anxiety Disorder。
② Tunnel Rats，或译作"隧道之鼠"。越南战争期间，越南共产党游击队展开地道战，抗击美国侵略军。美国士兵大多身躯硕大，难以进入低矮狭小的地道；第一步兵师上尉赫伯特·桑顿(Herbert Thorton)受命挑选身材矮小、行动灵活的士兵组成"地鼠"小队，图谋清剿反抗力量。
③ "不屑挂齿"是绣在"地鼠"小队徽章上的拉丁文口号，即Non gratum anus rodentum，直译为"我完全不在乎"。

鼠"士兵得头朝下被人放入狭窄的洞口，进入布满机关陷阱的地道，身上只带着一只手电和一把小手枪，因为在如此逼仄的空间使用火力更强的武器会造成暂时性耳聋和失明。"地鼠"还得脱掉衣服，以防在隧道里四肢着地匍匐前行时衣服刮到地雷拉线，他们在漆黑中摸索，手指谨慎地划过地道壁和地面，判断是不是摸到了地雷或活动地板（下面很可能是插满削尖的竹子的陷阱）的机关。此外还有更可怕的噩梦等着他们：毒蛇、黑髯墓蝠和毒蜘蛛。可以说地道里充满了人类对黑暗的最恐怖的想象。这种情况下，"地鼠"还必须在脑海中绘制出这个地下迷宫的路线图，像极了安东尼·多尔[①]的小说《我们看不到的所有光明》（*All the Light We Cannot See*，2014）中那个年轻的盲女，通过模型了解了巴黎迷宫般的街道。[52] 或许可以说，正是有了这种时时刻刻的担忧、谨慎和解决问题的能力，他们才得以从事这项工作。为了生存，他们不得不把对黑暗的恐惧抛到一边。

在伸手不见五指的黑暗地道里，手电筒的光是如何把你出卖给敌人的呢？一位澳大利亚工程师对煤矿矿井深处的黑暗的记述可以对此做出解释，在那里很容易因恐惧而惊慌失措："天鹅绒般的黑暗正在吞噬一切……当黑暗将你占有，理智和知觉

211

---

① 安东尼·多尔（Anthony Doerr, 1973— ），美国小说家和短篇故事作家，2015年凭借《我们看不到的所有光明》获得普利策小说奖。其他作品有《捡贝壳的人》（*The Shell Collector*）、《关于恩典》（*About Grace*）、《罗马四季》（*Four Seasons in Rome*）和《记忆墙》（*Memory Wall*）等。

就消失了。"[53]

古芝地道和日本地道[1]（"二战"期间由日本侵略者强迫奴工建造，位于苏门答腊岛西部的武吉丁宜地下深处）一样，现在都成了供游客参观的历史遗迹，类似的还有亚德瓦希姆大屠杀纪念馆、核爆资料馆，以及许多战争遗址和酷刑、处决行刑地。我们可能还想去参观纽约的世贸中心遗址（Ground Zero）和伦敦西区的格伦费尔塔遗址（Grenfell Tower）。即使只是在威尔士开车经过写着"艾伯凡镇"（Aberfan）的路牌，我们可能也会感到触动和有意义：1966年，因采矿而倾倒成山的废土堆长期淋雨发生液化，毫无预兆地倾泻而下，摧毁了一所中学，造成众多师生死亡。人们想参观这些地方的动机并不荒唐。杰克·列侬和马尔科姆·福利创造了一个词——黑暗旅游[2]，他们表示，参观这些地方让我们更接近悲恸和死亡，并让我们感觉自己见证了人类的存在。[54]Thanatourism一词源自希腊神话中的死神塔纳托斯（Thanatos），特指"完全或部分出于对实际死亡，或象征性地接触死亡的渴望而前往一个地点的旅行，尤其是——但不仅限于——暴力死亡"。[55]在这个语境里，黑暗不仅代表驱使我们成行的心理状态，也指死亡本身的黑暗。

许多在越南经历了地道战并幸存下来的美国士兵，后来患

---

① 日本地道是日本侵略者于1942至1944年在苏门答腊岛修建完成的地下隧道防御系统，20世纪50年代早期首次被发现。
② 黑暗旅游（dark tourism），又称黑色旅游（black tourism）或悲情旅游（grief tourism）。

上了严重的精神障碍。黑暗的确有它的美丽之处，也能启发思想，但在地道里，它禁锢和干扰的力量占了上风，迫使士兵变得过于敏感。他们的其他感官功能被增强了，就像《我们看不到的所有光明》里的盲女玛丽 - 劳尔，通过触摸巴黎博物馆的陈列品了解外面的世界，她发现"所有东西都是由网、格架、喧嚣的声音和浮凸的纹路组成的"。收音机里传出的声音令她着迷："大脑被关在黑暗中……漂在填满颅腔的透明液体里，从没见过光明。可它头脑中建造的世界竟能炽亮明媚，色彩斑斓，生机盎然。"[56]

对于患有某种自闭症的人来说，黑暗能减轻他们的压力。丹尼尔·塔梅特①曾说："每当我感到疲惫或心烦意乱，我就爬到床底下去，躺在黑暗里。"患有自闭症的塔梅特同时具有联觉能力，他的大脑只有在无光环境里才会浮现出奇异的画面："我紧闭双眼，做几个深呼吸，然后大脑里一阵发麻，各种颜色就又从黑暗里浮现出来，流动不止。"[57]

卡尔·荣格的阴影理论认为，人格阴影是我们无意识的最隐蔽的部分自我："每个人都有阴影，一个人的阴影在有意识的生活中显现得越少，就越是黑暗，隐藏得越深。"[58]他和弗洛伊德

---

① 丹尼尔·塔梅特（Daniel Tammet, 1979—），出生在伦敦东区，4 岁时患上了癫痫。患病之后的塔梅特开始对数字异常的敏感，成为一位因患有学者综合征而拥有超常智力的英国作家，有"脑人"（Brain Man）之称。他是迄今为止唯一一位能够正常交流，并把脑中信息处理的过程表达出来的自闭症学者，这让他受到了许多神经科学工作者的关注。

"Danger, whose form of giant mould
What mortal eye dare, fix'd, behold!
Who stalks his round an hideous Form,
Howling amidt the midnight storm;
Or throws him on the ridgy steep
Of some loose hanging rock to sleep!"
Collins.

睡眠是一个危险的国度。根据诗人威廉·柯林斯（William Collins）诗句绘制："在午夜的风暴中嚎哮 / 或者将他扔在嶙峋的悬崖 / 让他睡在摇摇欲坠的岩石上！"华盛顿·奥斯顿（Washington Allston），《危险》，约 1815，纸面墨水一样，将我们隐藏的自我与原始本能，与童年早期的自我联系起来，并表示我们的无意识部分是非理性的，只由本能直觉驱动。正因为我们意识不到隐藏起来的这部分真实自我，我们就会产生心理投射，把自己的错误投射到别人身上，然后逐渐与自己的无意识越来越割裂，也更难理解真实的自己。荣格将阴影理论与弗洛伊德的无意识理论做了比较："尽管阴影的功能就像是人的阴暗面的蓄水池——可能也正因如此——但它也是创造力的来源……他的阴暗面，他邪恶的阴影……代表了他不同于无趣学者外表的真实内心。"[59]

人们普遍认为抑郁与黑暗之间有关联。一个人描述自己心理状态的时候常提及"灰暗""阴郁""跌入谷底"等。丘吉尔讲述自己忍受躁郁症折磨的日子时，用到了一个词——black dog days（字面意思是"黑狗般的日子"）。"黑狗"最早是由古罗马诗人贺拉斯创造的。中世纪时黑狗形象代表魔鬼。将抑郁和黑暗关联起来的做法，表明我们面对黑暗时深入骨髓的二元论视角。精神病学家安东尼·斯托尔[①]指出，丘吉尔的躁郁症有着巨大的创造力："如果他是个情绪稳定的人，他永远不可能成功鼓舞全国士气。1940年，当英国陷入极其不利的境地时，一个清醒理智的领导人一定会觉得我们国家完蛋了。"[60]

214

———

[①] 安东尼·斯托尔（Anthony Storr, 1920—2001），英国首屈一指的心理学家、精神病学家和作家；牛津大学研究员；英国皇家内科医学院、皇家精神科医学院和皇家文学学会的资深会员。他专注于研究分析人类负面情绪与信息，以富有创造力的理念来治疗相关疾病。

我们对阴暗心理的反应很大程度上取决于我们在真实黑暗中的个人经历的总和，但同时，也不可避免地受到渗透语言各个方面、复杂的黑暗隐喻的影响。说一个人内心阴暗，我们明白这是什么意思，明白这个人身上有些危险的特质，却很难定义所谓阴暗究竟具体指的是什么。说一个人"有暗黑吸引力"（darkly attractive），那么这个人可能既美丽善良，又具备跟正面特点完全相反的阴暗面。正是这些令人不安又显然神秘难测的地方吸引着我们。

即使对同一个人来说，黑暗有时带来的是幽闭恐惧——比如约翰·赫尔失明时感受到的恐怖景象，像被什么拖入暗无天日的矿井深底，无力而又拼力抵抗着——有时带来的却是平静和沉思。黑暗有它狰狞的一面，也有它美好的一面，它能抚平焦虑，能孕育出灵感，这些都是白天理智的光芒所不可即的。

07

黑暗时尚

对服饰的研究，在任何人类行为研究领域都至关重要。

——《论人类服饰》，昆汀·贝尔，1947

衣着服饰，无论我们是否相信自己在意，它都是我们展示给
世界的外壳，保护着我们，有时也背叛我们。我们可能会因衣服
思虑过多，纠结我们的衣着给别人留下了什么印象，就算你对此
不以为意，它也会出卖我们。

时尚里的黑暗很少是温和平淡的，即便偶尔被温和地使用，
其目的也是要给人留下深刻的印象，比如高贵典雅，整齐统
一，谦虚审慎，甚至致命诱惑。它就像红酒——而不是白葡萄
酒——一样，能使人联想到复杂和成熟，甚至想到富裕；像专
业化妆中的"暗黑系"妆容，用强调眼睛的烟熏眼影和深色唇
膏，掩盖我们觉得不够吸引人的地方，散发出神秘气质，这些
是一张擦拭干净的脸无法拥有的特质。在古代中国和日本，人
们曾经把牙齿涂黑以保护牙釉质，但也是因为黑牙被看作美的，
在东南亚一些少数民族当中，这种做法一直延续至今。把原本
是白色的东西涂成黑色能制造一种震撼感，这是黑暗时尚的精
髓所在。

时尚与从众心理有关。就算是一个对衣着打扮毫不在意的
人，穿着亮色衣服参加葬礼也会觉得不自在，除非主人要求这么
做；一位参加别人婚礼的女性，也绝不愿意从头到脚穿一身黑或

《戴头巾、面罩，拿暖手筒的女人》，文策斯劳斯·霍拉（Wenceslaus Hollar），选自《英国女性服饰》（*Ornatus Muliebris Anglicanus*，1640），蚀刻版画。霍拉完善了雕刻技术，从而得以展示阿伦德尔伯爵宫廷中这位优雅女子的服饰细节，包括皮毛和丝绸的立体感、色调和明暗变化

一身白。忽视着装的潜规则，意味着引起别人的注意，让人觉得你在批评周围的人和事，显得你自命不凡。这是广泛意义上的时尚。我们可能以为自己根本不在乎穿什么，但是一旦身上有什么让人看起来"这不是我"的地方，哪怕小到毫不起眼，我们也仍然会瞬间发现，会非常在意，比如一个衣着保守的人，打了一条比他习惯的更宽、颜色更亮的领带，他一定会想换一条。穿衣，对一个人来说可能衣服不显得廉价是最重要的，而对另一个人，在意的点可能是衣服看上去不可以太新。

我们很早就懂得衣饰之间的不同。就连小学生都会拒绝穿戴款式不称心的毛线帽和运动鞋，或渴望并要求裙子上要有这个那个，目的是让自己合群或引人注目，所以必须"穿对"衣服才行。从这个意义上来说，时尚对于我们大多数人来说绝对是保守的。当然也有人对最前沿的时尚表达了浓烈的兴趣。时尚的前进有赖于这些开拓者，但即便是他们也会悄悄焦虑，担心自己搞错什么，或者害怕自己看起来只是奇怪而已，并不时尚。时尚领袖们可能是刻意搞怪的偶像，但他们仍然必须小心翼翼，否则一不留神就会变得荒唐滑稽，就像那位可悲而不自知的穿新装的皇帝。

今天，深色衣服已然无所不在，它可以是性感的、讨人喜欢的、中性的、大胆前卫的、个人主义的，甚至是颠覆性的。就在不远的过去，跟现在一样，深色衣服颇受人们青睐，因为打理起来更容易。但是现在，至少在西方，"不显脏"这个优点已经不那么重要，因为人们收入增加了，衣服相对以前便宜得多，而且洗衣机已经大范围普及。在我们祖父母或曾祖父母那个年代，黑色或深色衣服通常被认为是正式衣着，在南欧，它曾经是——现在有时还是——社会地位较低的年长女性的规范着装。因此，若想显得更严肃正式，就穿深色衣服。黑暗在某种程度上能让我们的衣着由内而外地散发出庄重感。

218让我们来想象一些身着黑衣的历史人物——基本上都是男人，还有少数陷入迷途的女人。他们传递出的信息或许模棱两可，但影响着我们对深色服装的态度，并继续影响着我们今天的观点和着装习惯。在黑暗的中世纪，鲜艳颜色染制的布料尤其昂贵，所以大多数人穿的衣服要么根本没有染过色，要么只用容易获得的植物染料上色，而深色染料很快就会褪色变灰。由此可知，在整个欧洲，深色衣服成了地位较高的人的主要服装。

现在，那些重要人物——那些知道黑色礼服价值的人——逐一登场了。这边厢，勃艮第公爵来了，他全身黑色，戴着一顶柔软的圆锥形帽子，像一只小猫，眼神里却透着金属般的冷峻："勃艮第公爵，也就是'好人'菲利普①，第一次身着黑衣，出现在他雄孔雀般的廷臣面前，他必须表现得既清心寡欲，又邪恶冷酷。他那剪裁完美的时尚衣饰，因颜色而自成一体。"¹那边厢，

---

① 即菲利普三世，（1396—1467，1419—1467 年在位），百年战争末期欧洲重要的政治人物之一。

是西班牙国王费尔南多二世①，他一身黑色衣饰华丽精美，丝绸衬衣绣着黑色花纹，外面是打着精致褶皱的天鹅绒紧身短上衣，白色的亚麻从锦缎袖子的开口处露出来，手中紧紧抱着一个亚光黑色的头盔，这是他向异教徒进军的标志。站在他身边的是加蒂纳拉的枢机主教梅库里诺，身穿更显朴素的黑袍；还有神圣罗马帝国的宰相，他穿着谦逊端庄的羊毛长袍，夸张的白色领子和袖口对他来说可不合适。再看苏格兰的玛丽女王②，穿着挺括的黑色塔夫绸裙子，浆硬的白色头巾正好凸显她严肃阴沉的脸。虽坐在她旁边但无视她的，是伊丽莎白一世女王——"童贞女王"，她戴着褶皱繁密的白色蕾丝领子，与她最喜爱的镶满珠宝的黑色礼服长裙华丽映衬，漂亮极了，但在她脖子上隐约可见一圈有黑色刺绣的白色细亚麻布，证明她的穿衣风格的确矛盾。紧随其身后的，是一瘸一拐、或者可能不是瘸子的理查三世，即莎士比亚笔下"有毒的驼背蟾蜍"，或身形修长的英勇战士国王，他穿着奢华的黑色天鹅绒长袍，内衬是斑纹猞猁皮草。现在，吉洛拉谟·萨伏那洛拉③走过来了，他的鹰脸半藏在黑色头套后面，一大群穿灰色长袍的修女和几个牧师紧随其后，悄声低语着。最后

219

① 费尔南多二世（Ferdinand II of Spain，1452—1516），阿拉贡国王，是西班牙君主制的奠基人。
② 玛丽一世（Mary I，1542—1587），亦称玛丽·斯图亚特（Mary Stuart）或苏格兰人的女王玛丽（Mary, Queen of Scots），1542—1567年在位。英国女王伊丽莎白一世视她为威胁。1586年，玛丽被判密谋暗杀伊丽莎白，并于翌年被斩首。
③ 吉洛拉谟·萨伏那洛拉（Girolamo Savonarola，1452—1498），意大利多明我会修士，从1494年到1498年担任佛罗伦萨的精神和世俗领袖。

走来的是凯瑟琳·德·美第奇①和维多利亚女王②，历史上两位著名的"黑寡妇"，都穿着色度最深的黑色丧服。这些历史书中人物的衣着，或者说我们根据他们后来的肖像所想象的他们的穿着打扮，再加上我们从影视作品里了解到的信息，都说明他们影响力之深远。

委拉斯开兹的画中运用了大量的深色、黑色，看上去好像他对色彩艳丽的俗气服装不屑一顾，但实际上画中衣物的布料和剪裁，比如高级神职人员身上的亚光巴拉西厄织物和精美的丝绸花呢，揭示了他与权贵阶层的密切关系。荷兰的富裕市民为了表现自己遵守加尔文宗戒律，并不会不穿华丽的衣饰，但会在表面上看起来禁欲克制：基本上只穿深色衣服，给人一种朴素谦卑的印象。在经验老到的人眼里——在竞争对手面前，他们得保住面子——布料昂贵和剪裁考究是穿衣者生意成功的最佳证明。[2]英国清教徒穿非常简单的深色袍子，以避免虚妄炫耀之心玷污自己"纯净"的心灵，这与宫廷里浮夸奢侈的穿衣风尚形成鲜明对比。尽管如此，他们的高级官员和女性教徒——虽然与宫廷人员相比略显低调——却仍然身披明显更贵的衣料，而且衣服饰品颜色之明艳、细节之精巧，远胜今天电影里所呈现的样子。一件衣服，即使款式极其基础、朴素，只要它是纯黑色（或深色）的，就能

①　凯瑟琳·德·美第奇（Catherine de Médicis，1519—1589），法国王后，瓦卢瓦王朝国王亨利二世的妻子。
②　维多利亚女王（Queen Victoria，1819—1901），1837 年即位为大不列颠及北爱尔兰联合王国女王，1876 年加冕印度女皇。

赋予穿着它的人一种高冷、优雅和内敛感，有时甚至还有威胁感，这就是约翰·哈维①所谓的"黑色的赋能"。[3]

自 18 世纪中期，即西方思想启蒙时代以来，相较于女人，男人向外展示自己的方式逐渐发生了变化。在《有闲阶级论》（1899）[4]中，索尔斯坦·凡勃伦创造了一个词——炫耀性消费（conspicuous consumption），用以形容新兴富人阶级——大概从 19 世纪 60 年代开始崛起——以炫耀财富为目的的消费行为。凡勃伦还描述说，为了凸显自己的地位，男人开始避免轻浮艳丽和花哨烦琐的服装元素，因为他们认为这些都是女人和仆人才穿戴的东西。男人彰显自己财富的另一种方式，就是"他的"女人所穿的束身衣越能束缚活动越好，身上价值不菲的裙子也得华丽易破，难打理；另外，一个"真男人"还必须得养得起没什么实际工作的"花瓶"仆人，给他们穿上款式一样、让人行动不便的俗丽制服，我们今天在高端酒店和会所门口看到的那些制服颜色鲜艳、挂着金色穗子的侍者，就是过去"花瓶"仆人的遗存。20 世纪 30 年代，心理学家约翰·弗吕格尔②把上述变化称作"男性旧饰大弃绝运动"（Great Male Renunciation）：

----

① 约翰·哈维（John Harvey），小说家及评论家。自 1974 年开始在英国剑桥大学教授英文，2000 年成为文学和视觉文化领域的资深讲师。剑桥 Emmanuel 学院的终生院士。著有《黑色的故事：彻底改变人类文明史的颜色》（The Story of Black, 2016）等多部学术著作和小说。
② 约翰·弗吕格尔（John Flügel, 1884—1955），英国实验心理学家、临床精神分析学家。著有《服饰心理学》（Psychology of Clothes, 1930）。

从 18 世纪末到 21 世纪初，身着深色正装的男士看起来几乎没什么不同。

《玛丽勒本板球俱乐部的绅士们》，约 1935

他们的衣服布料厚重，量身定做的外套线条笔挺，脚上的黑皮鞋色深锃亮，颈上的领子和胸前的衬衫前襟硬邦邦的，白洁无瑕。借由此，男人向世界展示了他们的力量和坚毅，以及不被琐事干扰的专注。[5]

早些时候在某些场合，深色和全黑色的衣服男人女人都可以穿，比如 17 世纪的西班牙宫廷。但是后来，深色服饰就成了富贵阶层男性，以及渴望成为富人的下层男性的专属衣着。曾经的浓墨重彩，曾经让 18 世纪男人追捧的刺绣华美、缀满宝珠的背心和上衣外套，曾经泛着银光的绸缎马裤和细密精致的象牙色、奶油色、香槟色丝绸长筒袜——脚踝处还有漂亮的花卉刺绣，曾经有着杏仁色天鹅绒鞋面、镶着镀金蕾丝花边的白色尖头高跟鞋，曾经法国独裁时期所有令人咋舌的精致、奢华和巴黎式的浮夸、张扬，统统变成了明日黄花。男性服饰的华美，曾经比女性服饰有过之而无不及，就像雄孔雀在羽毛灰暗的雌孔雀面前大开其屏。

"男性旧饰大弃绝运动"标志着男性从乱花迷眼的服饰风格全方位退到了我们今天所熟悉的深色着装习惯。我们很难再仅从衣着来判断他们的阶层、社会地位，甚至收入多少，因为"质量上乘的普通深色服装和大批量生产的廉价衣服给人留下的印象相差无几"。[6]然而时尚的前进发展并非一向顺利，每一代人都会引领新的潮流。19 世纪后半叶，年龄和阅历仍然拥有威望。后来，当原本非同寻常的人开始显得平凡而亲民，他们的追随者也逐渐采纳了看起来合适而非时髦的东西。

黑色、深灰色、深蓝色细条纹的法兰绒或精纺毛呢三件套——后来成了两件套——西装，加上黑皮鞋和纯色领带，成了男人的标准穿搭，不论他是政府高官，还是普通职员，是律师、医生、商人、牧师、地产经纪，还是殡葬人员，甚至还包括低级文员和商店营业员。这种着装方式是 19 世纪时被"绅士的仆人，以及绅士自己"采纳的[7]，此后男人们一直穿着款式类似的深色套装——20 世纪 60 年代的嬉皮士除外——再配上一双彩色的袜子，内搭浅色的衬衣，或在深色西装的袖口再绣一个红色的扣眼。如果一个男人追求时尚，希望得到关注又不想招来嘲笑，一般都会选择这种保险的搭配。[8]20 世纪 80 年代，想在商界显得成熟干练的男人会穿"设计师"深色商务套装，这类套装比 20 世纪 70 年代的款式裁剪更平滑、更修身；最近，低调昂贵的深色西装在男性高级时尚中再掀潮流，这或许可以看作抵御金融不稳定时期的方式。

究竟是什么抑制了男性对美的追求，迫使他们选择细节甚少、剪裁极简的服装，而不是早前充满生机的华服盛装呢？难道那些穿深色衣服的历史人物早已掌握其中关键，预料到必须与夸张烦琐的衣饰保持距离，建立一套新的男性着装规范，才能更好地维护自己的权威？

很多人认为深色服饰有种神奇的魔力，其尖锐又难定义的时髭感能衬托出新兴中产阶层的权威感，尽管这种权威建立在根基不稳的收入水平上，而非源自家族世袭。19 世纪的这些资产阶级和今天大部分成功的职业政治家一样，都需要一种能与普通人产生共鸣的着装方式。他们摒弃了"你看我多美"的目标，"从此以后只希望自己一看就是有用的人"。[9]

过去二百年来，男装总体来说一直乏善可陈，如果不考虑面部毛发细节的区别，穿着同色系深色套装的 19 世纪的男人，很可能会被当成 21 世纪早期的人。诚然，最近留胡须和男士打扮的流行趋势已经使很多城市街道犹如回到了一个世纪甚至更久以前的面貌。在英国摄政时期[①]的巴斯，乔治·布鲁梅尔[②]和他的追随者开始穿着优雅的黑白色套装，紧致修身的浅灰白色裤子，加上一尘不染的白衬衫和深色短襟上衣，成为后世素净男性着装的先驱。同时，布鲁梅尔回避了所有轻浮的东西，比如香水和化妆品。泰奥菲尔·戈蒂耶[③]小说《莫班小姐》的男主人公极其热衷于打扮，他对镜自赏"一看就是好几个小时，聚精会神，无比专注，看看我容貌的美丽是否多了几分"。[10]布鲁梅尔认为，衣冠楚楚的绅士永远不应该引人注目，而应保持低

---

① 摄政时期，指 1811 年至 1820 年。英国国王乔治三世因精神状态不适于统治，任命长子、当时的威尔士亲王、日后的乔治四世为代理人，即摄政王。
② 乔治·布鲁梅尔（George 'Beau' Brummell, 1778—1840），现代男装开创者、男装风格领袖。"Beau"是法语，意为"美丽，美男子"。
③ 泰奥菲尔·戈蒂耶（Théophile Gautier, 1811—1872），19 世纪法国重要的诗人、小说家、戏剧家和文艺批评家。主要作品有《莫班小姐》（Mademoiselle du Maupin, 1835）和《珐琅与雕玉》（Emaux et Camées, 1852）。

　黑暗：光之外的文化史

调优雅。与女人的聚会相比，任何一场男人的大型正式聚会都像是一片灰色、深蓝色、黑色的海洋，所有男人淹没其中，毫无特色可言。

据说，简·奥斯汀书中的男主人公都穿严肃正经的深色套装，是为了暗示相应的"对男性表达情感能力的摒弃"。[11] 那时男装的外套和帽子都是深色的，外套裁剪得前襟短后襟长，只为突出新款紧身裤的塑形作用。保留了深色的马裤裤腿剪短至膝盖，以便浅色的长筒袜很好地修饰出完美的小腿线条。尽管如此，方兴未艾的单色调男装风格的确对外传递着男人对情绪表达的自我抑制，而这种风潮与近现代的"男子气概"概念是相辅相成的——至少直到最近，鼓励男性表达情绪才成了新潮流。今天的男性表现出了更加女性化的一面，但是他们的服装仍然以深色或中性色为主，保卫着自己的男性气概。有人说，男性在工作中和其他正式场合仍然选择深色套装，是因为他们不愿意，或者不能够放弃这身衣服所代表的由来已久的男性特权。

值得一提的是，当今年轻时尚男性"西装革履"时所穿的套装，在老一代人眼中就像是洗后缩了水。当代的新款西装上衣袖子更短，而且内搭经常是一件 T 恤，所以袖口不可能再有衬衣袖子露出。裤子也更短更窄，上身效果就像在模仿身高猛蹿、衣服变小了的懵懂男学生。这种风格传达出一种虚弱感，可以说削弱了一百五十年来所谓的男子着装权威，即千篇一律的简洁深色西装。

虽然普遍观点认为深色服饰能够提升男性的地位感，或者二者某种程度上有所关联，但是位高权重的男性在炎热的天气里会脱下厚重的深色西装，换上白色或浅色的轻便套装，以抵御太阳的炙烤。而在商场工作的大多是女性，她们也被要求穿黑色或深蓝色的套装，这样她们才不会分散顾客的注意力。这种工作制服在当代日本文化中被理解为是对个体性的适当限制，将商场营业员转变为必须谦逊地与商场背景融为一体的影子。不过，有一则关于 1901 年一场婚礼的记录表明，黑色服装也可以是喜庆的、女性化的、时尚醒目的：

婚礼，在这个春天诞生出了许多创新。黑色彻底摆脱了不被允许成为婚礼礼服颜色的命运。这位新娘让伴娘们穿上了漂亮别致的黑色连衣裙，将这项颜色禁忌封进了历史。[12]

按照凡勃伦的说法，18 世纪末长大的富裕有闲阶级倾向于消费"超出身体舒适所需的非必要贵重物品"。[13] 所以男人尽管经常穿深色服装，但衣服永远不可以显得质量差或有磨损，而且剪裁和款式必须一看就"不方便活动"。[14] 衣服太方便舒适就会使人看起来邋遢无能。另外，他们必须通过衣服不便活动的质感来彰显自己绝非体力劳动阶层。

女人总是被鼓励注重自己的外表，好让她们实现人生终极目标：成为有钱男人光鲜亮丽的陪衬，亦即成为男人财富和权力的生动证明。结果之一就是男人——虽然他们至少是造成性别差异的帮凶——很容易忽视女人身上的其他优点，甚至开始鄙夷他们一手创造出来的"蠢东西"。在男人看来，女人对衣饰有很大兴趣是因为她们天生爱慕虚荣，所以男人就要对这种无意义的琐碎乐事表现得不屑一顾，做出无声的对抗，从而保持自己的优越性。他们把朴素深色着装的习惯带进了学校，求学时也要穿深色裤子、鞋子、低调的外套或套头衫，以此证明自己每天思考的都是更高级更重要的事情。男人可能会喜欢装饰繁多的女性时尚——比如觉得性感或迷人，尤其是当女人专门为了取悦男人而选择衣饰的时候——但所谓女性时尚的真正作用，是把成年女性压制在男人的从属地位。"二战"后的大规模制衣时代，是男性时尚沉闷干涸如荒漠的时期——裤腿松松垮垮，衣料是新研发生产的人造纤维，难看又难闻，你对此一定多少有点印象——当时值得关注的现象是，如果男人没有什么盛装打扮的机会，比如化装舞会什么的，他们就会经常穿夸张的、凸显女性气质的衣服，张扬恣意的变装皇后们便是如此。这或许是男人心底想逃离现行男装标准之禁锢的证据。

具有权威感的深色男性服装可以是魅力四射的。黑色衣服也是法外之徒的标配，比如 17 世纪的海盗，以及 20 世纪 60 年代黑豹党极具挑衅意味的黑色打扮。深色衣服也可以意味着简洁、谦逊，正好匹配僧侣的生活习惯。

20 世纪早期的西方，女性仍然被紧得不能再紧的束身内衣捆绑着，此外还被专门设计得难以维护的衬衣和专门训练拖地步态的长裙限制着活动。时尚作家、历史学家塞西尔·威利特·坎宁顿①曾嘲笑过"激进分子衣着时尚的盛况，他们穿着最紧的裙子，要求着更多的自由"，说这是"时尚战胜理性的、令人无法抗拒的力量"。[15] 然而，"一战"的发生促使女人开始选择实用的深色套装，穿上了轻便的、没什么女人味的衣服。那时有一名时尚嗅觉敏锐的记者察觉到了这个变化，描写了简洁的深色衣服带来的影响："若说这可怕的战争有什么好处，其中之一就是给了女人展现美丽身体曲线的难得机会。"[16]

也就是说，把女性服饰里多余的虚饰——裙撑、扣子、蝴蝶结什么的——全都扔掉之后，反而可以令女性更优雅美丽。鉴于黑暗概念的模糊性及其相互冲突的关联，一定是根深蒂固的传统习俗让我们心有所感——当然，还有身体线条的作用。

227

然而，除了这些脆弱的线索，还有没有其他因素鼓励了男性一直穿最统一、最缺乏想象力的黑色衣服呢？毕竟，有些例子表明白色服装也能让人联想到邪恶，比如臭名昭著的三 K 党。鬼魂——信不信由你——在人们的想象中通常也身披飘忽的白布。白色不但可以代表纯洁无辜，也可以代表地位崇高，比如，罗马天主教中，只有教宗的法衣是白色的，画中的上帝也总是

①　塞西尔·威利特·坎宁顿（Cecil Willett Cunnington，1878—1961），英国医生、收藏家、服饰历史学家和作家。他过世后，《时代》杂志称他为"英国服饰研究的权威"。

身穿白衣。而西方人总给小婴儿穿白色衣服，所以白色又跟幼稚，甚至愚蠢联系在了一起。肮脏的紧身衣底色是白色，还有很多人的衣服总是白色的，不分昼夜，比如医院病人的病号服和校办工厂工人的"连体衣"。不管是从实际上还是从象征意义上来说，白色都很难保持干净。小说家艾莉森·卢里①有一个观点是，贵族运动网球和马球玩家都穿白色衣服，这一点都不让人感到意外——或许也能解释为什么温布尔登网球锦标赛上不允许穿有颜色的衣服。[17]

在一些文化中，白色是进行哀悼时的传统服装。在 20 世纪中叶的欧洲，人们仍然会举办"死亡婚礼"，即为死去的年轻人穿上白色的衣服然后卜葬，就好像死亡是他们灵魂的婚礼。在法国，死去的年轻女子会"身穿白色婚纱，头戴橙色花环"，躺在棺材里；在德国南部，她们会戴着高高的花冠下葬，花冠上有个字母 J，即德语 Jungfrau（意为少女、处女）的缩写。[18] 因此可以说，在西方，尽管白色不像黑色一样在负面联想词汇中占主导地位，但是白色衣服一样可以使人想到邪恶、死亡、精神折磨、失去和来世。

229　　尽管深色男装流行广泛，但自 19 世纪起，有财力拥有一套睡觉专用衣服的人，首选的睡衣颜色仍主要是白色。似乎就连那

---

① 艾莉森·卢里（Alison Lurie，1926—），美国康奈尔大学英国文学教授，1985 年凭借小说《外交事务》获得普利策奖。她是 20 世纪 60 年代崛起的女性作家群中的佼佼者。

些在权力的游戏深处游刃有余的人，也希望回到白色的纯棉和亚麻——回到包裹他们纯真婴儿的自我，以及属于天使和所谓的"次等性别"的布料中去。白色睡衣的出现，可能是因为人们白天穿在外衣里面的衬衫到了晚上也会单独穿着，不过它与纯洁的象征性关联依然存在。直到今天，人们仍然觉得睡衣应该是白色或浅色的，尤其是女装，仿佛女性一旦放弃在黑暗的夜晚穿着漂亮的白色或柔和色调的睡衣（纯洁天真的象征）睡觉，就会失去更多宝贵的东西。

另一方面，深色丝绸睡衣或黑色蕾丝睡衣则暗示着，主人就算睡觉，所穿的衣服也与日间外穿的衣服并无二致，都能凸显其高贵的社会地位；这样的睡衣就像是一种邀请，也可能引来危险，因为它故意让夜晚的空气里弥漫着暧昧色情的挑逗（法兰绒和涤纶摇粒绒睡衣可能就不会有这种效果，尽管人的品味不尽相同）。亨利八世曾送给安妮·博林①一件"黑色绸缎做里衬、黑色塔夫绸做表层，黑色天鹅绒镶边"的睡袍；假如他送的是一件浅色睡袍，说不定后来就不会轻易相信安妮背叛自己并将她处决了。[19]安妮充满活力的黑暗性欲令亨利欲罢不能，但这可不是一个必须长期做妻子的女人应该有的东西。

19世纪，人们对丧服有相当严格的限制。一个富有的寡妇应该：

———

① 安妮·博林（Anne Boleyn，1501—1536），英格兰国王亨利八世的第二任王后，伊丽莎白一世的生母、玛丽一世的继母。

3K 党的制服是白色的，但是代表着罪恶。佚名，约 1869，锡版照片

在至少一年的"深度哀悼"期间，丧服必须完全是黑色，由不反光的布料制成，比如斜纹布……深度哀悼一年后，寡妇要开始"第二次哀悼"。这个阶段的丧服要求不那么严格，白色的领子和袖口……是允许的。九个月后是"普通哀悼"，为期三个月，在此期间寡妇被允许穿丝绸和天鹅绒等有光泽面料的衣服……最后进入为期六个月的"半哀期"，寡妇这时可以选择灰色、紫色和丁香紫等柔和颜色的衣服。[20]

在西方，守丧服饰一向——从某种程度上说，至今仍然是——以黑色为主。像绉纱和斜纹布这样质感暗淡的布料用来做丧服被认为是最合适的，似乎是为了避免任何反光的可能性。1861 年阿尔伯特亲王去世之后，维多利亚女王命令举国同丧，让英国人穿了四十年的黑衣服。出于敬意而穿的黑衣服由此变成了高级时尚，而后逐渐成为流行在资产阶级当中的安全着装选择——在这段漫长的日子里，维多利亚女王从未脱下她的丧服。而正当鲜艳的颜色要重回时尚潮流的时候，"一战"爆发了，整个欧洲哀鸿遍野，很多人又不得不穿起了丧服。巴黎、柏林和伦敦的街道猛然间变成了黑色的。达芙·戈登夫人[①]——露西尔高级定制时装店（Lucile）的创始人——这样描述这种转变："一个星期之内，巴黎变得面目全非。街上到处都是穿着黑色丧服的

———

① 露西·达芙·戈登夫人（Lucy, Lady Duff Gordon，1863—1935），19 世纪末至 20 世纪初英国杰出的时装设计师，把女性从束身衣中解放出来，在时尚界掀起了天翻地覆的革命。

女人。"[21]1914 年的一个星期天，德国一个 16 岁的女孩在日记中说，她注意到自己的小镇突然"随处可见穿着黑衣服和戴着治丧面纱的人"。[22]

如果觉得穿丧服意味着远离时尚，那就大错特错了。在 20 世纪初，法国——这个醉心时尚的国家——服丧的时间尤其长，一部分原因可能是受到天主教信仰传统的影响，另一部分原因是丧服成功融入了高级时装的考量和制衣规则。除此以外，更普遍的是，社会地位越高的人，服丧的时间就越长，其过程也越完整，而且对于丧服的规定会延伸至珠宝首饰，比如要如何佩戴黑玉——这促进了约克郡惠特比渔村的贸易，那里出产黑玉——和德国、捷克的黑玻璃。然而当我们讨论服丧波及的范围时，需要注意的一点是，在"一战"前的农村地区，不论是否在服丧，人们穿衣服还是以黑色为主，富人也不例外。所以"一战"对于农村地区人们服饰的影响，不如对城市的影响那么大。美国时尚杂志《时尚》（*Vogue*）的主编埃德纳·伍尔曼·蔡斯①，描述过这一改变席卷法国的过程："这个国家一直有沉痛哀悼的传统。随着阵亡名单从战壕来到我们面前，随着葬礼成为首都人民以死为主题的社交活动，黑色宛如一股黑水巨浪席卷了城市和乡村。"[23]

————

① 埃德纳·伍尔曼·蔡斯（Edna Woolman Chase，1877—1957），于 1914—1952 年间担任《时尚》杂志主编，见证了《时尚》从一本社交名流杂志转变为记录年代风情与时尚的时装圣经。她是迄今为止担任《时尚》主编时间最长的女士（共 37 年），曾同时监制英国版、法国版和德国版《时尚》。

一些制衣公司，比如生产黑色绉纱的考陶尔兹（Courtaulds），在战争期间趁势发展壮大，但是没多久阵亡人数剧增，同时布料发生短缺，尤其在德国黑色染料极度匮乏，导致传统丧服供不应求，能穿上的人越来越少了。黑色衣服虽然与死亡这个概念的捆绑越来越松，但它在高级时装领域取得了一席之地，毕竟穿黑衣服既可以显得时髦，也可以表示自己在意前线正在发生的生死之事。《伊周》（*Femina*）杂志认为，由于战争消耗了大量资源，所以迫使时装变得更加精简，也浓缩了真正风尚的精髓。[24] 比如可可·香奈儿的小黑裙，就为既想精致时髦，又想向战乱表示同情的富人提供了很好的解决办法；而对于囊中羞涩的人来说，一条小黑裙——哪怕不是香奈儿的——也十分令人心动，因为它款式新颖，而且容易打理。

今天在发达国家，大多数女人的衣橱里都有几条黑裤子，既可以日常穿着，也可以用于正式场合和晚宴，非常实用。克里斯汀·迪奥坚持认为黑色是"最显瘦的颜色。黑色最能讨巧。任何时候、任何年纪、任何场合都可以穿黑色。黑色的好处够写一本书了"。[25] 日本前卫设计师山本耀司说黑色"谦逊却又高傲……慵懒而又随性——神秘莫测莫过于黑色"，但他的话中显然也碰触到了地狱的意味："'为什么会是黑色呢？'山本在巴黎的工作室问道。他留着黑色的胡子，黑色的头发落在针脚细密的黑色菱格纹毛衣上，腿上穿着亚光黑色的裤子，脚上的黑色运动鞋闪着猩红色的光。"[26]

黑色服装不但是高级时尚的宠儿，同时也是反时尚的武器。20 世纪 70 年代末至 80 年代初的朋克运动就是黑色的：蓬乱的头发染成黑色，黑色垃圾袋当衣服裙子，佩戴 S&M（性虐恋）饰品（比如缠在身上的黑色橡胶绷带和腰上的黑皮带），还有灰扑扑的黑色皮衣、破烂的深色衣服和珠宝。还要故意摆出一副冷嘲热讽和咄咄逼人的姿态，故意让人觉得不健康、肮脏和危险。不过，更多想与时尚划清界限的硬核朋克粉丝会只穿一件黑色 T恤和牛仔裤，也许再加一件机车皮夹克，就像卢里所说的"飞车党"（Motorcycle Gang）穿的那种。[27]

哥特风格在今天依旧风头强劲，它和相对温和的蒸汽朋克都是朋克时尚的衍生分支，而且二者的服饰都像维多利亚时代晚期丧服的夸张版，其中包括涂黑的指甲、死亡妆容、垂至地板的黑色亮面衣服和橡胶绷带。高级时尚最近利用鲜艳颜色大放异彩，但紧接着就有一批年轻女性通过再次身穿黑色衣服与它展开了对抗：

2017 年春夏秀场的大爆令人大开眼界，或许会让时尚编辑把钟爱的全黑风格（暂时地）打入冷宫。但是有一群美丽的暗黑系女神正步入聚光灯下，带我们进入新哥特风格——乌黑的发辫用发卡固定在头上，画着吸血锈红眼妆，厌恶阳光（拒绝用新推出的暖光滤镜）。[28]

你可能想说，黑色衣服只不过是持续变化的时尚潮流的一个阶段而已，但是黑色在时尚潮流中的不断轮回，以及黑暗概念在人们心中的不断复现，说明黑色和黑暗的确能使人联想到成熟和复杂、冥界和来世；说明它或许真能使人回归简单纯净，免受色彩的纷扰。

历史上那么多有关黑色的形象，再加上现代服饰历史中多不胜数的例子——比如垮掉的一代穿男女皆宜的黑色衣服，比如自认真男人的男人和不想吸引任何注意的男人选择黑西装，比如商业领域的女性身穿最小号的黑色高级时装、脚踩恨天高，比如壮硕的摇滚明星穿着黑色紧身裤——都证明黑色成为代表黑暗的"颜色"绝非毫无道理，神秘复杂是其吸引力的一部分。今天，西方人仍然认为黑色是属于年轻人的时尚，从头到脚一身黑并不一定适合年龄较大的人，不过这可能不是重点。人们之所以穿黑色，是因为黑色不取悦任何人。美国歌手约翰尼·卡什 [1] 解释说："我穿黑色是因为我喜欢。我现在仍然喜欢，穿黑色衣服对我来说仍然有意义。它仍然是一种反抗符号——反抗停滞不前的现状，反抗伪善的教堂，反抗那些拒绝接受他人思想的人。"[29] "黑衣人"卡什认为自己也是被蹂躏压迫的一代人之一，觉得自己是在"代表那些被时代和药物背弃的人"发声。[30]

----

[1] 约翰尼·卡什（Johnny Cash, 1932—2003），美国音乐家、乡村音乐创作歌手、电视音乐节目主持人，创作和弹奏演唱曲风多样，多次获得格莱美奖。他的黑色装束和特立独行的作风为他赢得了"黑衣人"（The Man in Black）的绰号。

当其他乡村音乐歌手全都身穿镶着水钻的浅色牛仔裤和鹿皮牛仔靴，他的黑衣装扮便与前者形成了鲜明的对比，非常有象征意义。[31] 他说除非世界变得更加公平，否则他绝不会考虑穿"彩虹"衣服。所以对卡什来说，穿黑衣服是一种忏悔方式[32]，就像一个基督徒等待着被救赎。

尽管黑色是表达政治异议和"不合作"自由意志的符号，但它也成了其他事物的象征符号，比如墨索里尼的黑衫军和纳粹党卫军。它是正式服装的颜色，是胆小者和守法者的颜色，是浪漫主义的颜色，是彷徨的宗教狂热者的颜色，是哀悼的颜色，也是人们在劳累的工作日里衣服的颜色。它是可以对抗现实的盔甲，但也是性产业大量使用的色情颜色。它是我们日常穿着的裤子、裙子和鞋子最常见的颜色，或者说"无色"。无论优雅正式还是休闲放松的款式，黑色服装正日益成为"现代性的象征色"。[33]

08

黑暗即光明

如果夜莺白天歌唱，歌声杂在群鹅的聒噪里，

别人绝不会以为它比鹪鹩唱得更美。

——《威尼斯商人》，莎士比亚

夜莺只在夜晚吟唱，相似的是，有些植物也只在夜间盛放花朵，把芬芳散向沉睡的世界，比如香气醉人的紫罗兰、夹竹桃、夜来香、睡莲，和夜晚时花瓣反光、形似喇叭的月光花（这些花由蛾子传粉授粉）。黑夜，比喧嚣的白天更能让我们好好享受花香的甜美，或许这就像当一个人周围全是大声争闹的人时，他的真正价值会被忽视一样。

那生活在黑暗里的生物是怎样的呢？大海深处的鱼一生都活在完全无光的环境里。生活在海面下 200 米深处的鱼，是生活在比它们更深 1000 米处的肉食性鱼类的猎物。这些住在海洋中层的捕食者都在夜间觅食，只有在天黑之后，它们的鱼鳔才会充气膨胀，浮上浅海；吃饱之后鱼鳔就会泄气，它们再沉回黑暗的领域。它们用极大的、对光线高度敏感的眼睛扫视上方昏暗的海水，寻找小鱼的影子轮廓。这种噩梦般的场景，让人不禁联想到电影《大白鲨》（*Jaws*）中大白鲨从水中看着上方的人腿晃来晃去的镜头。在浅海区，一些被当作猎物的鱼调整了身体的颜色，进化出泛着银色生物光的"反荫蔽"的腹部，从而在海洋中层的捕食者向上扫视时将自己伪装起来，与海水融为一体。然而，道高一尺，魔高一丈，有些海洋中层鱼类的眼睛进化出了黄色的晶体，能过滤掉缺乏红色的环境光，然后看清楚自以为伪装得很好、发出生物光的潜在猎物。[1]

猫头鹰的夜视能力极其出色。它们和深海鱼类一样，有着与身量极不协调的超大眼睛，加上识别最轻微的声音、再将声音反射回耳朵的羽毛轮状突起的非凡能力，猫头鹰能在最黑暗的环境中找到最细微的风吹草动。猫头鹰的眼睛和深海鱼的眼睛都是圆柱体，但与我们不同的是，它们的眼球不能转动。这就解释了猫头鹰特有的头部运动；它们的头最多可以转270度，而我们的头最多只能转90度。猫头鹰可以像潜水艇的潜望镜一样扫描周围环境，等待着时机悄悄滑向毫无防备的猎物，而不会因为转动身体打破夜晚的寂静，捕猎落空。它们的翅膀也适应了这种捕猎方式，飞起来时只有最轻柔低沉的拍击，几乎不会发出任何声响。

我们可能跟亚里士多德一样，误以为鼹鼠都是瞎子，但其实它们是有部分视力的。1917年，自然博物学家弗朗西丝·皮特[①]对一只被捉住的鼹鼠进行了观察，她描写道："它（鼹鼠）能在黑暗中辨识出光线，但不能跟人一样看清楚事物，而是有时能看到一个黑影。例如一个人从它和光源之间经过，在它眼中所产生的影像足以吓坏它。"[2]即使是眼睛完全被皮肤覆盖的伊比利亚鼹鼠，也能看到足够多的东西而避开强烈的光线。[3]马丁·柯林森

---

① 弗朗西丝·皮特（Frances Pitt，1888—1964），英国女性博物学家，野生动物摄影先驱。

斯氏蝰鱼（*Chauliodus sloani*）夜间会从深海浮到浅海觅食，快速游向猎物并用长牙刺穿其身体。它长长的脊刺顶端有一个发光器，发出的光忽明忽暗（即生物发光过程），用以诱捕小鱼

（Martin Collinson）解释说，"鼹鼠有大量的特殊类型的视网膜细胞，其作用是控制鼹鼠的生物节律"，因此，认为"鼹鼠的眼睛正在退化直至完全消失"是错误的。鼹鼠的自然栖息地绝大部分位于地下，眼睛如果没有皮肤覆盖保护，它们挖土打洞的时候就会很容易被掉落的土屑伤到。鼹鼠挖的地堡，或叫"冬宫"，是一个由隧道将多个洞穴串联起来的复杂网络，一年当中最冷的时候，它们会睡在其中。不过在温暖的夏天，我们也很难见到它们出来在太阳光下活动。柯林森承认："我们应该听从村民的建议，因为任何一个捕鼹鼠的人都知道，鼹鼠的作息是早上起床，中午小睡，然后晚上睡觉前才会再次活跃起来。"[4]

夜间活动的老鼠（它们是猫头鹰的食物）的鼻子里有一个特殊的器官——犁鼻器（VNO），这个器官不仅能让它们辨认同类，还能感知掠食者的气味。猫科动物也有犁鼻器，如果你看见一只家猫突然张开嘴巴、嘴唇后咧的奇怪表情，好像感觉很恶心似的，那它其实是在收集气味，把更多气味吸入鼻腔。此外，一些夜间捕猎的蛇会利用"红外线感受器来探测老鼠的体温"。[5]

"弱眼蝙蝠"和鼹鼠一样视力很差，但它可以用回声定位能力在夜间导航：回声定位器官每秒发出大约 200 次脉冲，然后利用返回的声波计算物体的方位、距离，甚至物体的材质。[6] 当一只蝙蝠擦身飞过，你可能不会对它的样子有任何印象，而是会被一种奇怪的感觉所震撼。这种感觉非常可怕，因为这种会飞的小

《樱花和夜莺木刻》，日本武备装饰，滨野寿随，约1875，金银镶嵌

型哺乳动物和黑暗一样，被人赋予了太多超自然的恐怖象征。

　　自然界的夜行动物就是这样适应了黑暗。几年前，我在意大利看到蝙蝠从一个旧谷仓上空飞舞俯冲，就像黑色的斑斑点点映在缀满繁星的深蓝色天空上。这些小生物——有人觉得它们也很害羞——被认为是德古拉伯爵和吸血鬼的化身，担心它们袭击牛群并传播疾病的农民会驱赶它们、消灭它们，却忘了蝙蝠是吃害虫的"好动物"。[7]不过，说蝙蝠害羞或神秘，也只是我们稍显美好的幻想。它们身上携带多种能威胁人类生命的病毒，比如埃博拉病毒和 SARS 病毒，但自己并不会发病。生态学家凯特·琼斯[①]说蝙蝠"是隐身的——它们晚上出来活动，但你看不到它们"。[8]如果把蝙蝠拟人化，可以说它们是"局外人"，而且对威胁我们生命的病毒免疫，但是它们在人类的迫害和污染面前却非常脆弱。蝙蝠总是被拍到对着镜头咆哮的样子，其实是因为摄影师为了让它们睁开眼睛就戳它们，这是它们被迫做出的防卫动作。日趋严重的光污染破坏了它们的栖息地，它们被风力发电机上的灯光吸引过去，但那里形成的空气隧道会导致减压病，损伤它们的肺。

　　保罗·博加德（Paul Bogard）在《黑夜的终结》（*The End of Night*，2013）中写道，很多昆虫、鸟类和蝙蝠被拉斯维加斯——世界上最明亮的城市——卢克索赌场的灯光吸引而来，

──

① 凯特·琼斯（Kate Jones），伦敦大学学院生态学和生物多样学教授，生物多样性建模研究小组主任，特别研究蝙蝠。

"就像反光纸片飘浮在灯柱的白色光晕里"，它们因此迷失了方向，无法回家哺育自己的孩子。世界上大约三分之一的动物都是夜行动物，所以城镇明亮如闪电的灯光不仅打乱了人类自己的复杂生物钟，也扰乱了自然界的生物节律。[9]大面积的电灯照明会扰乱并遮盖自然光源发出的亮度有限的信号，夜晚的人造光像太阳光那样明亮，模糊了月光和月相周期，不仅打乱了生物一天的时间感，也扰乱了生物的季节性行为：

> 很多动物对新月和满月，以及不同的季节产生不同的生理反应。春季树枝发新芽和鸟类繁殖，都依赖自然光持续不断地发出时间和方位的信号。蜣螂也可以通过银河来确定方向。[10]

但是蜣螂只能在银河不被灯光湮没，或者它自己没被人造光源误导的情况下成功定位自己。

灵长目动物当中也有一小部分拥有像海洋中层鱼类和猫头鹰那样的超强视力，它们是马达加斯加的狐猴、非洲的婴猴和树熊猴，以及东南亚和印度的懒猴（或称蜂猴）。这些猴子的眼睛都特别大，眼里还有一层反光层，让它们拥有了非常出色的夜视能力。这些行动缓慢的夜行生物从一个树枝爬向另一个树枝时，看上去就像悬停在那里。1754 年，植物学家和动物学家卡尔·林奈将它们命名为 lemur[①]，因为它们主要在夜间行动，走路的样子

———
① 林奈《自然系统》第 10 版 Lemur 属中共有三个种，后人在进一步研究的基础上，已对这一分类做出修正。——编者注。

有几分像人，行动速度缓慢。[11] 林奈很可能引用了古罗马神话中的拉丁语词 lemures（鬼魂，亡灵）；传说古老的利莫里亚文明会举行专门的仪式来纪念亡灵[①]。他给懒猴起名的时候，很可能脑海中浮现的是它们瞪大眼睛的表情，或者像鬼泣一样的叫声，而且他一定在想象它们和人类之间的相似之处：大睁着双眼，在充满不确定性的黑暗中摸索前进。

1882 年，在这个电力带来的新时代，一天晚上马克·吐温看到有一条船的探照灯打在密西西比河的岸边，灯光吸引来了许多鸟在那里活动，这令他非常担忧。他记述道，有的鸟"高声吟唱"，还有数百只鸟"在白色的光柱里飞来飞去，横冲直撞"。[12] 几乎在同一时间，也就是强力弧光灯广泛使用的时代，在纽约港"新落成的自由女神像基座上，鸟类和蝙蝠的尸体堆成了山"。[13] 这样的"屠杀"标示着此后电灯将继续扰乱生态，威胁野生动物的生命。

今天，全方位式的夜间照明会误导昼行动物，导致甲壳虫乐队歌曲里描写的黑鸟在夜晚最黑暗的时候，站在过于明亮的街灯下的梧桐树上，在郊区房屋的窗外唱歌。尽管相关委员会已经要求调暗了街灯，而且确保灯光要向下打来减少对夜空的干扰，但是灯光对于生态环境的影响仍然存在，仍然干扰着动物和昆虫的定向，甚至扰乱了植物的节律。博加德在书中讨论了夜晚灯光引

---

① 有学者猜测，在马达加斯加传说中，狐猴是其祖先之魂，这影响了林奈的命名。

发的一系列生态问题：迁徙的候鸟被吸引到了城市里，刚出生的小海龟被灯光迷惑，向远离安全大海的错误方向爬去。[14] 街道上灯光太亮会增加动物被车撞死的概率。哪怕在光线很暗的偏僻公路上，动物也会被突然出现的高亮度车灯晃晕，然后被撞死。人们还发现，连适应性最强的动物也因灯光减少了夜间觅食的频率，它们的繁殖周期也被严重扰乱。

多关心并思考一些具体的生态问题对人类自己的福祉也是有好处的。农民不但需要依靠蝙蝠杀死毁坏庄稼的害虫，而且也离不开飞蛾——现在我们总能看到它们扑向灯泡——的重要作用：帮助植物传授世界上 80% 的花粉。飞蛾的种类成千上万，"但是只有六种蛾子会在白天活动"。[15] 确实，人类到了晚上就睡觉，所以就忘了黑夜对于自然界来说有多么重要，多么充满生机和活力。

晚上我们看不清东西，但是"如果我们有能力感知放射线并将其转化为视觉光谱的一部分"，我们就也能看到鱼类、狐猴和飞蛾眼中的神奇世界了。[16] 与蝙蝠、海豚、齿鲸相似的是，有的盲人也发展出了回声定位的能力：嘴巴发出弹舌音或用手敲击导盲棒，然后通过回声来找到并辨认物品。他们接收声波的方式跟有视力的人接收光波是一样的，不同之处在于，盲人在黑暗无光的夜里一样可以找到方向。

科学能帮助我们提高夜视能力。热成像仪可以通过周围环境中体温更高的物体来显像，我们都在电影中看到过夜间军事作业

242

的场景，通常是荒漠里戴着夜视镜的士兵发现了人的高体温。人们把热成像技术叫作"魔法"，但其实这种"魔法"源自自然界，是受到蛇的红外线感应能力启发而研发的仿生视觉技术。

同时，受到浅海鱼所进化出的浅色肚皮启发，科学家又研制出了一种能防止热成像显像的材料，可以用于任何物体的表面，于是被纳入了防御方——以及进攻方——的军事迷彩装备。这种名为碳纳米管黑体（Vantablack）的材料据说是目前已知的最黑的物质，可以吸收最高达 99.6% 的可见光波段电磁辐射。萨里纳米系统公司（Surrey NanoSystems）的本·詹森（Ben Jensen）这样描述该材料的用途："它可以减少杂散光，提高高敏望远镜观测最暗星体的性能……它极低的反射率改良了地面、太空及空中仪器的分辨率。"[17]

最近，媒体针对雕塑艺术家安尼施·卡普尔① 引发了争论，因为他独家收购了碳纳米管黑体材料并将其用于艺术创作。卡普尔解释说，自己是被碳纳米管黑体的变革性所吸引："想象一个极致黑暗的空间，你走进去就失去了一切感知，无法感受到自己在哪儿、你是谁，特别是失去了对时间的感知能力。"[18] 另一位当代艺术家，斯图尔特·森普尔（Stuart Semple）为了打破卡普尔对碳纳米管黑体材料的垄断，研发了一种替代涂料，"黑色 2.0"，宣称它是"世界上最无光泽、最单一的黑色艺术材料"。

——

① 安尼施·卡普尔（Anish Kapoor, 1954 —），生于印度孟买，印度裔英国籍艺术家。代表作《云门》（Cloud Gate）。

但森普尔也说："这不是世界上最黑的黑色，但是比世界上最黑的黑色更好，因为它真的可以为艺术家所用。"[19]

碳纳米管黑体和"黑色2.0"的"黑暗"程度都足以吸收所有光线、不让一丁点光线反射逃逸出来，就像黑洞一样。黑洞存在于每一个星系的中心，非常神秘。[20]最近科学的进步使我们能够计算出黑洞的质量和大小，但黑洞里面究竟是什么对于我们来说仍然是未解之谜。科学家把这种天体命名为"黑洞"，是用"黑色"和"黑暗"来比喻人们对它的"未知"，所以某种程度上来讲，"黑洞"代表的是"虚无"。我们与不可穿透的黑暗共存的悠久历史，以及对于恐怖的虚无和激流暗涌的深渊地狱的想象，再加上肮脏漆黑的地牢——比如臭名昭著的加尔各答黑洞①——留在我们记忆中的阴影，全都投射到了黑洞这一强大的天体形象上。当感到悲伤或抑郁，我们会说感觉就像身体里有一个黑洞，意思是我们体会到了一种超过承受能力、难以言说、无穷无尽、没有实际意义的厌恶感。而我们竟会想到太空，用天文学词汇来表达自己的困惑。而且那些受过相关教育，知晓太空复杂性的人，也可能会用黑洞的意象来表达这种空洞虚无的情绪。

暗物质也是一个类似的暂时命名，用以描述"目前还未解决的引力现象"的问题。[21]星系中充满暗物质，像一个巨大的

---

① 加尔各答黑洞（Black Hole of Calcutta）是法国于1756年在孟加拉仓促建立，用来监禁英国俘虏的小土牢，环境极其恶劣，面积只有约23平方米。1756年6月，监禁于此的146名英国人和印度人中有123人窒息身亡，引起了国际争论。

粒子汪洋，这使人联想到古希腊的胚种论（panspermia），大意是宇宙中的有机粒子，构成或包含了生命的胚种。有人认为这些假说中的胚种会像宇宙里的细菌尘埃一样席卷太空，是引发地球上新传染病的源头。地球上的生命可能起源于这些微生物或生命的化学前体，它们到达环境适宜的行星之后就会启动进化。

244　　"暗能量"的概念被用于解释"已观测到的宇宙加速膨胀"现象。[22] 它也是临时性的称呼，指的是一种目前尚不可知的宇宙能量形式及其源头。宇宙学家罗伯特·考德威尔[1]曾略显无奈地说，等我们有了更多了解之后，就会给暗能量起一个"更光鲜的名字"。[23] 但是起名字总跟黑暗有关也不一定是坏事，因为出现更多"黑暗"的名词标志着我们对宇宙的了解在不断增加。暗物质和暗能量之间有许多不同之处，不过都跟万有引力相关——比本书能涉及的范围大太多了——而且二者都是用来描述令人震惊且复杂的宇宙未解之谜的。这些术语背后的概念涉及世界和我们自己的本源，所以不妨把它们当成人类潜意识中对每一个人、地球、银河系乃至整个宇宙之神秘本质的呼唤。马丁·沃德也曾表示这种命名方式对于天文科学的意义：

　　我想说的是，黑暗就是我们的未来。如果你对宇宙做一个测

---

① 罗伯特·考德威尔（Robert Caldwell），英国达特茅斯学院理论物理学家，物理和天文学教授。

算——一个系统全面的测算，包括物质、能量等一切——用百分比来表示，那么宇宙中 25% 都是暗物质……暗物质是一种亚原子粒子，但我们并不清楚它到底是什么……另外，宇宙的三分之二是由暗能量组成的……我们生活在用光做成的泡泡里。我们在可见宇宙里看到的东西，只占到剩下的三分之一宇宙的 4% 或 5%……所以，你我皆是微尘。黑暗就是一切事物的本原形态。[24]

　　难怪黑暗占据着我们的思想，黑暗的不确定性弥漫在我们的语言之中。在英国皇家天文学会的一次聚会上，我听到有人回忆起了他在美国国家航空航天局一个站点观测的一次月食。这个站点位于弗吉尼亚海岸线的沃洛普斯岛上。那天晚上夜黑如墨，火箭正被发射升空。遥远外太空的环状星云清晰可见，它的内部是一个将死的恒星，外面环绕着发着光的气体，形状就像一个镶着闪亮宝石的订婚戒指。在火箭发射间隙的寂静里，还能清楚听到几英里外大陆上的鸟鸣声。回忆月食的人说，那一刻他突然体会到了宇宙的无限，那种感觉他永远不会忘记。

　　尽管宇宙中有无数的恒星和星系，但我们观测能看到的基本上只有黑暗，一片漆黑的天空，这种奇怪的现象叫作奥伯斯佯谬（Olbers's paradox）。科学家推测，这可能是因为宇宙尘埃挡住了遥远星体的光，或者有些光源太过遥远，超出了可见范围。但是，天文学家凯伦·克维特（Karen Kwitter）表示，这个问题最好的答案是光的传播需要时间："我们永远不可能同时看到来自所有恒星或星系的光，它们与地球的距离是不同的。最遥远的星体的光可能还没有到达地球，或者它的光已经到达了，但是由于这个过程过于漫长，该星体附近的星体都已经燃尽变暗了。"[25]

在无尽的黑暗中，日食总能打败碳纳米管黑体和其他竞争者，成功吸引我们的注意。日食可以说是我们肉眼可见的一种"黑洞"，能让我们暂时忘却自我，魂归宇宙。我们的祖先对月食和日食的解读方式是，有怪兽吞掉了月亮，或者生命之源——太阳。维京人相信是狼吃掉了它，越南人认为是一只巨大的青蛙干的；而中文则说"食"，用表示"吃"的含义的词来指代月食或日食。当自然界震慑我们时，比如大晴天里忽然阴云密布、黑云压城，我们可能会一瞬间意识到，在我们主观的生活中，一切都那么广袤，那么陌生，那么不受我们控制。由此，我们就能明白突如其来的日食、月食对过去的人来说是多么非同寻常、多么危险，是多么不详的预兆。在弥尔顿的长诗《力士参孙》（1671）中，参孙——被削发挖眼后投入监牢——被比作经历日食的太阳，他超人般的能力被遮蔽了："哦，黑暗，黑暗，正午太阳光辉中的黑暗，太阳被遮蔽了，被不可消除的黑暗遮蔽了，白昼再现已渺然无望！"[26]这个比喻强调了他自身的毁灭："我的太阳是黑暗的，她沉默如月，她抛弃了黑夜。"[27]

在中世纪和文艺复兴早期，艺术家借用日食、月食、流星和彗星的意象来表现重要非凡的事件，比如许多描写都相信耶稣受难时就发生了日全食，白天变成夜晚，光明变成了黑暗。[28]17世纪晚期出现了许多彗星，约翰·伊夫林对该现象可能的解释进行了思考："最近出现了几颗彗星，虽然我相信它们是由自然原因产生的，而且自然对它们本身也没有施加什么作用，但我不能轻视它们。它们可能是来自上帝的警告，因为彗星通常是他开始审判的预告。"[29]

从字面上说，食（eclipsing of light）的意思是神力存在的证据。1330年7月16日，画家塔代奥·加迪 ① 因为看日食而双眼失明。他在佛罗伦萨圣十字圣殿的巴隆伽里小圣堂绘制了许多壁画，并把日食意象融入了《给牧羊人报喜》（约1330）的壁画中。画中的一个牧羊人遮住了眼睛，阻挡天上耀眼的光芒，就像在模仿加迪原本应该采取的保护措施。奥斯定会传教士卡夏的西蒙·菲达蒂在一封给加迪的信中斥责了他愚蠢傲慢的好奇心：

你的眼睛之所以受伤，是因为你带着怀疑望向天堂。因为你向造物主仰起了傲慢的脸，想知道那些你知道了没有好处的事情，而不是要赞美他的威严，也不是要赞美他创造的奇迹，因此你的眼睛被黑暗蒙蔽了。[30]

———

① 塔代奥·加迪（Taddeo Gaddi，1290—1366），中世纪意大利画家、建筑师，文艺复兴早期很有影响力的画家。

2011 年月食时大雅茅斯 (Great Yarmouth) 的港口。卡塔日娜·科尔曼 (Katarzyna Coleman),《月食》,2011,纸面丙烯和墨水

在 G. K. 切斯特顿①的诗《驴子》中，这头驴是在"月亮变成血色"的时候出生的。这显然就是月食的时候，地球的大气层过滤掉了蓝色光，余下穿过大气层到达地球的光就让月亮看起来是红色的。这首诗中描写驴子的细节与人类自己面对日食、月食时的反应②形成了对比，而在月食下出生的驴子都懂得谦卑，并且似乎在背负着基督前行，看来日食或月食的确是有重大意义的神迹。人们认为月相的变化会影响我们，甚至导致精神错乱——所以英语中的疯子是 lunatic③——但是变幻无常的月亮仍然是浪漫爱情的永恒象征。

预告即将发生日食或月食时，很多人都迫不及待地想去看，哪怕能看到日食或月食的地方很远、他们真正能看到的部分很少，他们也会不辞辛苦，大费周章地前去体验。我们渴望得到这类事情的第一手经验。寻找北极光或南极光的游客，追求的是对更宏大广袤的黑暗的体验，他们可能会想起凡·高告诉弟弟提奥的话："在我看来，夜晚往往比白天更有活力，更色彩斑斓。"[31]

248

2015 年曾发生一次日全食，只能在法罗群岛和大西洋北极圈内的斯瓦尔巴群岛观测到，但是为了在万里无云的北极天空下

---

① 即吉尔伯特·基思·切斯特顿（Gilbert Keith Chesterton, 1874—1936），英国作家、文学评论家及神学家。热爱推理小说并亲自撰写，所创造最著名的角色是《布朗神父探案集》的主人公布朗神父，首开以犯罪心理学方式推理案情之先河，与福尔摩斯注重物证推理的派别分庭抗礼。
② 指前文提到的加迪傲慢地观看日食的行为。
③ Luna 是罗马神话中的月亮女神。

黑暗与光明交替的时刻。牛津的威廉·透纳,《巨石阵暮光》,约 1840,
水彩

《中路北段》，卡塔日娜·科尔曼，2016，纸面丙烯和炭笔。画作出自对大雅茅斯市德内斯南部毗邻熏制房的狭长小巷的研究

一睹日食的难得机会，许多人都不畏艰险跋涉到了目的地。这种超凡的体验对他们来说十分重要。他们当中许多人都渴望日食能在自己身上引发一些与祖先有关的更纯粹，当然也更反科学的反应，或者希望能借此与大自然建立超越感官的高级联系，让自己在神奇之境彻底释放。

艾萨克·阿西莫夫在短篇小说《夜幕低垂》（*Nightfall*，1941）里想象了一个永远没有黑暗的星球。[32] 而当黑暗降临，它带来了恐慌、毁灭，以及——如 J.R.R. 托尔金笔下第三纪元那样的——绝望。《夜幕低垂》是阿西莫夫看到拉尔夫·沃尔多·爱默生的一段文字之后有感而作："设若苍穹繁星，千年仅得一见，试问世间凡人，又当如何赞叹，且将这片刻记忆，千秋万代流传？"[33]①

在爱默生看来，光代表着超验。金·霍尔说日食和月食会唤醒"白天和黑夜被造物主分开之前的原始混沌状态"，事实上，一般来说，日食和月食引发的黑暗——笼罩一切、吞没光明的无尽黑暗——更容易让我们战栗和触动。[34] 但是黑暗之所以有这种力量，可能是因为光明才是在我们的文化中占据主导地位的。到了夏天，亚北极地区的法罗群岛和设德兰群岛的夜晚是泛着白光的，黑夜和白天几乎没有区别，非常独特。这种怪异而持久的日光很容易让惊悚小说家、作曲家等产生威慑感和神秘感。

———

① 引自《夜幕低垂》，（美）艾萨克·阿西莫夫著，骆香洁、叶李华译，天下文化出版公司，2000。

2007 年，联合国教科文组织通过了一项决议，提出"欣赏星空是人类不可被剥夺的权利"，支持了人们对不受污染的夜空的渴望。[35] 全世界范围内展开的"黑暗天空"活动旨在减少人造光对夜空的污染。美国科罗拉多州的两个城镇已经在共同尝试向民众展示让夜空保持黑暗的好处。相关活动的一位参与者表达了对于人们看待电灯态度的叹惋："出于无知，人们总会选择最便宜、最亮堂的照明方式。把这种亮度放大 200 300 倍，夜空就消失了！"[36] 减少照明是很重要的，不过即使是在建筑密布且没有发生月食的地区，抬头看一看被光污染的淡青铜色午夜天空，虽然见不到几颗明星，但已然足以令人着迷。当你躺在市中心的草坪上望着这样的夜空，你可能会忘了自己身在何处，恍惚间只感到浩瀚苍穹时而触手可及，时而相隔天渊。

结论

非洲的夜空非常值得一观，用亨利·戴维·梭罗的话来说就是，"夜空的黑暗是那么厚实，甚至可以用刀切开"。[1] 它又厚又近，把你包裹起来的同时却又好像把你拉起来带向远方，像宇宙太空一样缥缈虚无。未受到光污染的夜空既可以看上去遥远得超乎想象，也会让人感觉好像要被它吸进去，就像我们盯着大树的枝杈时会恍然觉得被它裹起来了似的。本书一次又一次地引用诗歌，因为诗歌可能是最能传达黑暗的奇异特质的媒介，因为黑暗既可以代表爱情，也可以代表仇恨，既具有超然静谧的美丽，又透出毫无意义的虚空。不过话说回来，黑暗又似乎才是万物之源："黑暗是你的嘴，我从其中漂流出来。"[2]

文明的发展无情地增强了我们照亮黑夜的能力，这个过程或许可以等同于人类追求知识的过程。然而尽管文明多智如现代人，黑暗对于我们依然是本质上模糊诱人、内涵复杂的概念。夜晚的意义不仅在于睡觉和做梦，还在于回忆白天，并给我们思考和感受的机会。光天化日之时，我们也许渴望黑暗，但同样，我们也需要光亮制造阴影，好让我们黑暗的思想有处栖身。

我们尽可能多地讨论了黑暗的方方面面，心中仍然对黑暗存有一定的敬畏。光明有助于我们看到事物，但黑暗中也有一些奇特无比、难以言说的东西深深吸引着我们。黑暗那么难以捉摸，可如果我们琢磨透了，它的威力一定会大大减弱。因此，我们的语言和文学总是告诫我们不要信任黑暗。哪怕它吸引了我们，哪怕它马上要揭示自己的本质，我们也会开始怀疑，正如班柯所警告的那样："（魔鬼）为了陷害我们，才让黑暗故意向我们说些真话。"[3]（《麦克白》第一幕第三场，133）

与黑暗极端相反的状态也会令我们难以承受。比如大范围的电灯光会毁掉夜空的美，比如在私人关系中如果一切透明、毫无隐私，就太粗暴且很有破坏性，会践踏一些虽不能明说但仍有价值的东西。契诃夫的话剧《万尼亚舅舅》（1898年）中有一幕是，索尼娅发现阿斯特洛夫既不爱她，也不能爱她。许多年来，索尼娅一直猜想阿斯特洛夫会不会来照顾自己，直到叶莲娜直接质问阿斯特洛夫，让那些从未说出的话通通吐了出来，索尼娅深藏的感情被残忍地揭开示众。于是，她不得不放弃希望。叶莲娜声称想让事情说得像白天一样清楚透彻，毁掉了索尼娅的爱的可能性，也把支撑索尼娅的不确定的幻想彻底击碎了。索尼娅接受了阿斯特洛夫对叶莲娜质问的回应，神情黯然地说了句"我懂了"。

虽然我有意着重强调黑暗，对抗着崇尚光明的舆论风潮，但实际上二者相互依存，不可或缺。哲学家黑格尔说"密涅瓦的猫头鹰在黄昏时分才开始飞行"，意思是人们在处于经验和反思之间的状态时才会对事物有所理解。[4]这种平衡观，以及对

"密涅瓦的猫头鹰在黄昏时分才开始飞行。"猫头鹰形象出现在了这枚四德拉克马银币的背面，约公元前 182—前 181

"学""思"循环重要性的认知，也可以应用于光明和黑暗的二元讨论。用戏剧作家艾伦·艾克伯恩的话来说就是："主旨越是黑暗，你就要越多地描写光明。反之亦然。"[5]

黑暗和光明不是截然对立的两面，它们是阴和阳，是感知的两个方面，相互依存，相互影响，本质上是互补的。然而从启蒙运动开始，西方思想变得过于注重光明、贬损黑暗。这样做的结果反而也牺牲了光明，将它捧上了至高无上的统治地位，却名不副实，无以为继，颇为讽刺。理性的存在目的是消除非理性，但这可能会导致我们忽视人性中共通的重要方面。例如，爱上某人不是一个理性的决定，长久的友谊和忠诚也不是全靠理性维系的。同样的道理也适用于陡然而生的和持久的厌恶感："我不喜欢你，费尔医生。我也说不清楚为什么。"[6]

东方哲学可以帮助我们了解人性中共通的非理性的重要方面。道家有句话叫"直木先伐"，意思是当人们到森林里伐木取材时，那些不彰显自己有用的树木——那些扭曲变形的和深藏在幽暗灌木丛中的树——更容易逃过利斧而存活下来。[7]倒下的都是笔直的参天大树，也就是那些光芒四射、太过显眼的事物。所以在黑暗与光明的角力当中，人们会说光明才是因受到过多关注而被损害的那个。此刻我们就可以求助于阴阳的概念，用以描述我们应该如何体会黑暗和光明，以及应该如何全面地、辩证地看待它们。

有些关于黑暗和光明的问题有时候会变得过于极端，也就是非黑即白。但事实上，黑夜可以是欢笑喜乐的时间，是笙歌痛饮的时间，是轻松闲谈的时间；而白天阳光下，或者心怀光明时，人们做的事情也一样可以十分严肃或亲近私密。当我们上床睡觉，知道第二天期待已久的事情就要发生，黑暗就会充满希望。我们睁着眼睛躺在床上，不停地想象着明天，而且不需要像做夜祷那样肃穆。此时此刻整个世界都是属于我的，我可以随心所欲、天马行空，白天的现实和责任全部扔在九霄云外。而思绪所到之处也不必非要深刻玄奥：

"你的心是否参悟……这世上只有一种真实，我们都是这真实的影子；世上所有都不过是一个中心的不同表征：个人是全人类的不同样貌，全人类是上帝的不同显现？"

"否。"布朗神父答道。[8]

注释

引言

1. 维克多·雨果,《我生命的附言》;引自瓦尔特·本雅明《拱廊计划》;英文翻译:霍华德·艾兰和凯文·麦克劳克林(马萨诸塞州剑桥,1999),第396页。

2. 法蒂玛·梅尔尼西;引自詹姆斯·阿特里《夜曲:月光的研究之旅》(伦敦,2011),第42页。

3. 路德维希·维特根斯坦,《逻辑哲学轮》;英文翻译:弗兰克·P.拉姆齐和查尔斯·凯·敖格顿(伦敦,1922)。

4. 伊妮德·布莱顿,《诺迪又来了》(伦敦,1951),第36页。

5. 托马斯,特拉赫恩,《水中阴影》,收录于《托马斯·特拉赫恩诗歌与散文》(伦敦,2002),第51页;《功成圆满》,收录于《托马斯·特拉赫恩文从第六卷》(伍德布里奇,2017),第188—190页。

6. 《理解影子》,迈克尔·赛蒙斯·罗伯茨,英国广播公司四台节目,2016年7月31日。

7. 谷崎润一郎,《阴翳礼赞》;英文翻译:托马斯·J.哈珀和爱德华·G.塞登斯垂柯[1933](伦敦,2001),第47页。

8. 哈里斯·J.索宾,《面纱与阴影:勒·柯布西耶1928—1936年于北非的建筑》,收录于《法国殖民历史学会会刊》第19期(1994),第187—199页。

9. 伊丽莎白·斯特劳特,《我的名字是露西·巴顿》(伦敦,2016),第82页。

10. 戴维·金斯利,《印度教女神:印度教传统中的圣女形象》(加州伯克利,1988),第118和162页。

11. 莎士比亚《奥赛罗》,伊阿古致布拉班修(苔丝狄蒙娜的父亲):"先生,你被抢劫了……甚至现在,就此时此刻,一只老黑公羊正在爱抚你的白母羊。"(第一幕第一场)

12. 如今,美白产品随处可见,不过通常都是通过邮购或网上悄悄销售。例如,人们针对歌手迈克尔·杰克逊肤色的指责表明,相关不安情绪依然存在。

13. 在1778年的一次布道中,卫斯理说:"邋遢不是宗教的一部分。清洁仅次于圣洁。"在《学术的进展》中，弗朗西斯·培根做出了相似的类比："身体的洁净一直被认为是对上帝的尊敬。"

14. 吉姆·F. 哈尔，《黑暗那些事：现代英国早期的种族和性别经济》(纽约伊萨卡，1995)，第 142 页。

15. 18 世纪末的美国，"肤色"(of colour) 这个词最早被用来描述混血的人，后逐渐包括了"白人"以外的所有人。

16. 艾米莉·勃朗特，《呼啸山庄》(1847)，第七章。

17. 夏洛特·勃朗特，《简·爱》(1847)，第 26、27 章。

18. 查尔斯·狄更斯，《大卫·科波菲尔》(1849—1850)，第二章。

19. 参见尼娜·艾德伍兹《战争服饰：制服，便服和马衣，1914—1918》(伦敦，2015)，第 122 页。

20. 丹尼尔·沙克特等人，《心理学：欧洲第二版》(伦敦，2015)，第 608—609 页。

21. 如果在黑暗环境中人们仍然做出令人钦佩的事情，那么其行为就有更高的道德价值。可以作为对比的是，在《万尼亚舅舅》中，叶莲娜揭露了阿斯特洛夫对索尼娅并无爱意，效果非常残酷 (参见本书结论部分)。

22. 约翰·M. 赫尔，《触摸岩石：失明的体验》(伦敦，1990)。

23. 泰德·休斯，《创世记：四个时代、洪水、吕卡翁》，收录于《来自奥维德的故事：〈变形记〉二十四篇》(伦敦，1997)。

24. 阿维森纳，又名伊本·西那 (980—1037)。莱恩·E. 古德曼在《阿维森纳》(伦敦，1992) 一书中讨论了关于"飘浮的人"的争论。

25. 安德鲁·库兰，《狄德罗的修正主义：〈论盲人书简〉中的启蒙与盲区》，刊于《狄德罗研究》第 28 期 (2000)，第 75—93 页。

26. 来自马丁·比罗的邮件，牛津大学瓦德汉学院，2016 年 2 月 16 日。

27. 约翰·卡西迪，《唐纳德·特朗普阴暗无比的讲话》，发表于《纽约客》2016 年 7 月 22 日刊。

28. A. 罗杰·埃克奇，《日暮黄昏时：夜晚的历史》(伦敦，2006)，描写了 1500—1830 年间的英国。

29. 爱德华·李尔，《鼻子会发光的小屁孩》，收录于《乱七八糟的打油诗》(伦敦，1946)。

30. J. R. R. 托尔金，《霍比特人》(1937)，第五章。

01 地与火：黑暗起源

1. A. 罗杰·埃克奇，《日暮黄昏时：夜晚的历史》（伦敦，2006），第 124 页。

2. 西奥多·格雷在《元素：对于自己知原子的视觉探索》（纽约，2012）中提到的岩石、沙子、黏土和土壤。

3. 温德尔·贝里，《认识黑暗》，收录于《温德尔·贝里诗选》（加州伯克利，1998），第 68 页。

4. 彼得·阿克罗伊德，《泰晤士：神圣之河》（伦敦，2008），第 303 页。

5. 约翰·马图斯亚克，《亨利八世：英格兰"尼禄"的生平和统治》（斯特劳德，2014），第 255 页。

6. 塞缪尔·约翰逊，《冒险家》（n.39），《睡眠，1753 年 3 月 20 日》，收录于《塞缪尔·约翰逊文选》（伦敦，2009），彼得·马丁编辑，第 163 页。

7. 由柯克·德·米科和克里斯·桑德斯执导。

8. 《夜幕降临：我们如何应对黑暗》，英国广播公司节目《论坛》（*The Forum*），2016 年 1 月 25 日。

9. 阿尔穆特·科尔伯、安娜·博尔克纽斯和埃里克·J. 沃伦特，《昼行鹰蛾与夜行鹰蛾的彩色视觉》，《牛津综合与比较生物学期刊》第 43 期（4）（2003 年 8 月），第 571—579 页。

10. 阿尔穆特·科尔伯原话，引自卡洛琳·威廉姆斯英国广播公司地球频道（BBC Earth）节目——"许多动物在漆黑的夜里仍然能看到颜色"。见于 www.bbc.co.uk，搜索于 2014 年 12 月 1 日。

11. 同上。

12. 伊丽莎白·斯特劳特，《我的名字是露西·巴顿》（伦敦，2016），第 191 页。

13. 赖夫·拉森，《T. S. 斯比维特作品选》（伦敦，2009）。

14. 此外，荷兰电视真人秀节目《黑暗约会》的不同版本已经在包括英国在内的许多国家播出，参与者在漆黑的房间里"见面"。

15. 查尔斯·斯彭斯与贝蒂娜·皮克拉斯 - 菲什曼，《黑暗中进餐》，收录于《心理学》第 25 期（2012 年 12 月），第 888—891 页。

16. 同上，第 889 页。

17. 《贝奥武甫：盎格鲁 - 撒克逊史诗》（马里兰州拉纳姆，1892），英文翻译：约翰·莱斯利·哈尔。

18. 约翰·加德纳，《格伦德尔》（纽约，1971），第 18 页。

19. 同上，第 39 页。

20. 同上，第 152 页。

21. 迈克尔·伍尔夫，《与史蒂夫·班农在特朗普大厦的较量——新总统的战略阴谋家正在策划"一场全新的政治运动"》，见于 www.hollywoodreporter.com，搜索于 2016 年 11 月 18 日。

02 远古神民，光生万物

1. 克里斯·莫斯，《巴塔哥尼亚文化史》（牛津，2008），第 7 页。

2. 卡罗尔·安·达菲，《欧律狄刻》，收录于《世界上的妻子们》（伦敦，2010），第 58 页。

3. 埃莱夫塞里娅·A.拜尔尼达奇-奥尔德斯，《光明文化中的失明》（纽约，1990），第 13 页；林赛·库，《视觉与失明：塔米里斯的面具》（伦敦，2015），收录于《视觉与古老的感官》，迈克尔·斯夸尔编辑，第 237 页。

4. 苏珊娜·特纳，《视觉与死亡：古人眼中的死亡》，收录于《视觉与古老的感官》，斯夸尔编辑，第 156—157 页。

5. 迈内劳斯·赫里斯托普洛斯、埃菲米亚·D.卡拉坎扎、奥尔加·莱文欧克等编辑，《古希腊神话与宗教中的光明与黑暗》（马里兰州拉纳姆，2010），第 11 页。

6. 迈克尔·斯夸尔，《反射概述：理解古代视觉》，收录于《视觉与古老的感官》，斯夸尔编辑，第 10 页。

7. 凯利·鲁道夫，《视觉与前苏格拉底学派：探究早期希腊哲学中的视觉感知》，收录于《视觉与古老的感官》，斯夸尔编辑，第 37 页。

8. 塞巴斯蒂安·安德森，《研究赫西奥德和埃斯库罗斯：深入黑暗中的光明与荣耀》，收录于《光明与黑暗》，赫里斯托普洛斯等编辑，第 142 页。

9. 戴维·A.利明，《世界神话选》（牛津，2013），第 15 页。

10. 安托万·德·圣埃克苏佩里，《人类的大地》（ _Terre des hommes_ ），英文版书名为 _Wind, Sand and Stars_ （《风沙星辰》，伦敦，1939），路易斯·伽兰提埃尔翻译，第 46 页。

11. 约翰·加德纳，《格伦德尔》（纽约，1971），第 127 页。

12. 同上。

13. 戴维·欣顿，《易经新译》（纽约，2015），第 11 页。

14. 引自西奥多·莫姆森《彼特拉克论黑暗中世纪》，收录于《宝鉴》（ _Speculum_ ）第

17 卷第 2 期（1942），第 226—242 页。

15. 基思·托马斯，《宗教和魔法的衰落 [1917]》（伦敦，1980），第 224 页。

16. 曼弗雷德·怀尔德原话，引自克雷格·科斯洛夫斯基《黄昏帝国：早期现代欧洲的夜晚史》（剑桥，2011），第 30 页。

17. 彼得·宾斯菲尔德，《论巫师与女巫研究》（*Tractat von Bekanntnuss der Zauberer und Hexen*，1591），引自考斯洛夫斯基《黄昏帝国》，第 39 页。

18. 科斯洛夫斯基，《黄昏帝国》，第 270 页。

19. 索尔斯坦·凡勃伦，《有闲阶级论 [1899]》（纽约，1994）。

20. 尼古拉斯·古德里克 - 克拉克，《纳粹主义的神秘学根基：地下雅利安邪教及其对纳粹意识形态的影响 [1985]》（伦敦，2012），第 203—204 页。

21. 同上，第 17 页。

22. 托基尔·雅各布森，《黑暗珍宝：美索不达米亚宗教史》（伦敦，1976），第 16 页。

23. 玛丽·雪莱，《弗兰肯斯坦，或现代的普罗米修斯》（伦敦，1818），第 55 页。

24. 简·斯迈利，《萨迦：冰岛人的史诗》（纽约，2005），第 32 页。

25.《孤国春秋》，由斯蒂芬·布查特编剧、尼克·墨菲执导，于 2015 年 10 月在英国广播公司电视台上映。

26. 安格斯·威尔逊，《盎格鲁 - 萨克森态度》（伦敦，1956），第 12 页。

27. 侯赛因·齐艾，《谢哈布丁·苏哈拉瓦迪：照明学派创始人》，收录于《伊斯兰哲学史》（伦敦，2001），奥利弗·黎曼，萨义德·侯赛因·纳斯尔编辑 [1996]，第 456 页，引自苏哈拉瓦迪原话。

28. 犹太拉比阿瑟·瓦斯科，《光明节与圣诞节：黑暗时代的精神同源至亲》，见于 www.theshalomcenter.org，搜索于 2016 年 12 月 15 日。

29. 依照《马加比传》上卷，保卫圣殿的马加比起义发生在基斯流月的第二十五天。

03　黑暗艺术

1. 珀西·比希·雪莱，《阿特拉斯的女巫》，收录于《身后诗集》（伦敦，1824）。

2. 但丁·阿利吉耶里，《神曲·地狱篇》（伦敦，1867）第 1 章，引自亨利·沃兹沃斯·朗费罗译英文版译文。

3. 维吉尔，《埃涅阿斯纪》6.179.。

4. D. H. 劳伦斯，《巴伐利亚龙胆花》，收录于《D. H. 劳伦斯诗全集》（伦敦，1929），第 584 页。

5. 约瑟夫·康拉德,《黑暗之心 [1890]》(纽约, 1950), 第 147 页。

6. 同上, 第 157—158 页。

7. 1981 年复演版, 导演林恩·霍克尼, 舞台导演彼得·哈尔, 设计约翰·布里。

8. 亨利·伯恩,《寻常古物》(1725), 引自苏珊·斯图尔特《憧憬: 小摆件, 大物品, 纪念品和收藏的故事 [1993]》(伦敦, 2005), 第 113 页。

9. 金·F. 霍尔,《黑暗那些事: 现代英国早期的种族和性别经济》(纽约伊萨卡, 1995), 第 160 页。

10. 菲利普·锡德尼,《爱星者与星》(伦敦, 1580 年代), 第 7 首第 10—11 行。

11. 戴维·韦斯特,《莎士比亚十四行诗与评注》(伦敦, 2007), 第 448 页。

12. 约翰·韦伯斯特,《马尔菲公爵夫人》(1613), 第四幕, 第一场, 第 28—30 行。

13. 法拉赫·卡里姆－库珀,《马尔菲公爵夫人: 黑暗与光明》, 见于 www.bbc.co.uk, 搜索于 2016 年 10 月 24 日。

14. 同上。

15. 印于玛格丽特·阿特伍德《女巫的子孙》(2016) 封底, 该小说是对莎士比亚《暴风雨》的重新演绎。

16. 诺姆·M. 埃尔考特,《人造暗影: 现代艺术和媒体的晦涩历史》(芝加哥, 2016), 第 47 页。

17. 约翰·马伦,《召唤麦克白心中的黑暗》, 见于 www.bl.uk, 搜索于 2016 年 3 月 15 日。

18. 约翰·马伦,《当邪恶降临》, 此文是对连环画版《麦克白》的评论, 发表于《卫报》, 2008 年 2 月 25 日。

19.《霍林斯赫德编年史》(1587), 莎士比亚经常引用的英国历史著作, 此处提到的是邓华德谋杀国王达夫的故事。

20. 在《地狱》中, 但丁提到了该隐与月亮 (20.126—127) 和天堂 (2.51) 的关系。

21. 威廉·巴特勒·叶芝,《月相》(1919)。

22. 同上。

23. 在《仲夏夜之梦》第五幕第一场的戏中戏里, 狄米特律斯戏仿了《仲夏夜之梦》(月光: "这只灯笼代表着角儿弯弯的新月——" 狄米特律斯: "他应该把角儿戴在头上。"); 爱德华·利尔,《猫头鹰和猫咪》, 收录于《乱七八糟与其他荒诞诗歌》(伦敦, 约 19 世纪 80 年代)。

24. 这首歌的歌词由爱德华·马登在 1909 年首次发表, 后来被用于一部同名电影 (1953), 由多丽丝·戴主演。

25. 克里斯托弗·弗里，《不可烧死这位女士》（伦敦，1948），第三幕。

26. E. V. 里厄，《被奉承的飞鱼及其他诗歌》（伦敦，1962）。

27. 华金·米勒，《伊娜》（*Ina*，19 世纪 70 年代），第二场。

28. 埃德蒙·斯宾塞，《仙后》（1590），第一部第四篇。

29. 同上，第一部第五篇，第 46 行。

30. 约翰·利利，《恩底弥翁：月亮上的男人》（1588），第一幕 57—59 行。

31. 引自沃尔特·雷利《莎士比亚时代诗歌选集》，W. T. 杨编辑（剑桥，2013）。

32. 雅典娜向泰瑞西阿斯的母亲为自己的行为辩护，《卡里马库斯颂歌》第五篇。关于《雅典娜的沐浴》，见于 www.theoi.com，搜索于 2018 年 4 月 10 日。

33. 《奥德赛》（10.477—479），引自阿里阿德尼·加尔邹 - 塔蒂的文章，发表于《光明与黑暗》，赫里斯托普洛斯等编辑，第 185 页。

34. 希罗多德，《历史》，第九篇，第 92—96 行。

35. 艾伦·格里菲思，《粗心的守夜人埃维尼欧斯》，收录于《从神话到理性：希腊思想发展研究》，理查德·布克斯顿编辑（牛津，1999），第 176 页。

36. 约翰·弥尔顿，十四行诗第 19 首，《论失明》，1655 年。

37. 约翰·弥尔顿，《失乐园》，第一部，第 61—66 行。

38. 莎拉·豪，《〈失乐园〉图解》，见于 www.darknessvisible.christs.cam.ac.uk，搜索于 2016 年 11 月 22 日。

39. 引自安妮娜·约基宁，见于 www.luminarium.org，搜索于 2016 年 11 月 10 日。

40. 同上。

41. 弥尔顿，《失乐园》，第四部，第 916 行。

42. 同上，第五部，第 667—668 行。

43. 罗伯特·威廉·钱伯斯，《钱伯斯百科全书》第三卷 *Catarrh to Dion*[1901]（伦敦，2018），第 171 页。

44. 艾琳·厄尔斯，《文艺复兴艺术辞典》（康涅狄格州韦斯特波特，1987），第 263 页。

45. 同上。

46. 列奥纳多·达·芬奇，《达芬奇笔记》，特蕾莎·威尔斯编辑，伊尔玛·A. 里克特选编（牛津，2008），第 209 页。

47. 保罗·巴罗尔斯基，《明暗法的神圣起源》，收录于《艺术历史》第 22 卷第 4 期（2003 年夏季刊），第 8 页。

48. 吉勒斯·兰伯特，《卡拉瓦乔》（科隆，2000），第 11 页。

49. 见于 www.caravaggio-foundation.org，搜索于 2017 年 8 月 4 日。

50. 列奥纳多·达·芬奇，《达芬奇笔记》，第 127 页。

51. 约翰·希曼，《达芬奇的色彩与明暗对比》，发表于《美术史期刊》（*Zeitschrift für Kunstgeschichte*）第 25 期（1962），第 13 页。

52. 帕雷哈在这幅画完成后仅仅几个月就获得了自由人的身份，并凭借自己的能力成为一名活跃于马德里的艺术家。

53. 帕斯卡尔·博纳富，《伦勃朗：主旨与阴影》（伦敦，1992），第 71 页。

54. 阿瑟·卢波，《黑色绘画的秘密》，见于 www.nytimes.com，搜索于 2003 年 7 月 27 日。

55. 瓦莱里亚诺·博萨尔，《戈雅：黑色绘画》（马德里，2001）。

56. 奈杰尔·格伦迪宁，《戈雅黑色绘画的奇特解读》，发表于《伯灵顿杂志》第 117/86 期（1975），第 465—479 页。

57. 罗伯特·休斯，《戈雅》（伦敦，2003），第 382 页。

58. 奥尔罕·帕慕克，《我的名字叫红》（伦敦，2011），第 111 页。

59. 同上，第 160 页。

60. 转述于英国广播公司四台节目《黑暗艺术》，2011 年 12 月。节目介绍了挪威北海岸罗弗敦群岛上的一个艺术家社区。

61. 戴维·邦福德、阿肖科·罗伊，《凝视色彩》（伦敦，2000），第 61 页。

62. 这是电影编辑尼古拉斯·麦克菲与作者的对话中提出的观点。

63. 约翰·沃尔夫冈·冯·歌德，《歌德文集》第二卷《科学著作》（*Naturwissenschaftliche Schriften*，魏玛，1887—1919），第四部，第 295—296 页。

64. 同上。

65. 路德维希·维特根斯坦，《文化与价值》，G. H. 怀特海基·尼曼编辑 [1971]，修订版（牛津，1998），手稿 112 号、255 号：26.11.1931。

66. 查尔斯·库尔斯顿·吉利斯皮，《客观性的边界：论科学思想史 [1960]》（普林斯顿，1990），第 195 页。

67. 约翰·盖其，《光的胜负欲：再谈透纳的色彩运用》，见于 www.colour.org.uk,，搜索于 2010 年。

68. 见于 www.exploratorium.edu，搜索于 2016 年 11 月 28 日。

69. 引自莉拉·卡伯特·佩里《克劳德·莫奈回忆录，1889—1909》，收录于《莫奈回顾展 [1327 年 3 月]》（纽约，1985），第 183 页。

70. 爱德华·勒特雷尔写于一篇论文手稿（1683）中，收藏于康涅狄格州纽黑文市耶鲁大学不列颠艺术中心。

71. 列奥纳多·达·芬奇，《论绘画》，英文版翻译：约翰·弗朗西斯·里戈（伦敦，

1877），第 68 页。

72. 哈罗德·斯皮德，《绘画实践与科学 [1917]》（伦敦，1972），第 53 页。

73. 克劳德·莫奈写给爱丽丝·奥舍德（Alice Hoschedé）的一封信中的话，寄自克尔维拉霍恩（Kervilahouen）1886 年 10 月 23 日；引自《莫奈画集》，理查德·肯德尔编辑（伦敦，2000），第 88 页。

74. 米歇尔-欧仁·谢弗勒尔，《同时色彩对比法则》（巴黎，1839）。

75. 戴维·邦福德、阿肖科·罗伊，《凝视色彩》，第 94 页。

76. 引自乔治·洛克《谢弗勒尔与印象派新评》，发表于《艺术通报》第 78 卷第 1 期（1996 年 3 月）。

77. 1867 年扎沙里耶·阿斯特吕克描述莫奈的绘画技法的话，引自弗朗索瓦·贝尔的《奥赛博物馆馆藏绘画全解》（巴黎，2011），第 32 页。

78. 引自詹姆斯·E. B. 布雷斯林《马克·罗斯科传》（芝加哥，1998），第 376 页。

79. 乔纳森·琼斯，《饕餮盛宴》，发表于《卫报》，2002 年 12 月 7 日。

80. 安·克里斯托弗，《我最喜爱的绘画》，发表于《乡村生活》，2016 年 11 月 2 日，第 42 页。

04 黑暗娱乐

1. 厄休拉·勒古恩，《地海》（伦敦，1973），第三章。

2. 罗伯特·路易斯·史蒂文森，《我的影子》，选自《儿童诗园》[1894]（纽约，2007）。

3. J. M. 巴里，《影子》，选自《彼得·潘在肯辛顿公园，以及彼得·潘与温蒂 [1906]》（牛津，2008），第二章。

4. 同上，第 163 页。

5. 《小猪佩奇》，由内维尔·阿斯特利和马克·贝克创作、导演、制作。文中提到的《影子》一集最早于 2011 年在英国电视五台播出。

6. M. 克里斯蒂娜·巴特勒，《黑黑的夜》（伦敦，2008）。

7. 朱莉娅·唐纳森，《咕噜牛宝宝》（伦敦，2005）。

8. "印度尼西亚、马来西亚和泰国的皮影戏"，大英博物馆展览，2016 年 9 月 8 日—2017 年 1 月 29 日。

9. 柏拉图，《理想国》，514a—520a。

10. 约翰·霍兰德，《阴影的本质：诗歌历史中的黑暗隐喻》（芝加哥，2016）。

11. 亨利·伯希尔,《墙上的手影 [1859]》(纽约, 1967)。

12. 他的真名是戴维·班伯格; 在美国, 他自称名叫 Fu Chan。

13. 吸引力影子剧团 2013 年赢得了《英国达人秀》冠军, 而且《印度达人秀》和《亚洲达人秀》都为影子剧团的表演投了票。在第 79 届奥斯卡颁奖典礼上表演的影子剧团, 后来将节目发展成为完整长度的表演《影子之地》, 并开始全球巡演。

14.《路易十四指导王太子的回忆录》, 英文版由保罗·松尼诺翻译 [1661] (巴黎, 1970)。

15. 伊恩·汤普森,《太阳王的花园: 路易十四、安德烈·勒诺特尔, 以及凡尔赛花园的创建》(伦敦, 2006), 第 22 页。

16. 佚名, 引自艾伦·圣希尔·布洛克《焰火: 烟花制作的历史和艺术》(伦敦, 1922), 第 24 页。

17. 威廉·布雷编著,《约翰·伊夫林日记》(伦敦, 2006), 1661 年 7 月 2 日。

18. 罗伯特·拉塔姆和威廉·马修斯编著,《塞缪尔·佩皮斯日记》(伦敦, 2003), 1667 年 5 月 28 日, 第 240 页; 汤姆·布朗,《严肃即戏谑的娱乐活动 [1700]》, 引自蒂姆·理查德森,《田园之友: 创造英式花园风光》(伦敦, 2015), 第 385 页。

19. "英国人的奢侈; 以及一封外国人于 1742 年 8 月 5 日写给巴黎朋友的信中对雷内拉花园和沃克斯豪尔的描述", 引自 T. J. 埃德尔斯坦和布莱恩·艾伦,《沃克斯豪尔公园》(纽黑文, 1983), 第 12 页。

20. 约瑟夫·艾迪生,《观察家》, 1712 年 5 月 20 日, 引自《月评》第三期 (1841), 第 165 页。

21. 威廉·梅克皮斯·萨克雷,《名利场》(伦敦, 1848), 第一卷, 第 47 页。

22. 奥利弗·戈德史密斯,《世界公民》, 书信第 71, 1776 年, 第 11 页。

23. 约翰·马伦,《培养文雅》, 刊于《伦敦书评》1998 年 6 月 18 日, 旨在评论约翰·布鲁尔的书《想象的乐趣: 18 世纪的英国文化》(纽约, 1997)。

24. 托比亚斯·斯莫利特,《汉弗莱·克林克历险记》(1771), 引自艾德尔斯坦和艾伦,《沃克斯豪尔公园》, 第 14 页。

25. 迈克尔·利普曼,《他们会砍掉那些桑树吗? 》, 发表于《电讯报》, 2016 年 12 月 12 日。

26. 埃德蒙·伯克,《对崇高和美的观念起源的哲学探索》(伦敦, 1757)。

27. 塞缪尔·泰勒·柯勒律治,《古舟子咏》(1834), 第二部分。

28. 詹妮弗·福特,《塞缪尔·泰勒·柯勒律治与睡眠之痛》, 刊于《历史研究杂志》第 48 期 (1999 年秋季刊), 第 180 页。

29. 安·拉德克利夫，《奥多芙的神秘》（1794）。

30. 玛丽·雪莱，《弗兰肯斯坦，或现代的普罗米修斯》（1818），序言。

31. 约翰·弥尔顿，《失乐园》，第十部，第 743—745 行．

32. 玛丽·雪莱，《弗兰肯斯坦》，第 17 章。

33. 乔治·拜伦，《黑暗》，第二节，第 69 行、第 80—82 行。

34. 同上，第二节，第 69—72 行。

35. 夏尔·波德莱尔，《恶之花》（1857）；英文版翻译：詹姆斯·麦克格温 [1993]（牛津，2008），第 59、29 页。

36. 帕特里克·奥尼尔，《熵之喜剧：黑色幽默的语境》，刊于《加拿大比较文学评论》第 10 卷第 2 期（1983 年 6 月），第 154 页。

37. 同上，第 150 页。安德烈·布莱顿在他的《黑色幽默选集》（巴黎，1939）中提到了这个例子。

38. 引自格罗·冯·维尔珀特的文学百科全书《文学术语辞典》（斯图加特，1989）。

39. 奥尼尔，《熵之喜剧》，第 161 页。

40. 玛丽·雪莱，《弗兰肯斯坦》，序言。

41. 简·奥斯汀，《诺桑觉寺》（1817），第 20 章。

42. 同上，第 22 章。

43. J. M. W. 透纳，《加来码头》，伦敦国家美术馆收藏，1803 年在皇家学院展出。

44.《"影子"解密》，英国广播公司四台节目，2016 年 7 月 31 日。

45. 伊曼努尔·康德，《判断力批判》，与自由美和依附美的概念有关。

46. 汉斯·厄德曼的原版配乐稿已经遗失，现存的只是对原配乐的高度模仿。

47. 罗丝·特里曼，《音乐与沉寂》（伦敦，1999），第 6 页。

48. 伊莎贝拉·冯·埃尔夫伦，《哥特音乐：诡秘之音》（加的夫，2012）。

49. 斯特凡娜·马拉梅，《一个午夜》，选自《既然如此》（*Igitur*）[1925]；引自罗伯特·格利尔·科恩，《马拉梅：既然如此》（伯克利，1981）。

50. "Hineni, hineni"（我在这里，我在这里），出自以撒被绑起来献祭的故事，犹太新年时读的妥拉中的故事。

05　摄影、电和移动影像

1. P. P. 斯特罗马，《捕捉光明》，收于《工程、建筑与环境中的光》（南安普敦，

2011），K. 多姆克和 C. A. 布雷比亚编著，第 237 页。

2. 夏尔·波德莱尔，《艺术之镜》（伦敦，1955），英文编译：乔纳森·梅因。

3. 埃斯特·莱斯利，《夏尔·波德莱尔与摄影的诞生》（伦敦，2015），序言。

4. D. H. 劳伦斯，《艺术与道德》，收录于 The Living Age 杂志（1925 年 12 月刊），第 681 页。

5. 沃尔特·克兰，《艺术模仿与表达》（Nachahmung und Ausdruck in der Kunst，1895—1896），引自瓦尔特·本雅明，《拱廊计划》（马萨诸塞州剑桥，1999），英文版翻译：霍华德·艾兰，凯文·麦克劳克林，第 675 页。

6. J. A. G. 舍克，《市政照明》，选自《堪萨斯科学院》第 28 期（1914 年 12 月），第 78 页。

7. 约阿希姆·施勒尔，《1840—1930 年大城市的夜晚：巴黎，柏林，伦敦》（伦敦，2016），第 30 页。

8. 约翰·济慈，《夜莺颂》（1819），收录于《牛津大学图书馆藏英国诗歌》第二卷（牛津，1987），第 477—479 页。

9. 泰奥菲尔·戈蒂耶，《浪漫主义史》（1874），引自本雅明《拱廊计划》第 282 页。

10. 夏尔·波德莱尔，《现代生活画家及其他散文》（1863），英文版翻译：乔纳森·梅因（纽约，1964），第 9 页。

11. 欧内斯特·弗里伯格，《爱迪生时代：电力照明与现代美国的开创》（纽约，2014），第 14 页。

12. 引自施勒尔，《1840—1930 年大城市的夜晚》，第 30 页。

13.《纽约论坛报》，1978 年 6 月 27 日。

14. 罗伯特·路易斯·史蒂文森，《对煤气灯的恳求》，引自《〈少女与小孩〉及其他作品》（Virginibus Puerisque and Other Papers）（伦敦，1881），第 288 页。

15. 威廉·汤姆森，《电力照明与公共安全》，引自《北美评论》第 CL/399 期（1890 年 2 月），第 189 页。

16. 朱利安·霍桑，《灯光》，引自艺术杂志《阿尔丁》第 5 卷第 8 期（1872 年 8 月），第 165 页。

17. 德国天文学家布鲁诺·H. 比格尔，引自马修·博蒙特的《夜行：伦敦黑夜的历史》（伦敦，2016）。

18. 在惠康收藏馆"电力：生命的火花"展览上提出的一个观点，伦敦，2017。

19. 夏洛蒂·勃朗特，《简·爱》（1847），第 37 章。

20. 索尔斯坦·凡勃伦，《有闲阶级论》（1899），第 6 章。

21. 诺姆·埃尔考特，《人造暗影：现代艺术和媒体的晦涩历史》（芝加哥，2016）。

22.《环球杂志》第 113 期（伦敦，1803），第 118、117 页。

23. 同上，第 145 页。

24. 伊万·赖斯·莫鲁斯，《电击尸体：维多利亚英国的生命，死亡和电力》（斯特劳德，2011），第 16、33 页。

25.《伦敦皇家学会哲学学报》，第十卷，第 1750—1755 行（伦敦，1809）。

26.“神经能量”最早是由阿尔布雷希特·冯·霍勒创造的词，意指“动物的灵魂”。参见 E. H. 雷诺兹的《引力与神经能量》，收录于《神经病学、神经外科和精神病学杂志》第 78 期（2005），第 1711—1712 页；伊万·赖斯·莫鲁斯，《迈克尔·法拉第和电气世纪》（剑桥，2004），第 70 页。

27.《格拉斯哥先驱报》，1882 年 11 月 20 日。

28. 爱丽丝·范德比尔特夫人在化装舞会装扮的角色是“电灯”，她这套裙子现收藏在纽约市博物馆。

29. 弗里伯格，《爱迪生时代》，第 132 和 134 页。

30. 匈牙利马戏团老板、导演伊姆雷·基拉菲，出处同上，第 220 页。

31. 弗里伯格，《爱迪生时代》，第 223 页。

32.《华盛顿邮报》，1880 年 1 月 1 日。

33. 昆汀·克里斯普，《裸体公仆》[1968]（伦敦，1996），第 150 页。

34. 弗兰克·福斯特的日记（切斯特，1943），提及于费利西蒂·古多尔的文章《大停电时期的生活》，刊于《卫报》，2009 年 11 月 1 日。

35. 同上。

36. F. W. 赫德，尤斯顿路消防站的一名管理员，描述了 1940 年 12 月 29 日至 30 日对码头的八小时突袭，收藏于伦敦帝国战争博物馆，档案号 4833.

37. 埃达·布莱尔，《黑暗天空心理学》，见于 www.darksky.org，搜索于 2017 年 6 月 19 日。

38. 冈瑟·本施，约格·彼得兹和马克西米利安·西韦特，《恐惧黑暗？电灯的使用如何影响了人们的态度以及塞内加尔农村的夜间活动》，《鲁尔区经济论文》（2012 年 9 月刊），第 369 页。

39. 鲁道夫·哈尔姆斯，引自尤里·齐温《俄国早期的电影院及其文化接纳》（伦敦，2014），第 25 页。

40. 同上。

41. 导演彼得·米德尔顿、詹姆斯·斯平尼，电影依据的是约翰·赫尔的日记《触摸岩石：失明的经历》（伦敦，1990）。

06 黑暗与睡眠的心理学

1. "我给我的妻子留下家具中第二好的床"，莎士比亚的遗嘱，日期为 1616 年 3 月 25 日。遗嘱现存英国国家档案馆，档案号 22V。

2. B. D. 卢因，《睡眠、自恋神经症及情况分析》，《精神分析季刊》第 23 期（1954），第 487—510 页。

3. 兰詹娜·康纳，《黑暗大陆：精神分析与殖民主义》（伦敦，2003）。

4. 乔治·奥威尔，《1984》[1949]（伦敦，2004），第 27 页。

5. 托马斯·哈代，《远离尘嚣》（1874），第 40 章。

6. 米格尔·德·塞万提斯，《堂吉诃德》[1605]，英文版翻译：J. M. 科恩（巴尔的摩，1965），第 906 页。

7. 杰曼·E. 贝里奥斯、科林·M. 夏皮罗，《医生，我睡眠不足》，刊于《英国医学杂志》第 306 卷第 6881 期（1993 年 3 月 27 日），第 843 页。

8. 玛雅·安热卢，《失眠》，收录于《玛雅·安热卢诗全集》（伦敦，2015）。

9. 杰奎琳·苏珊，《娃娃谷》（纽约，1966）。

10. 华盛顿·欧文，《瑞普·凡·温克尔》（1819）。瑞普醒后不仅重新焕发了生机，而且庆幸自己比唠叨的妻子活得更久。

11. 夏尔·佩罗，《睡美人》（*La Belle au bois dormant*），格林童话故事基于此改编。

12. 威廉·奥伯特，哈里森·怀特，《睡眠的社会学解读，I》，刊于《社会学学报》第 4 卷第 2 期（1959），第 48 页。

13. 同上，第 54 页。

14. 贝里奥斯与夏皮罗，《医生，我睡眠不足》，第 843 页。

15. T. L. 巴隆，《午睡是针对疾病的适应性防御措施吗？》，《人性》第 11 卷第 3 期（2000 年 9 月），第 233—258 页。

16. R. I. 罗曼，引自 C. O. 艾力汗布瓦（C. O. Airhihenbuwa）等，《人睡故我睡：关于文化对睡眠行为的影响的综合研究》，刊于《睡眠医学》第 18 期（2016 年 2 月），都 69 页。

17. 同上。

18. 16 世纪昏厥发作的术语，直到 19 世纪才用于性方面。

19. 罗兰·巴特，《写作的享乐》（纽约，1975），英文版翻译：理查德·米勒，第 4—7 页。

20. 赫西俄德，《神谱 I》，第 754 行，引自奥博特和怀特的《睡眠》，第 46 页。

21. 同上，第 51 页，《医者的信仰 》，第二部分，第 12 段。

22. 巴鲁赫·斯宾诺莎，《伦理学》，第四部，第 67 部分。

23. 亚历山大·A.博尔贝伊，朱利奥·托诺尼，《睡眠本质探索》，刊于《代达罗斯》第 120 卷第 2 期（1998 春季刊），"脑科学"，第 168 页。

24. 保罗·博加德，《黑夜的终结：在人造光源时代探寻黑暗》（伦敦，2013），第 99 页。

25. M.利京斯基，F.A.舍尔，S.A.谢伊，《昼夜节律对疾病的影响》，《睡眠临床医学》第 4 卷第 2 期（2009 年 6 月）。

26. 引自奥伯特和怀特，《睡眠》，第 50 页。

27. 玛丽·比尔德，《古罗马危险的街道》，收录于《BBC 历史杂志》，2012 年 4 月。

28. 弗朗西丝卡·吉诺，《偏离轨道：我们的决定为何偏离计划，以及如何遵守计划》（马萨诸塞州剑桥，2013），第 200 页。

29. 同上，第 200—201 页。

30. 同上，第 202 页。

31. 罗伯特·格雷夫斯，《希腊神话》[1955]（伦敦，1966），第一卷 64b。

32. 罗伯特·拉塔姆与威廉·马修斯编著，《塞缪·皮普斯日记》（伦敦，2003），1665 年 8 月 15 日，第 191 页。

33. 莎拉·纳普顿，《"撒切尔基因"是睡眠需求少的关键》，发表于《每日电讯报》，2014 年 8 月 1 日。

34. 苏斯博士，《苏斯博士的睡眠书[1962]》（纽约，1990）。

35. A.罗杰·埃克奇，《日暮黄昏时：夜晚的历史》（纽约，2006）。

36. 同上，第 334 页。

37. 多琳·韦格兰，迈克尔·拉克斯与哈特穆特·舒尔茨，《当睡眠被认为是清醒：一项关于心理睡眠时知觉状态的实验研究》，刊于《睡眠研究期刊》第 16 卷第 4 期（2007），第 352 页。

38. 罗伯特·路易斯·史蒂文森，《塞文日记：法国高地旅行笔记》，戈登·戈尔丁编辑（纽约，1979），第 79—82 页，引自埃克奇，《我们失去的睡眠》，第 343 页。

39. 同上。

40. 塞缪尔·泰勒·柯勒律治，《睡眠之痛》（伦敦，1816）。

41. 同上。

42. 詹姆斯·博斯韦尔，《疑病症》，刊于《伦敦杂志》（1777—1783），引自埃克奇《我们失去的睡眠》，第 352 页。

43. 塞缪尔·泰勒·柯勒律治，收录于《笔记》第二卷第 2 部分，第 1020—1021 页，引自詹妮弗·福特《塞缪尔·泰勒·柯勒律治及其睡眠之痛》,《历史研究杂志》第 48 期(1999 年秋季刊),第 175 页。

44. 厄尔·L.格里格斯编著,《塞缪尔·泰勒·柯勒律治书信集》,引自福特《塞缪尔·泰勒·柯勒律治及其睡眠之痛》,第 179 页。

45. 威廉·奥伯特、哈里森·怀特,《睡眠的社会学解读 II》,《社会学学报》第 4 卷第 3 期(1960),第 4 页。

46. 《记者来鸿》,英国广播公司四台节目,2016 年 12 月 25 日,主持人米沙勒·胡赛因。

47. 同上。

48. 同上。

49. 赖内·马利亚·里尔克,《时祷书》[1903],英文版翻译:苏珊·兰森,本·哈钦森编辑(纽约,2005),第 5 页。

50. 西格蒙德·弗洛伊德,《精神分析导论》,是弗洛伊德 1915—1917 间所作讲座合集,出版于 1916—1917 年。

51. G. 斯坦利·霍尔和西奥多特·史密斯,《对于光明和黑暗的反应》,刊于《美国心理学杂志》,第 14 卷第 1 期(1903 年 1 月),第 29 页。

52. 安东尼·多尔,《我们看不到的所有光明》(纽约,2014)。

53. 吉米·汤普森,与桑迪·麦克雷戈,《隧道地鼠:发现越共秘密武器澳大利亚传奇恶棍》(悉尼,2011),第 2 页。

54. 杰克·列侬与马尔科姆·福利,《黑色旅游:死亡与疾病的旅游胜地》(伦敦,2006)。

55. A. V. 西顿,《被黑暗指引:从死亡随想到死亡观光》(1996),引自《旅游的黑暗面:黑色旅游理论与实践》,理查德·夏普利、菲利普·R. 斯通编辑(布里斯托尔,2009),第 15 页。

56. 多尔,《我们看不到的所有光明》,第 48 页。

57. 丹尼尔·塔梅特,《星期三是蓝色的:自闭天才心中的缤纷世界》(伦敦,2007),第 233 页。

58. 卡尔·G.荣格,《心理学与宗教》,收录于《荣格选集》第 11 卷(伦敦,1970),赫伯特·里德和迈克尔·福德姆编选,英文版翻译:R.F.C.赫尔,第 76 页。

59. 卡尔·G.荣格,《记忆、梦与反思》,收录于《荣格选集》第 13 卷(伦敦,1968),第 262 页。

60. 安东尼·斯托尔,《丘吉尔的黑狗,以及人类的其他思想现象》(伦敦,1989),引自伊利·卡普兰·斯皮茨、艾丽卡·夏皮罗·泰勒,《治愈绝望》(纽约,2008),第 165 页,n.10。

07　黑暗时尚

1. 安妮·霍兰德，《透见服饰》(伯克利，1993)，第 367 页。

2. 参见西蒙·沙玛，《富人之窘：解读黄金时代的荷兰文化》(纽约，1987)。

3. 约翰·哈维，《穿黑衣的男人》(*Men in Black*，伦敦，1995)，第 10 页。

4. 索尔斯坦·凡勃伦，《有闲阶级论 [1899]》(纽约，1994)，第 270 页。

5. 约翰·卡尔·弗吕格尔，《服饰心理学》(伦敦，1950)，第 75 页。

6. 参见尼娜·艾德华兹，《战争服饰：制服，便服和马衣，1914—1918》(伦敦，
    2015)，第 15 页。

7. 约翰·哈维，《穿黑衣的男人》，第 147 页。

8. 深色西装上色彩鲜艳的线仅仅是专做定制服饰的裁缝展示扣孔不同针法的一种方
    式，从未用于成衣制作。

9. 乔安娜·伯克，《男性旧饰大弃绝：战时英国的男性服饰改革》，刊于《设计历史
    期刊》第 9/1 期 (1996 年 1 月)，第 22—33 页。

10. 引自萨比娜·梅尔基奥尔 - 邦尼特，《镜子的历史 [1994]》(伦敦，2001)，第
    180 页。

11. 莎拉·弗朗兹，《简·奥斯汀笔下的男主人公，以及男性旧饰大弃绝》，《北美
    简·奥斯汀协会期刊》第 25 期 (2003)，见于 www.unjasna.org。

12. 塞西尔·威利特·坎宁顿，《本世纪英国女性服饰》(伦敦，1952)，第 43 页。

13. 凡勃伦，《有闲阶级论》，第 125 页。

14. 同上，第 127 页。

15. 坎宁顿，《本世纪英国女性服饰》第 85 页。

16. 引自马恩河战役后时尚杂志上的一篇文章，引文出处同上，第 121 页。

17. 艾莉森·卢里，《服装的语言 [1981]》(伦敦，1992)，第 185 页。

18. 洛乌·泰勒，《晨服：服饰史及其社会史 [1963]》(伦敦，2009)，第 185 页。

19. 穿法与现在的居家晨服一样。露西·沃斯利，《如果墙会说话：家庭私密史》(伦
    敦，2011)，第 85 页。

20. 凯瑟琳·阿诺德，《墓园：伦敦及其逝者》(伦敦，2007)，第 209 页。

21. 达芙·戈登夫人，引自泰勒《晨服》，第 266 页。

22. 彼得·库尔写于 1914 年 12 月 24 日的日记，收录于《我们会在那里再见：一个德
    国孩子日记中的一战》，英文版翻译：沃尔特·G.莱特 (伦敦，1998)。

23. 埃德娜·伍尔曼·蔡斯、伊尔卡·蔡斯，《一直时尚》(*Always in Vogue*，纽约，

1954），第 100 页。

24. 参见瓦莱丽·斯蒂尔，《巴黎时尚文化史》（伦敦，1998），第 30 页。

25. 引自艾米·拉罗卡，《纽约人为什么总穿黑色》，见于 www.nymag.com，搜索于 2016 年 5 月 16 日。

26. 苏济·门克斯和《国际先驱论坛报》，《时尚界的黑色诗人：山本耀司》，见于 www.thoughtcatalog.com，搜索于 2015 年 5 月。

27. 卢里，《服装的语言》，第 193 页。

28.《哥特惊奇》，《时尚》杂志英版，2017 年 3 月，第 133 页。

29. 引自埃米莉·马德里加，《完美真相：作为一个只穿黑色的女人》，见于 www. thoughtcatalog.com，搜索于 2015 年 5 月。

30. 约翰尼·卡什与帕特里克·卡尔，《卡什自传》（纽约，1997），第 86 页。

31. "裸色"科恩是出生于乌克兰的裁缝，以制作浮夸服装闻名，其作品包括猫王的金色拉梅面料套装（gold lamé suit）和罗伯特·雷德福在《电骑士》（1979）中穿的闪光白色套装。

32. 参见约翰尼·卡什的《黑衣人》歌词。

33. 米克尔·帕斯图罗，《黑色的历史》，英文版翻译：乔迪·格拉丁（牛津，2008），第 189 页。

08 黑暗即光明

1. W. R. A. 蒙茨，《海洋中层动物的黄色晶体研究》，刊于《英国海洋生物学协会杂志》第 56 卷第 4 期（1976 年 11 月），第 963 页。

2. 弗朗西斯·皮特，《鼹鼠》，刊于 Lotus 杂志第 8 期（1917 年 6 月 9 日），第 402 页。

3. 参见马丁·柯林森《科学家阐释鼹鼠的视觉秘密》，见于 www.abdn.ac.uk，搜索于 2009 年 12 月 9 日。

4. 同上。

5. 辛西娅·伯杰，《猫头鹰》（宾夕法尼亚州梅卡尼克斯堡，2005），第 8 页。

6. 引自威廉·柯林斯，《黄昏颂》（1746），收录于《牛津大学图书馆藏英国诗歌》第二卷（牛津，1986），第 138—139 页。

7. 默林·塔特尔，见于 www.merlintuttle.com，搜索于 2017 年 6 月 14 日。

8. 引自杰西卡·奥尔德雷德等，《只在夜晚出行的科学家们》，发表于《观察家报》，

2016 年 8 月 14 日。

9. 乔恩·本尼在《光污染》一文中评论道"世界上 70% 的哺乳动物是夜行的",《观察家报》"新评论"专栏,2016 年 8 月 14 日,第 21 页。

10. 同上。

11. 卡尔·林奈的红懒猴,引自 A. R. 邓肯,J.S. 泽尔斯特拉和 C.P. 博鲁大斯,《巨鼻狨猴和英国喜剧:狐猴命名词源学》,刊于《狐猴新闻》第 16 期(2011),第 64—70 页。

12. 马克·吐温,《密西西比河上的生活》(1883),引自欧内斯特·弗里伯格《爱迪生时代:电力照明与现代美国的开创》(纽约,2014),第 215 页。

13. 欧内斯特·弗里伯格,《爱迪生时代》,第 216 页。

14. 保罗·博加德,《黑夜的终结:在人造光源时代探寻黑暗》(伦敦,2013),第 137 页。

15. 同上,第 243 页。

16. 引自弗吉尼亚州阿灵顿海军研究办公室夜视技术专家拉温德拉·阿塔勒在英国广播公司世界服务频道《论坛》节目中的讲话:《夜幕降临:我们如何应对黑暗》,2016 年 1 月 25 日。

17. 引自杰奎琳·霍华德,《这可能是有史以来最黑的材料》,发表于《赫芬顿邮报》,2014 年 7 月 14 日。

18.《顶级雕刻艺术家垄断用于隐形飞机的最黑涂料使用权之后,艺术家们宣战了》,发表于《每日邮报》,2016 年 3 月 15 日。

19. 引自莎拉·卡斯科内,《拭目以待黑色 2.0,可吞噬镭射光和现实的极致黑色艺术材料》,见于 www.news.artnet.com,搜索于 2017 年 3 月 29 日。

20. 2016 年 2 月 9 日,马丁·比罗在伦敦英国皇家天文学会做了题为《测量黑洞重量》的演讲,他使用"鲸吞"一词来形容银河系无常变化的本质。

21. 罗伯特·考德威尔编著,《暗物质和暗能量是什么?它们是如何作用于宇宙的?》,刊于《美国科学》,2006 年 8 月 28 日。

22. 同上。

23. 同上。

24. 马丁·沃德,杜伦大学科学研究所科研主任,在英国广播公司四台节目《一周伊始》上的讲话,2016 年 4 月 25 日。

25. 凯伦·B. 克维特,《黑夜为何是黑色的?》,见于 www.scientificamerican.com,搜索于 2017 年 8 月 10 日。

26. 约翰·弥尔顿，《力士参孙》（1671），第二节，第 80—82 行。

27. 同上，第二节，第 86—89 行。

28. 杰伊·M. 帕萨乔夫，罗伯塔·J. M. 奥尔森，《日月食的艺术》，《自然》第 508 期（2014 年 4 月 17 日），第 314—315 页。

29. 威廉·布雷编辑，《约翰·伊夫林日记》（伦敦，2006）。

30. 引自阿利斯泰尔·斯马特，《塔代奥·加迪、奥尔卡尼亚与日食》，收录于《中世纪晚期及文艺复兴时期绘画研究》，欧文·拉文、约翰·普拉姆尔编辑（纽约，1978），第 405 页。

31. 见于 www.vangoghletters.org，凡·高致提奥，1888 年 9 月 8 日；搜索于 2016 年 7 月 12 日。

32. 短篇故事《夜幕低垂》最早写于 1941 年，后与罗伯特·西尔弗伯格一起重写为长篇小说（1990）。

33. 拉尔夫·沃尔多·爱默生，《自然》（1836），第一章。

34. 金·F. 霍尔，《黑暗那些事：现代英国早期的种族和性别经济》（纽约伊萨卡，1995），第 118 页。

35. "捍卫夜空和星光权利的宣言"，亦即《拉帕尔马宣言》（2007）；引自博加德《黑夜的终结》，第 204 页。

36. 埃德·斯图尔特，引自杰克·希利《科罗拉多城镇开始保护一种正在消失的资源：黑暗》，发表于《纽约时报》，2016 年 8 月 12 日。

结论

1. 亨利·戴维·梭罗，《瓦尔登湖》；或《林中生活散记》（纽约，1854），第 127 页。

2. 赖内·马利亚·里尔克，《时祷书》[1903]，英文版翻译：苏珊·兰森，本·哈钦森编辑（纽约，2008），第 33 页。

3. 班柯警告麦克白相信女巫会招致邪恶，以及她们的真正目的是引诱并毁灭我们。

4. 艾伦·W. 伍德编著，《黑格尔：权利的哲学要素》（剑桥，1991），第 23 页。

5. 艾伦·艾克伯恩，《剧本写作艺术》（纽约，2003），第 3 页。

6. 这首童谣是 1680 年诗人汤姆·布朗在基督教会教长约翰·费尔博士的授意下，翻译自古罗马文学家马提亚尔的隽语。布朗这样做的目的是避免被牛津大学开除。

7. 《道家文选》第二卷（纽约，1962），英文版翻译：詹姆斯·莱格，第 33 页。

8. G. K. 切斯特顿，《有翅膀的匕首》，引自《布朗神父的怀疑》（伦敦，1926）。

参考书目

Ackroyd, Peter, *Thames: Sacred River* (London, 2008)

Airhihenbuwa, C. O., et al., 'I Sleep, Because We Sleep: A Synthesis on the Role of Culture in Sleep Behavior Research', *Sleep Medicine*, xviii (February 2016), pp. 67–73

Arnold, Catharine, *Necropolis: London and Its Dead* (London, 2007)

Attlee, James, 'Darkness and the Desert: An Islamic Moon', in Nocturne: *A Journey in Search of Moonlight* (London, 2011)

Aubert, Vilhelm, and Harrison White, 'Sleep: A Sociological Interpretation i and ii', *Acta Sociologica*, iv/2 (1959), pp. 46–54, and iv/3 (1960), pp. 1–16

Barolsky, Paul, 'The Divine Origins of Chiaroscuro', *Notes in the History of Art, xxii/4* (Summer 2003), pp. 8–9

Baudelaire, Charles, *The Painter of Modern Life and Other Essays* [1863], trans. Jonathan Mayne (New York, 1964)

Baumann, Shyon, 'The Moral Underpinnings of Beauty: A Meaning-based Explanation for Light and Dark Complexions in Advertising', *Poetics*, xxxvi (2008), pp. 2–23

Beard, Mary, 'The Dangerous Streets of Ancient Rome', *BBC History Magazine*, April 2012

Beaumont, Matthew, Nightwalking: *A Nocturnal History of London* (London, 2016)

Bell, Quentin, *On Human Finery* (London, 1976)

Benjamin, Walter, *The Arcades Project*, trans. Howard Eiland and Kevin McLaughlin (Cambridge, ma, 1999)

Beowulf: An Anglo-Saxon Epic Poem, trans. John Lesslie Hall (Lanham, md, 1892)

Berger, Cynthia, *Owls* (Mechanicsburg, pa, 2005)

Bernidaki-Aldous, Eleftheria A., *Blindness in a Culture of Light* (New York, 1990)

Berrios, German E., and Colin M. Shapiro, 'I Don't Get Enough Sleep, Doctor', *British Medical Journal*, cccvi/6881 (27 March 1993), pp. 843–6

Blair, Ada, 'The Psychology of Dark Skies', www.darksky.org, accessed 19 June 2017

Bogard, Paul, *The End of Night: Searching for Darkness in an Age of Artificial Light* (London,

2013)

Bomford, David, and Ashok Roy, *A Closer Look: Colour* (London, 2000)

Bonafoux, Pascal, *Rembrandt: Substance and Shadow* (London, 1992)

Borbély, Alexander A., and Giulio Tononi, 'The Quest for the Essence of Sleep', *Daedalus*, cxxvii/2 (Spring 1998), 'The Brain', pp. 167–96

Botting, Fred, *Gothic* (London, 2013)

Bourke, Joanna, 'The Great Male Renunciation: Men's Dress Reform Party in Interwar Britain', *Journal of Design History*, ix/1 (January 1996)

Breger, Louis, *Freud: Darkness in the Midst of Vision* (New York, 2000), pp. 242–3

Brodsky, Joseph, 'In the Shadow of Dante' and 'To Please a Shadow', in *Less Than One: Selected Essays* (London, 1986)

Bursill, Henry, *Hand Shadows to Be Thrown upon the Wall* [1859] (New York, 1967)

Callow, John, *Embracing the Darkness: A Cultural History of Witchcraft* (London, 2015)

Carter, Kate, 'Coming Out of the Dark: Why Black Is Such a Positive Colour', *The Guardian*, 9 October 2015

Cervantes, Miguel de, *The Adventures of Don Quixote* [1605], trans. J. M. Cohen (Baltimore, md, 1965)

Charles-Roux, Edmonde, *The World of Coco Chanel: Friends, Fashion, Fame* (London, 2005)

Chase, Edna Woolman, and Ilka Chase, *Always in Vogue* (New York, 1954)

Christopoulos, Menelaos, Efimia D. Karakantza and Olga Levaniouk, eds, *Light and Darkness in Ancient Greek Myth and Religion* (Lanham, md, 2010)

Conrad, Joseph, *Heart of Darkness and the Secret Sharer* [1890] (New York, 1950)

Cormack, Lesley B., and Andrew Ede, *Science in Society: From Philosophy to Utility* (Toronto, 2012)

Craik, George L., and Charles MacFarlane, *The Pictorial History of England, 1688–1760* (London, 1841)

Cunnington, Cecil Willett, *English Women's Clothing in the Present Century* (London, 1952)

Curran, Andrew, 'Diderot's Revisionism: Enlightenment and Blindness in the *Lettre sur les Aveugles*', ed. Diana Guiragossian-Carr, Diderot Studies, xxviii (2000), pp. 75–93

Curtis, Barry, *Dark Places: The Haunted House in Film* (London, 2008)

Doerr, Anthony, *All the Light We Cannot See* (London, 2014)

Edelstein, T. J., and Brian Allen, *Vauxhall Gardens* (New Haven, ct, 1983)

Edwards, Nina, On the Button: The Significance of an Ordinary Item (London, 2012)

—, Dressed for War: Uniform, Civilian Clothing and Trappings, 1914–1918 (London, 2015)

Ekirch, A. Roger, 'Sleep We Have Lost: Pre-industrial Slumber in the British Isles', American Historical Review, cvi/2 (April 2001), pp. 343–86

—, At Day's Close: A History of Nighttime (London, 2006)

Elcott, Noam M., Artificial Darkness: An Obscure History of Modern Art and Media (Chicago, il, 2016)

Elferen, Isabella van, Gothic Music: The Sounds of the Uncanny (Cardiff, 2012)

Ewen, Shane, 'The Problem of Fire in Nineteenth Century British Cities: The Case of Glasgow', www.arct.cam.ac.uk, accessed 31 January 2017

Flanagan, Owen, 'Deconstructing Dreams: The Spandrels of Sleep', Journal of Philosophy, xcii/1 (January 1995), pp. 5–27

Flügel, John Carl, The Psychology of Clothes (London, 1950)

Fontaine, Petrus F. M., The Light and the Dark: A Cultural History of Dualism, vol. i (Amsterdam, 1986)

Ford, Jennifer, 'Samuel Taylor Coleridge and the Pains of Sleep', History Workshop Journal, xlviii (Autumn 1999), pp. 169–86

Foucault, Michel, Discipline and Punish: The Birth of the Prison, Surveiller et Punir: Naissance de la Prison [1975], trans. Alan Sheridan (London, 1977)

Frantz, Sarah, 'Jane Austen's Heroes and the Great Masculine Renunciation', Jane Austen Society of North America, xxv (2003), www.unjasna.org

Freeberg, Ernest, The Age of Edison: Electric Light and the Invention of Modern America (New York, 2014)

Frugoni, Chiara, Inventions of the Middle Ages [2001], trans. William McCuaig (London, 2007)

Gardner, John, Grendel (New York, 1971)

Gillispie, Charles Coulston, The Edge of Objectivity: An Essay in the History of Scientific Ideas [1960] (Princeton, nj, 1990)

Gino, Francesca, Sidetracked: Why our Decisions Get Derailed, and How We Can Stick to the Plan (Cambridge, ma, 2013)

—, Michael I. Norton and Dan Ariely, 'The Counterfeit Self: The Deceptive Cost of Faking It', Psychological Science, xxi/5 (March 2010), pp. 712–20

Glendinning, Nigel, 'The Strange Translation of Goya's Black Paintings', Burlington Magazine, cxvii/86 (1975)

Goodman, Lenn E., *Avicenna* (London, 1992)

Goodrick-Clarke, Nicholas, *The Occult Roots of Nazism: Secret Aryan Cults and their Influence on Nazi Ideology* [1985] (London, 2012)

Graves, Robert, *The Greek Myths*, vols i and ii [1950] (London, 1966)

Gray, Theodore, The Elements: *A Visual Exploration of Every Known Atom in the Universe* (New York, 2012)

Grewal, Daisy, 'Psychology Uncovers Sex Appeal of Dark Personalities. Why are Narcissists More Physically Attractive?', *Scientific American*, 27 November 2012

Griffiths, Alan, 'Euenius the Negligent Watchman', in *From Myth into Reason: Studies in the Development of Greek Thought, ed. Richard Buxton* (Oxford, 1999), pp. 169–82

Hall, G. Stanley, and Theodate L. Smith, 'Reactions to Light and Darkness', *American Journal of Psychology*, xiv/1 (January 1903), pp. 21–83

Hall, Kim F., *Things of Darkness: Economies of Race and Gender in Early Modern England* (Ithaca, ny, 1995)

Harrison, Edward, *Darkness at Night: A Riddle of the Universe* (Cambridge, ma, 1989)

Harvey, John, *Men in Black* (London, 1995)

—, *The Story of Black* (London, 2013)

Haslam, Dave, *Life after Dark: A History of British Nightclubs and Music Venues* (London, 2016)

Hawthorne, Julian, 'Lamp-Light', *The Aldine*, v/8 (August 1872), p. 165

Hinton, David, *I-Ching: The Book of Change, A New Translation* (New York, 2015)

Holcombe, A. N., 'The Electric Lighting System of Paris', *Political Science* Quarterly, xxvi/1 (March 1911), pp. 122–32

Hollander, Anne, *Seeing through Clothes* (Berkeley, ca, 1993)

Hollander, John, *The Substance of Shadow: A Darkening Trope in Poetic History* (Chicago, il, 2016)

Horrox, Rosemary, ed., *Fifteenth-century Attitudes: Perceptions of Society in Late Medieval England* (Cambridge, 1994)

Hosea, Birgitta, On Shadowgraphy and Shadow Puppets, www.expandedanimation.net, accessed 12 October 2012

Howes, Chris, *To Photograph Darkness: The History of Underground and Flash Photography*

(Gloucester, 1989)

Jacobsen, Thorkild, *The Treasures of Darkness: A History of Mesopotamian Religion* (London, 1976)

Johnson, Jeremy D., 'How our Ancestors Used to Sleep Twice a Night and Highlighting the Problem of Present Shock', www.disinfo.com, accessed 25 August 2013 280Bibliography

Johnson, Samuel, *Selected Writings, Samuel Johnson*, ed. Peter Martin (London, 2009)

Jung, Carl G., and Aniele Jaffe, eds, *Memories, Dreams, Reflections,* trans. Richard and Clara Winston (London, 1983)

Kelber, Almut, Anna Balkenius and Eric J. Warrant, 'Colour Vision in Diurnal and Nocturnal Hawkmoths', *Oxford Journal of Integrative and Comparative Biology*, xliii/4 (August 2003), pp. 571–9

Khanna, Ranjana, *Dark Continents: Psychoanalysis and Colonialism* (London, 2003)

Klingaman, William K., and Nicholas P. Klingaman, *The Year without Summer: 1816* and the Volcano that *Darkened the World and Changed History* (New York, 2013)

Koslofsky, Craig, *Evening's Empire: A History of the Night in Early Modern Europe* (Cambridge, 2011)

Kuhr, Piete, *There We'll Meet Again: A Young German's Diary of the First World War*, trans. Walter G. Wright (London, 1998)

Lawrence, D. H., *Sons and Lovers* [1913] (London, 1968)

Leaman, Oliver, and Seyyed Hossein Nasr, eds, *The History of Islamic Philosophy* [1996] (London, 2001)

Leonardo da Vinci, *Notebooks*, ed. Irma A. Richter (Oxford, 2008)

Lewin, B. D., 'Sleep, Narcissistic Neurosis, and the Analytic Situation', *Psychoanalytic Quarterly,* xxiii (1954), pp. 487–510

Litinski, M., F. Scheer and S. A. Shea, 'Influence of the Circadian System on Disease Severity,' *Sleep Medicine* Clinics, iv/2 (June 2009), pp. 143–63

Matusiak, John, Henry viii: *The Life and Rule of England's Nero* (Stroud, 2014)

Melchior-Bonnet, Sabine, *The Mirror: A History* [1994] (London, 2001)

Morus, Iwan Rhys, *Shocking Bodies: Life, Death and Electricity in Victorian England* (Stroud, 2011)

—, *Michael Faraday and the Electrical Century* (Cambridge, 2004)

Moss, Chris, *Patagonia: A Cultural History* (Oxford, 2008)

Mullan, John, 'Conjuring Darkness in Macbeth', www.bl.uk, 15 March 2016

Musurillo, Herbert, *The Light and the Darkness: Studies in the Dramatic Poetry of Sophocles* (Leiden, 1967)

Newman, Karen, *Fashioning Femininity and English Renaissance Drama* (Chicago, il, 1991)

O'Neill, Patrick, 'The Comedy of Entropy: The Contexts of Black Humour', *Canadian Review of Comparative Literature*, x/2 (June 1983), pp. 145–66

Ottaway, Susannah R., 'At Day's Close: Night in Times Past', *Journal of Social History*, xl/3 (Spring 2007), pp. 745–6

Pastoureau, Michel, *Black: The History of a Colour,* trans. Jody Gladding (Oxford, 2008)

Purnell, Carolyn, *The Sensational Past: How the Enlightenment Changed the Way We See our Senses* (New York, 2017)

—, 'Using All our Senses in an Age Obsessed with Sight', *Wall Street Journal,* 13 January 2017

Roque, Georges, 'Chevreul and Impressionism: A Reappraisal', *Art Bulletin*, lxxviii/1 (March 1996), www.mutualart.com

—, *Chevreul's Colour Theory and its Consequences for Artists*, based on a paper presented in Paris, June 2010, www.colour.org.uk

Russell, Helen, *The Year of Living Danishly: Uncovering the Secrets of the World's Happiest Country* (London, 2015)

Seber, Hande, 'The Evil Queens of The Faerie Queene', www.interdisciplinary.net, accessed 12 October 2016

Shearman, John, 'Leonardo's Colour and Chiaroscuro', *Zeitschrift für Kunstgeschichte*, xxv (1962), pp. 13–47

Shelley, Mary A., *Frankenstein; or, The Modern Prometheus* [1818] (London, 2003)

Shirk, J. A. G., 'Municipal Illumination', *Kansas Academy of Science*, xxvii (December 1914), pp. 76–80

Smart, Alistair, 'Taddeo Gaddi, Orcagna and Eclipses', in *Studies in Late Medieval and Renaissance Painting*, ed. Irving Lavin and John Plumber (New York, 1977)

Smiley, Jane, *The Sagas of the Icelanders* (New York, 2005)

Sobin, Harris J., 'Veils and Shadows: Le Corbusier in North Africa, 1928–1936', Proceedings of the French Colonial Historical Society, xix (1994), pp. 187–99

Sontag, Susan, *On Photography* (London, 2008)

Speed, Harold, *The Practice and Science of Drawing* [1917] (London, 1972)

Spence, Charles, and Betina Piqueras-Fiszman, 'Dining in the Dark', *The Psychologist*, xxv (December 2012), pp. 888–91

Spurgeon, Caroline F. E., *Shakespeare's Imagery and What It Tells Us* [1935] (London, 2014)

Squire Michael, ed., *Sight and the Ancient Senses* (London, 2015)

Steele, Valerie, *Paris Fashion: A Cultural History* (London, 1998) — and Jennifer Park, *Gothic: Dark Glamour* (New Haven, ct, 2008)

Stroma, P. P., 'Capturing the Light', in *Light in Engineering, Architecture and the Environment*, ed. K. Domke and C. A. Brebbia (Southampton, 2011), pp. 237–48

Summers, D., *The Judgment of Sense: Renaissance Naturalism and the Rise of Aesthetics* (Cambridge, 1990)

Tammet, Daniel, *Born on a Blue Day: Inside the Extraordinary Mind of an Autistic Savant* (London, 2007)

Taylor, Jonathan, 'Lighting in the Victorian Home', www.buildingconservation.com, accessed 12 December 2016

Taylor, Lou, *Mourning Dress: A Costume and Social History* (London, 1963)

Thomas, Keith, *Religion and the Decline of Magic* [1917] (London, 1980)

Thompson, D'Arcy Wentworth, 'The "Mole" in Antiquity', *Classical Review*, xxxii (1918), pp. 9–12

Thompson, Ian, *The Sun-King's Garden: Louis xiv, André le Notre and the Creation of the Gardens of Versailles* (London, 2006)

Thompson, Jimmy, with Sandy McGregor, *Tunnel Rats: The Larrikin Aussie Legend Who Discovered the Vietcong's Secret Weapon* (Sydney, 2011)

Thomsen Brits, Louisa, *The Book of Hygge: Can the Danes Really Teach Us How to Live?* (London, 2016)

Thomson, William, 'Electric Lighting and Public Safety', *North American Review*, cl/399 (February 1890), pp. 189–96

Thoreau, Henry David, *Walden; or, Life in the Woods* (New York, 1854)

—, 'Night and Moonlight', *Atlantic Monthly* (November 1863), pp. 579–83

Tsivian, Yuri, *Early Cinema in Russia and its Cultural Reception* [1994], trans. Alan Bodger (London, 2013)

Veblen, Thorstein, *The Theory of the Leisure Class* [1899] (New York, 1994)

Weigand, Doreen, Lars Michael and Hartmut Schultz, 'When Sleep Is Perceived as Wakefulness:

An Experimental Study on State Perception during Physiological Sleep', *Journal of Sleep Research*, xvi/4 (2007), pp. 346–53

West, David, *Shakespeare's Sonnets, with a Commentary* (London, 2007)

Wheatley, Henry Benjamin, and Peter Cunningham, *London Past and Present: Its History, Associations and Traditions* [1891] (London, 2011)

Wiking, Meik, *The Little Book of Hygge: The Danish Way to Live Well* (London, 2016)

Williams, Anne, *Art of Darkness: A Poetics of Gothic* (Chicago, il, 1995)

Williams, Robert, 'Darkness, Deterritorialization, and Social Control', *Space and Culture*, xi/4 (November 2008), pp. 514–32

Wilson, Colin, *The Occult: A History* [1971] (London, 2015)

Wood, Allen W., ed., *Hegel: Elements of the Philosophy of Right* [1821] (Cambridge, 1991)

Worsley, Lucy, *If Walls Could Talk: An Intimate History of the Home* (London, 2011)

—, 'A Quick History of Domestic Lighting', www.lucyworsley.com, accessed 3 January 2017

Worthman, Carol M., 'Developmental Cultural Ecology of Sleep', *in Sleep and Development: Familial and Socio-Cultural Considerations, ed. Mona el-Sheikh* (Oxford, 2011), pp. 167–78

Young, W. T., ed., *An Anthology of the Poetry of the Age of Shakespeare* (Cambridge, 2013)

致谢

　　柯莉·阿瓦、菲利普·爱特伍德、布丽吉特·朵德、彼得·爱德华、乔西·弗洛伊德、奥利弗·黎曼、提姆·伯金斯、英国皇家天文学会、英国皇家盲人研究所、英格堡·斯库拉、希拉姆·西蒙，约翰·瓦索罗、约翰·扎纳基、迈克尔·黎曼，以及瑞克新出版社（Reaktion Books）的所有人——铭感敬谢！

图像授权致谢

作者和出版社借此向以下图像提供者及授权者深表谢意。

作者收藏：第 257 页。

艺术家卡塔日娜·科尔曼享有版权，并授权转载：第 291、294 页。

《印画典藏——英国艺术家为莎士比亚戏剧所作绘画》（伦敦，1805）：第 14 页。

经艺术家许可转载（安东尼·戈姆利）：第 24 页。

洛杉矶 J. 保罗·盖蒂博物馆：第 105、112、134、293 页和插图 2、插图 4。

洛杉矶 J. 保罗·盖蒂博物馆摄影收藏：第 60、105、112、171、293、300 页和插图 2、插图 4。

华盛顿特区国会图书馆：第 119 页。

华盛顿特区国会图书馆摄影收藏：第 29 页（爱德华·S. 柯蒂斯收藏）、76、119、133、153 页和插图 8。

大都会博物馆摄影收藏（公共资源）：第 14、51、157、267 页。

马德里普拉多博物馆：插图 6。

伦敦国家美术馆：插图 7。

华盛顿特区国家美术馆：第 58 页、插图 9、插图 10。

华盛顿特区国家美术馆摄影收藏：第 57、58、104、223 页和插图 1、插图 3、插图 9、插图 10。

纽约公共图书馆摄影收藏：第 166 页。

（荷兰）阿姆斯特丹国家博物馆：插图 5（由 Vereniging Rembrandt 艺术赞助公司、比利时国家博物馆、法国文化部支持购买）。

（荷兰）阿姆斯特丹国家博物馆摄影收藏：第 251 页。

巴尔的摩沃尔特斯艺术博物馆：第 189、243、200 页。

康涅狄格州纽黑文，耶鲁大学英国艺术中心（保罗·梅伦收藏－公共资源）：第 163 页。

第 278 页图片的版权所有者已遵照知识共享许可协议将此图发布在网上。任何读者都可以出于任何目的（包括商业目的）免费共享——可以在任何媒体以任何形式复制并重新流通，或改编——重新混合、转换和在原图基础上增加内容。但必须遵从以下要求：注明出处和作者，提供到达许可证的链接，并说明是否对原版进行了更改。你可以以任何合理的形式做出以上行为，但不允许以任何方式表示许可方支持您或您的使用；您也不能使用合法的条款或技术措施来限制他人做以上许可的任何事情。

惠康图像（Wellcome Images）遵照知识共享国际许可协议出版了第 181 页和第 184 页的图片。任何读者都可以免费分享——以任何媒介或格式复制、流通和传播，或者改编该图片；可以以任何目的（包括商业目的）混编、转换和在原图基础上增加内容。此许可证适用于免费的文化作品。许可方不能撤销这些自由，但您必须遵循以下许可条款：注明出处和作者，提供到达许可证的链接，指出是否以任何合规的方式改变原版图片，并且不得以任何方式暗示许可方支持您或您的使用。

索引

（所示页码系原书页码，对应本书页边码）